大家讲述

生命里的
多重角色

叶圣陶 著

商金林 编

上海三联书店

前言

　　一年前，出版社陈雪春女士和濮敏伟先生来访，约我选编圣陶先生的几本集子，其中就有这本《生命里的多重角色》。书稿选自圣陶先生的文章、书信和日记，很多内容是首次公开发表，弥足珍贵。

　　圣陶先生是我国现代著名的作家、教育家、编辑出版家和社会活动家，生于 1894 年，1988 年谢世。他长长的一生经历了晚清、民国和新中国三个时期，其奋进历程让我们感受到了特定时代的氛围和历史文化的交汇与延伸。圣陶先生虽说是大家，但出身于平民家庭，只有中学学历，起点只是幼儿园和初小二年级的级任老师，生活的道路也很坎坷。1919 年，他二十五岁时父亲去世了。抗战期间举家逃难，多次与死神擦肩而过。好容易盼来新中国的诞生，幸福的日子刚刚过了几年，1957 年春，夫人胡墨林病逝，这一年圣陶先生六十三岁。在 1957 到 1988 年的三十一年里，独自支撑的圣陶先生也受到许多不公正的待遇：1958年的"教育革命"以及随之而来的"拔白旗，插红旗"运动中，被批判为"语文挂帅"；"文革"初期被认为是"文教界"祸害党与人民事业的"祖师爷"，全家都受牵连。但他还是挺过来了，究其原因最主要的是"人"好，是个很纯洁很完美的人，受到老中青几代人的赞美。

承担起"生命里的多重角色"，通俗一点说就是"如何做人"和"如何做事"。"如何做人"，最主要的还是加强学习、提高修养、陶冶情操、完善人格。在家里恭恭敬敬地孝顺父母；满腔热情地深爱着自己的另一半；"肩住黑暗的闸门，把孩子们放到光明里去"，让他们"幸福地度日，合理地做人"；在社会上堂堂正正，懂得好恶，爱憎鲜明，顶天立地。"如何做事"，最主要的是敬业，全身地做好自己所从事的工作，无论是"士农工商"，还是"基层""高端"，做一行爱一行，认真严谨，开拓创新，追求卓越。圣陶先生的可贵之处就在于在家里，他是一个孝子，是妻子的另一半，是儿女的教育专家，从而使得家庭生活温馨甜美，让朋友们羡慕不已；对工作就像一位"苦工"似的，全力以赴。推崇文艺，就呕心沥血，用一篇篇作品垒积起来，成了我国现代文学史上开风气的先行者；从事教育，一步一个台阶，攀登永无止境，从幼稚园和初等小学教起，一直教到顶级学府的教育家；主编教材，从初等小学教材编起，一直编到大学教材，最终成了新中国语文教科书的"设计师"；喜好编辑，就从中学年级小报编起，字斟句酌，点睛添毫，最终成为出版界领军人物。

1943年10月28日，是圣陶先生五十岁（虚岁）生日，正值抗战的艰难岁月，一家人流亡在成都。那时社会各界盛行给名人祝寿的风气，圣陶先生瞒着自己的生日，可最终还是让有心人知道了。中华全国文艺界抗敌协会成都分会暨成都文艺界就特意为他补祝五十大庆，"寿庆"于 11 月 15 日在成都南门外竟成园礼堂举行，庐剑波、谢冰莹、贺孟斧、应云卫、陈白尘、陈翔鹤、刘开渠、程丽娜等名家从四面八方赶来庆贺。成都报刊发表了洪钟的《并替新文学祝寿》、李束丝的《祝叶圣陶先生五秩大庆》、杨槐的《管自己的生活——为圣陶先生五十寿庆写》、刘百闵的《寿叶圣陶五十》、方令孺的《祝战士不老》、顾颉刚的《记三十年前与圣陶的交谊》、茅盾的《祝圣陶五十寿》，赞扬圣陶先生是青年的导师和文艺界的榜样，茅盾在《祝圣陶五十寿》[①]中说：

> 圣陶对于中国新文学的光辉的贡献，海内早有公论，决不因我的赞美而加重。我们二十多年的交谊，使我从圣陶的"为人"与其作品看到了最重要的一点，即两者的统一与调和。作品乃人格之表现：这句话于圣陶而益信。凡是认识他的朋友们都不能不感到，和圣陶相对，虽然他无一语，可是令人消释鄙俗之心，读他的作品亦然。你要从他作品之中找寻惊人之事，那不一定有；然而即在初无惊人处有他那种净化升华人的品性的力量。才华焕发，规模阔大，有胜于圣陶的，但圣陶的朴素谨

---

① 《华西晚报·每周文艺》第 1 号，1944 年 12 月 5 日。

严的作风，及其敦厚诚挚的情感，自有不可及处。我们所以由衷地爱慕圣陶，而圣陶的作品对于青年的教育意义之重大，唯有从这一点才得到了最真切的说明。

和圣陶先生"相对"，"虽然他无一语"，可是也能"令人消释鄙俗之心"。虽说我们现在不能和圣陶先生"相对"了，但细细品味他的"生命里的多重角色"的自述和感悟，仍然会有"如得面晤"的欣愉，汲取到升华我们"品性的力量"。

商金林

2021 年 3 月 5 日于北京大学肖家河教工住宅三区寓所

目录

前言

叶圣陶

叶老肖像
罗雪村作

"人"的自觉

不可以重犯同一个错误

我之生也以甲午九月三十日，以迄昨日，十六周岁矣，而今日为十七岁之第一日。日来于百事之动静变迁，以及师长之朝训夕诲，每清晨卧思，若有所会，而未足云心得也；及下床一有他事，则强半忘之，虽于肠角搜索，亦难得矣。因思古来贤哲皆有日记，所以记每日所作所思所得种种。我于是效之而作日记，而非敢以贤哲自比也。以今日为十七岁之第一日，故即以今日始。且我过失孔多，己而察之，志之日记；己而不察，人或告之，亦志之日记：则庶以求不贰过也。

《〈圣陶日记〉缘起》

自性心强，方克免于堕落

百事最贵朝气，而阴霾之天气、不堪之时事，胥欲寻我之朝气而挫之。是在自性心强，方克免于堕落。否则凄凉嗟叹时作，日暮途穷之况甚无谓已。年来国人朝气丧亡殆尽，牛马奴隶亦既准备为之，于是嬉游恣乐而外无复所事，人心欲死，畏可叹也。某君谓欲挽人心当提倡新文学，的是探本之论。贤者为民之责，亦惟此一事而已。至于其他，匪此日所可言矣。

1915 年 11 月 2 日日记

运我灵思与世界学术接触

傍晚与品纯、毅生闲谈，共谓吾人处此世界，非复可效井蛙之昧陋，而欲运我灵思与世界学术接触，舍通外文其涂莫由。余自十龄时便肆英吉利文，此今十稔，迄未通达，非不高尚其事，置常书而习文学，但源流未清，漫衍终浊。苟欲旧业重提，则有二弊，深书既弗能贯彻，浅书复弗屑披读，抱此心理，焉有进益。夏间尚自为忖度，赴沪之后当就夜馆习德文或法文，由浅入深，肆业自便，而骤接异文，复易自为策励。特来沪之后，志气疲颓，财时两困，致所怀又成泡影。今日提及，雄心复作，念德法学术，世称深邃，习其文书，殊胜英吉利文字也。后此遇有机缘，便当努力，复悬一期以自约曰：最迟不得逾明岁一月。

1915 年 11 月 4 日日记

含生秉性之人，皆有一己所蕲向

夜览《青年杂志》，其文字类能激起青年的自励心。我亦青年，乃同衰朽。我生之目的为何事，精神之安慰为何物，胥梦焉莫能自明。康德曰："含生秉性之人，皆有一己所蕲向。"我诵此言，感慨系之矣。

1915 年 11 月 25 日日记

规范以绳己，宽容以待人

规范以绳己，宽容以待人，此论甚卓，最为处世善道。弟之夙习亦差近斯义，故于所遇纵至不堪，亦不至于愤怒。

1939 年 3 月 11 日给夏丏尊的信

有诸己而后求诸人

说话的人的态度应该是"有诸己而后求诸人"。自己也信不过的话，挂在口头说一阵，多么无聊。没有话勉强要说话，想着浪费了的精力就觉得可惜，还不如默尔而息合乎保养之道。尤其是"求诸人"的话，如果"无诸己"，内里空虚别扭，说出来怎么会充实圆融？而且说到要人家怎样怎样的时候，想着自己并没有怎样怎样，脸上就禁不住一阵的红，这一阵脸红比较挨人家的骂还要厉害，又怎么受得了！

《说话与听话》

懂得好恶，辨得是非

五十岁，一个并不算大的年纪。就是大到七十八十，又有什么意思？七十八十的老人，男的女的，哪儿都可以见到。若说"知非"啊，"知天命"啊，能够办到，当然不错；可惜蘧伯玉跟孔子的那种人生境界，我一丝儿也没有达到。生日到了，跟四十九四十八那时候一样，依从旧例，买几斤切面，煮了全家吃，此外就不想什么。有几位朋友说我乡居避寿，其实不确切；我本得乡居，因为乡间房价比较低，又省得"跑警报"；至于寿不寿，的确没有想起。

承蒙朋友们的好意，把我作为题目，写了些文字，我倒清楚地意识起五十岁来了。大概不会活一百年吧，如今五十岁，道然已经走了大半截。走过的是走过了，"已然"的没法叫它"不然"；倒是余下的小半截路，得打算好好地走。

朋友们的文字里，都说起我的文字跟为人；这两点，我自己知道得清楚，都平庸。为人是根基，平庸的人当然写不出不平庸的文字。我说我为人平庸，并不是指我缺少种种常识，不能成为专家；也不是指我没有干什么事业，不当教员就当编辑员；却是指我在我所遭遇的生活之内，没有深入它的底里，只在浮面的部分立脚。这样的平庸，好比一个皮球泄了气，瘪瘪的；假如人生该像个滚圆的皮球的话，这平庸自要不得。

……

为要写些什么，故意往生活里钻，这是本末倒置的办法，我知道没有道理。可是，一个人本当深入生活的底里，懂得好恶，辨得是非，坚持有所为有所不为，实践如何尽职如何尽伦，不然就是白活一场：对于这一层，我现在似乎认识得更明白，愿意在往后的小半截路上加紧补习，补习有没有成效，看我的努力如何。如有成效，该可以再写些，或者说，该可以开头写。不过写不写没有大关系，重要的是加紧补习。

朋友厚爱我，宽容我，使我感激；又夸张地奖许我，使我羞愧，虽然羞愧，想到这无非要我好，还是感激。最近在报上看见沈尹默先生的诗，有一句道，"久客人情真足惜"，吟诵了好几遍。沈先生说的"久客"是久客川中，我把它解作人生在世，像我这么一个平庸的人，居然也能得到朋友们的厚爱、宽容跟许奖，"人情真足惜"啊！在这样温暖的人情中，我更没有理由不打算加紧补习。

《答复朋友们》

不与恶斗争，就是信善不坚

横逆加身，低头顺受，不能算什么美德。即使事不干己，不加辨别而说"算了，算了"，也算不得什么美德。见恶不抗拒，说得重些就是助长那个恶，那简直是恶德了。如今恶德层出不穷，报上常常有记载，耳闻目睹的尤其多。我们且不要摇头叹息，说这个局面怎么得了，我们先要问问自以为不恶的我们自己，对于那些恶事，我们有助长或是纵容的嫌疑没有？我们若说"贪污已成风气，怎能怪某某一个人？"，我们若说"不拉壮丁，兵从哪里来？"诸如的此类，我们就犯了助长与纵容恶事的恶德，局面弄不好，我今就该负若干分之一的责任。而且，如今群己的关系愈见密切，我们从实际生活的经验中发见一切的事几乎没有一件"不干己"的。贪污的不是我们的钱，拉去充壮丁的不是我们的子弟，好像事不干己，我们尽可以抱"算了，算了"的态度，不必多管闲事。可是再想一想，贪污妨碍行政的效率，拉丁不利抗战，难道真是与我们无干的闲事，尽不妨"算了，算了"吗？我们要管，当然会遇到若干障碍，但是，一则"干己"的事不能不管，二则助长与纵容恶事的恶德决不愿犯，障碍虽然存在，也唯有冲上前去。

"算了，算了"，不与恶斗争，就是信善不坚。真正行善的人就是那抗恶灭恶的人。人谁不欲为善，我们应该自勉。

《"算了，算了"的态度要不得》

我之生也以甲午九月三十以逮昨日十六周歲矣零日乃為十七歲之第一日也來于百事之動靜變遷呂及師長之朝訓夕誨每清晨臥思若有所會而未足云忌得也及下床一有他事則強半忘之難于膓角搜索亦難得矣因思古來賢哲皆有日記所以記每日所作所思所得種種我于是亦效之而佳日記而非敢以賢哲自比也以今日為十七歲之第一日故即以今日始且我過失孔多己所察之誌之日記己而不察人或告之亦誌之曰記劉庶以求不貳過也

庚戌十月初一日未記日記前誌

日记前言

叶圣陶 1924 年摄于香山路仁餘里 28 号寓所

"人"的责任

我收受这许多不太僭越吗？

校长先生把解开的纸包授给我，说："这里是先生的薪水，20元，请点一点。"

我接在手里，重重的。白亮的银片连成一段，似乎很长，仿佛一时间难以数清片数。这该是我收受的吗？我收受这许多不太僭越吗？这样的疑问并不清楚地意识着，只是一种模糊的感觉通过我的全身，使我无所措地瞪视手里的银元，又抬起眼来瞪视校长先生的毫无感情的瘦脸。

《薪工》

课既毕，（校长）梦冈授余以所领得薪金。接而囊之，乃增种种之思念。以为余家贫，所入苟倍此数亦未嫌其多。然利之生由于有裨益之劳动行为，而余之为教师，学生果受其益乎？一虑及此，更将惶愧无地。且教育事业虽云间接生利，决非提倡直

接生利者所嘉许。以口齿之微劳，而虚糜二十番佛（当时使用的
墨西哥银元），思之复难以自为解嘲。以此两者而并以前之一端，
则为教师受薪金，方且以为莫大之侥幸，然余复视此中为至苦。
甚矣，余之愚非唯不合时宜，且更不近人情矣。

1912 年 6 月 3 日日记

　　大学教师任课如是其少，而取酬高出一般水准，实同劫掠。
于往出纳课取钱时，旁颇有愧意，自思我何劳而受此也！

1938 年 11 月 29 日给上海诸翁的信

抗战胜利日的"愧对"

　　我愧对牺牲在战场上的士兵同胞，愧对牺牲在战场上的盟军。

　　我愧对挟了两个拐棍，拖了一条腿，在东街西巷要人帮忙的
"荣誉军人"。

　　我愧对筑公路修飞机场的"白骨"与"残生"。

　　我愧对拿出了一切来的农民同胞。

　　我愧对在敌后与沦陷区，坚守着自己生长的那块土地，给敌
人种种阻挠，不让他们占丝毫便宜，同时自己也壮健地成长起来
的各界同胞[1]。

《"胜利日"随笔》

---

[1] 《叶圣陶集》第 6 卷，第 162 至 163 页。

为成了"上等之家"而不安

余家居北屋，三间，为全屋之精华。与其他房屋均不能比。因而显见其特殊，余往日之不欲居此，即以是故。地板，前后玻窗，有洗浴室，盖上等之家屋也。

1949 年 8 月 28 日日记

余之浮肿并不严重，不该特殊照顾

昨日部中（教育部）嘱往购蔬菜，老高往，得西红柿、黄瓜、蓬蒿菜而归，皆暖房中之产品。今日社中（人民教育出版社）送来白菜五十斤、带鱼四斤。此皆因余患浮肿，特殊为之照顾，感之。其实余之浮肿并不严重，不久当可就痊。

1961 年 1 月 25 日日记

多活几年就要多做些事

人生不过如此，多活几年就要多做些事情。做什么样的事情？事情无论大小，只要脚踏实地，不说空话，或者尽可能少说空话，对于咱们社会，对于咱们新中国，总有点儿好处。多活的几年，当然要多做一些比较有意义的事情。如果摆起架子，说我要培养人才，得天下英才而教育之，好像太严重了；能否降低一点儿说，就是给几个人有点儿好的影响。

到了古稀之年，总要对于一两个或更多的人，给他们好的影响。影响并不是一定要他像我，我是说经过我的影响，尽可以超过我，胜过我，青出于蓝而胜于蓝。假使大家都这样做，算起总账来就很有意义。假如一个人到了古稀之年，能给一人来一点儿好的影响，算起总账来不亏本；假如使两个人超过我、胜过我，就有盈利。假如更多的人受我的影响，盈利就大得很了。到了古稀之年的人，大家都作这样打算，我看是要得的。我愿意用这样浅薄的话自勉，也与诸位同志共勉。

1982 年 6 月 16 日在民进六届二中全会闭幕时的讲话

享受特权，是不应该的

午后，国管局（国务院机关事务管理局）周处长来送春节补助 1500 元。我受之有愧，享受特权，是不应该的。

1987 年 1 月 10 日日记

关于后事

至善满子至美至诚姚澄共览：关于后事，我以为杨东莼先生处理得很好，我就照他办。不过有一点跟他不同，我要在《人民日报》自费登个广告，告知相识的人，说我跟他们永别了。

补充说三句：非但不要开追悼会，别的什么会也不要开。像我这样的一个平凡的人，为我开无论什么会都是不适宜的。务望依我，更无他嘱。

如有医学院校需要，把尸体赠与。如果火化，骨灰不要捡回。

第一节写于 1979 年 12 月 11 日，第二节写于
1980 年 12 月 21 日，第三节写于 1984 年 2 月 12 日

恳求免去中国民主促进会的主席职务

这几年眼看不清，耳听不明，通向外界的这两个窗口几乎关闭。作为主席不能参加民进的活动，是"不能容许的失职"，恳求这次代表会议免去我的主席职务，希望能得到各位代表的谅解。

1987 年 6 月 5 日给民进全国代表会议的书面请求

"承蒙诸位知道我的实际情况，接受我的恳求，解除了我的主席职务。现在我的愿望实现了，我找不到什么语言来形容对诸位的感谢。"他用《礼记·大学》中的两句话"有诸己而后求诸人，无诸己而后非诸人"，寄语教育、文化、出版界同人更加严格要求自己，勤勉从公，多做实事。

1987 年 6 月 9 日在民进全国代表会议上的讲话的报道

1979年参加人民文学出版社作家座谈会
（右为严文井）

叶圣陶最后一张照片
摄于 1987 年 9 月 8 日

"人"的尊严

一个人既不能独个儿转移风气，也该在消极方面有所自守

从重庆到汉口，我坐了木船。

木船危险，当然知道。一路上数不尽的滩，礁石随处都是。要出事，随时可以出。还有盗匪——实在是最可怜的同胞，他们种地没得吃，有力气没处出卖，当了兵经常饿肚子，没奈何了只好出此下策。假如遇见了，把铺盖或者身上衣服带了去，也是异常难处的事儿。

但是，回转来想，从前没有轮船，没有飞机，历来走川江的人都坐木船。就是如今，上上下下的还有许多人在那里坐木船，如果统计起来，人数该比坐轮船坐飞机的多得多。人家可以坐，我就不能坐吗？我又不比人家高贵。至于危险，不考虑也罢。轮船飞机就不危险吗？安步当车似乎最稳妥了，可是人家避屋檐也可能掉下一片瓦来。要绝对避免危险就莫要做人。

要坐轮船坐飞机，自然也有办法。只要往各方去请托，找关系，或者干脆买张黑票。先说黑票，且不谈付出超过定额的钱，力有不及，心有不甘，单单一个"黑"字，就叫你不愿领教。"黑"字表示作弊，表示越出常轨，你买黑票，无异帮同作弊，赞助越出常轨。一个人既不能独个儿转移风气，也该在消极方面有所自守，帮同作弊，赞助越出常轨的事儿，总可以免了吧。——这自然是书生之见，不值通达的人一笑。

《我坐了木船》

即使饿得要死，也不定要去奉承颜色谋差使

再说请托找关系，听人家说他们的经验，简直与谋差使一样的麻烦。在传达室恭候，在会客室恭候，幸而见了那要见的人，他听说你要设法买船票或飞机票，爱理不理地答复你说："困难呢……下个星期再来打听吧……"于是你觉着好像有一线希望，又好像毫无把握，只得挨到下个星期再去。跑了不知多少回，总算有眉目了，又得往这一处签字，那一处盖章，看种种的脸色，候种种的传唤，为的是得一份充分的证据，可以去换那张票子。票子到手，身份可改变了，什么机关的部属，什么长的秘书，什么人的本人或是父亲，或者姓名仍旧，或者必须改名换姓，总之要与你自己暂时脱离关系。最有味的是冒充什么部的士兵，非但改名换姓，还得穿上灰布棉军服，腰间束一条皮带。我听了这些，就死了请托找关系的念头。即使饿得要死，也不定要去奉承颜色

谋差使，为了一张票子去求教人家，不说我自己犯不着，人家也太费心了。重庆的路又那么难走，公共汽车站排队往往等上一个半个钟头，天天为了票子去奔跑实在吃不消。再说与自己暂时脱离关系，换上别人的身份，虽然人家不大爱惜名器，我可不愿滥用那些名器。我不是部属，不是秘书，不是某人，不是某人的父亲，我是我。我毫无成就，样样不长进，我可不愿与任何人易地而处，无论长期或是暂时。为了跑一趟路，必须易地而处，在我总觉得像被剥夺了什么似的。至于穿灰布棉军服更为难了，为了跑一趟路才穿上那套衣服，岂不亵渎了那套衣服？亵渎的人固然不少，我可总觉不忍。——这一套又是书生之见。

《我坐了木船》

堂堂正正凭我的身份东归

抱着书生之见，我决定坐木船。木船比不上轮船，更比不上飞机，千真万确。可是绝对不用请托，绝对不用找关系，也无所谓黑票。你要船，找运输行，或者自己到码头上去找。找着了，言明价钱，多少钱坐到汉口，每一块钱花得明明白白。在这一点上，我觉得木船好极了，我可以不说一句讨情的话，不看一副难看的嘴脸，堂堂正正凭我的身份东归。这是大多数坐轮船坐飞机的朋友办不到的，我可有这种骄傲。

《我坐了木船》

决不"昏夜叩门乞毋辞我"

课毕至雅聚（茶馆），方与君畴、子明言此次更易教师之多，而滋伯、漱云从外来招余，谓"适闻确信，言子庙将减去一教室，而减去之教师，则君也。君盍一设法焉"。二君情意良殷，乃承关切，亟谢之而去。余思曩欲辞职，今乃竟被辞，未始不足慰情。二年半教师，误人家子弟当以百计，良堪惭愧，今后亦足释我辜矣。然顾念后日将何道之由语诸一家，必嗟叹并作，则此事良为没趣耳。世事真无定程，人处其间如随波而上下，弗克自振，无意得之而无意失之，亦其固然。二君教我以设法，岂令我昏夜叩门乞毋辞我耶。此则我宁散闲，尚无厚颜为此也。

归后批校中考卷。我事必尽为之，以将去而敷衍了事，又所未敢也。[1]

1914 年 7 月 11 日日记

吾决非愿为文丐者也！

如今为金钱计，日节一二小时为出卖之文，凡可得酬者皆寄之。近来又得《新闻报》之主顾，然为文而至此，亦无赖之尤者矣。

1914 年 9 月 20 日给顾颉刚的信

《飞絮沾泥录》八千余言，无所蓝本，盖实事也。此篇作于

---

[1] 叶圣陶因没有后台，在苏州言子庙初等小学执教两年半后被辞。

初自农校归时。后接君书，谓："皮之不存，毛将安附，时流碌碌，非吾辈宜学。"览此意，遂深感念君诚厚我哉。从此绝笔亦两月矣。他人怂之复作，则笑谢之。近日囊中如洗，颇有几家应酬在后，蕴言（中学同学周蕴言）复以数事相告，令笔志之，遂复少少写作。总之，吾有一语誓之君前日，吾决非愿为文丐者也。

1914 年 11 月 12 日给顾颉刚的信

吾今弄些零用，遂必勉强写几句。然吾却亦自定一宗旨，不作言情体，不打诳语，虽未免装点时会，而要有其本事，庶合于街谈巷议之伦。……总之，吾有一语誓之君前日，吾决非愿为文丐者也！①

1914 年 11 月 13 日给顾颉刚的信

宁肯饿死，也要率家入川

承嘱返沪，颇加考虑。沪如孤岛，凶焰绕之，生活既艰，妖氛尤炽。公等陷入，离去自难，更为投网，似可不必。以是因缘，遂违雅命。并欲离汉，亦由斯故。……近日所希，乃在赴渝。渝非善地，故自知之。然为我都，国命所托，于焉饿死，差可慰心。幸得苟全，尚可奋勤，择一途径，贡其微力。

1937 年 12 月 24 日给王伯祥的信

---

① 顾颉刚：《〈隔膜〉序》，《叶圣陶集》第 1 卷，第 205 页。

这批人若不消灭净尽，我真耻为苏州人

……后来苏州失陷了，从报上看到所谓维持会中人物的姓名，居然有两三个是我预料到的。这批人大都有田、有钱、有玩好，有享用，临到危难，不肯放弃所有，就傀儡登场当汉奸了。顾颉刚先生曾经写信给我，说到苏州的汉奸道："维持会中，某姓甚多，亦见故家大族之鲜克由礼也。"故家大族为什么这样不争气？就在乎他们有"所有"，把"所有"看得太重了，"所有"之外的一切当然都丢在脑后了。这批汉奸有一件事，使人听了非常难受，觉得啼笑皆非。他们为了逢迎寇军，在张贴的通告上写上"昭和"的年号，寇军却假仁假义说："这是你们中国人的事，照旧用中华民国好了。"他们听了哪敢照旧用，结果有一个聪明的汉奸想出了改用西历纪元的办法，据说一直用到如今了。就在这件简单的事上，汉奸心理充分表现出来了。这批人若不消灭净尽，我真耻为苏州人。

《抗战周年随笔》

须有志概与节操，将来乃有生望

今后我们要说真有所见的话，不效一般人搬弄几个名词述语，一切都是从嘴唇边滚下来的。又，我们要特别提倡个人之志概与节操，天下事未可料，今日之读者或者命里注定要当"遗民"，须有志概与节操，将来乃有生望。此二意皆有感而发，言之有深痛，兄当解之。

1939 年 4 月 10 日给王伯祥的信

不扫妖氛誓不还

故乡且付梦魂间，不扫妖氛誓不还。

偶与同舟作豪语，全家来看蜀中山。

《江行杂诗》

1911年，叶圣陶（右二）与同学顾颉刚（左二）、
王伯祥（右一）、王彦龙（左一）参加社会党后摄

"五高"两侧的古银杏

闲暇和雅趣

只有把植物种在泥地里最好

我们乐于亲近植物，趣味并不完全在看花。一条枝条伸出来，一张叶子展开来，你如果耐着性儿看，随时有新的色泽跟姿态勾引你的欢喜。到了秋天冬天，吹来几阵西风北风，树叶毫不留恋地掉将下来；这似乎最乏味了。然而你留心看时，就会发见枝条上旧时生着叶柄的处所，有很细小的一粒透露出来，就是来春新枝条的萌芽。春天的到来是可以预计的，所以你对着没有叶子的枝条也不至于感到寂寞，你有来春看新绿的希望。这固然不值一班珍赏家的一笑，在他们，树一定搜求佳种，花一定要能够入谱，寻常的种类跟谱外的货色就不屑一看；但是，果真能从花草方面得到真实的享受，做一个非珍赏家的"外行"又有什么关系。然而买一点折枝截茎的花草来插在花瓶里，那是无法得到这种享受的；叫花匠每个月送几回盆景的也不行，因为时间太短促，你不能读遍一种植物的生活史；自己动手弄盆栽当然比较好，可是植物入了盆犹如鸟入了笼，无论如何总显得拘束、滞钝，跟原来不一样。推究到底，只有把植物种在泥地里最好。

《天井里的种植》

在"天井"里安排一个"物竞"的场所

把（天井的）水门汀敲掉；我时时这样想，……两年到三年前的冬季，才真个把天井里的水门汀的两边凿去，只留当中一道，作为通路。水门汀下面满是砖砾，烦一个工人用了独轮车替我运出去。他就从不很近的田野里载回来泥土，倒在凿开的地方。来回四五趟，泥土与留着的水门汀平了。于是我买一些植物来种下，计蔷薇两棵、紫藤两棵、红梅一棵、芍药根一个。蔷薇跟紫藤都落了叶，但是生着叶柄的处所，萌芽的小粒已经透出来了；红梅满缀着花蕾，有几个已经展开了一两瓣；芍药根生着嫩红的新芽，像一个个笔尖，尤其可爱。我希望它们发育得壮健些，特地从江湾买来一片豆饼，融化了，分配在各棵根的旁边；又听说芍药更需要肥料，先在安根处所的下边埋了一条猪的大肠。

去年秋季，我又搬家了。经朋友指点，来看这所房子，才进里门，我就中了意，因为每所房子的天井都留着泥地，再不用你费事，只一条过路涂的水门汀。搬了进来之后，我就打算种点儿东西。一个卖花的由朋友介绍过来了。我说要一棵垂柳，大约齐楼上的栏杆那么高。他说有，下礼拜早上送来。……"树来了！

树来了！"在弄堂里赛跑的孩子叫将起来。三个人扛着一棵绿叶
蓬蓬的树，到门首停下，不待竖直，就认知这是柳树而并不是垂
柳。为什么不送一棵垂柳来呢？种活来得难哩，价钱贵得多哩，
他们说出好些理由。不垂又有什么关系，具有生意跟韵致是一样
的。就叫他们给我种在门侧，正是齐楼上的栏杆那么高。问多少
价钱，2元4角，我照给了。人家都说太贵，若在乡下，这样一
棵柳树值不到2角钱。我可不这么想。三个人的劳力，从江湾跑
了十多里路来到我这里，并且带来一棵绿蓬蓬的柳树，还不值这
点儿钱吗？……

　　柳树离开了土地一些时，种下去过了三四天，叶子转黄，都
软软地倒垂了，但枝条还是绿的。半个月后就是小春天气，接连
十几天的暖和，枝条上透出许多嫩芽来，这尤其叫人放心。现在
吹过了几阵西风，节令已交小寒，这些嫩芽枯萎了。然到清明时
节必将有一树新绿是无疑的。到了夏天，繁密的柳叶正好代替凉
棚，遮护这小小的天井：那又合于家庭经济原理了。

　　柳树以外我又在天井里种了一棵夹竹桃、一棵绿梅、一条紫
藤、一丛蔷薇、一个芍药根，以及叫不出名字来的两棵灌木，又
有一棵小刺柏，是从前住在这里的人家留下来的。天井小，而我
偏贪多。这几种东西长大起来，必然彼此都不舒服。我说笑话，
我安排下一个"物竞"的场所，任它们去争取"天择"吧。

《天井里的种植》

　　我在苏州住的是新造的四间小屋，讲究虽然说不上，但是还

清爽，屋前种着十几棵树木（广玉兰、红梅、石榴、槐树、日本枫、葡萄……），四时不断地有花叶可玩。

《抗战周年随笔》

种佳佳（重孙女）带来的郁金香、风信子，这两种花要在 10 月中下旬埋在土里越冬，来年 4 月份盛开。

1987 年 10 月 11 日日记

多识些"花花草草"

有人赠我一"佛手瓜"，云自福州捎来，其形约略如佛手，瓜之一端已有较粗壮之芽，据云藏至暖令栽于土中，可爬藤生长，结果繁多。今埋于沙土中，他日将取出试种之。兄知此种植物否？倘有所示，实为大娱。

1973 年 1 月 2 日致贾祖璋，叶至善、贾柏松编：
《涸辙旧简：叶圣陶贾祖璋京闽通信集》

我向未察水仙之生态，今就今年所见叙述于下，请兄审阅是否有误。每一本之正中数个叶苗皆直向上长，而两旁之叶苗则有横穿于鳞茎之间者，徐徐长发，待脱出鳞茎之拘束，则亦转而为直。我曾轻轻抽出如此横生之苗，凡两个，抽出时其端已有花头。及其开花，朵数仅三四朵，不若其他花头之为八九朵。尚有一本，正中之叶苗甚壮旺，但至今不见有花头升起，其旁之各叶苗中亦无花头。如此全本不发花头者，似亦为罕见。以上叙述似不清晰，未识兄能知其意否。所谓蟹爪水仙，前在上海曾见过，将鳞茎削去一半，叶与花茎皆弯曲。此殆非另有蟹爪一品种，但何以削去一半则花叶皆弯曲，殊难明也。

> 1974 年 2 月 21 日致贾祖璋，
>
> 《涸辙旧简：叶圣陶贾祖璋京闽通信集》

近年京中流行一种小植物曰"玻璃翠"，几乎家家种之，我处也有一盆。此品据云来自非洲，秆嫩绿，近似透明。小花红色，如玫瑰花之红，五瓣，而并非平均之五瓣，全展时则五瓣均匀，且每朵带一绿色之丝，殊难描状。此品极需水，每日必注水。不知尊处亦流行否？倘台端知之颇稔，于来书中有所示及，实所盼也。

> 1974 年 3 月 24 日致贾祖璋，
>
> 《涸辙旧简：叶圣陶贾祖璋京闽通信集》

本月一日手书诵悉。因我偶然问询，承特地翻书，录以见示，深感雅意。惟所录二则，皆与"玻璃翠"不合。至善为此亦翻书，其一即尊辑《植物图鉴》。借知此"玻璃翠"似与三色堇为同类，其花之结构以及花底有"距"，它则叶之形与排列，皆与三色堇相似。今附寄花一朵叶二片请赐观。花之五瓣，形状及大小皆不一致，其初盖以一瓣包其他四瓣。花底之"距"甚长，前我谓绿色，非确，实为白色。承命折取一枝寄上，此恐不易，封于信封中历四五日，殆将干枯。此间各家分植，多以一枝浸于水中，俟其生根，则入盆培土。请考虑有无妥善方法，俾邮寄而必活，一

旦示及，即当遵行。此物真极为普遍于北京，以意度之，大约是
非洲客人到者甚众，遂使此种小草普及北京也。

1974 年 4 月 7 日致贾祖璋，

《涸辙旧简：叶圣陶贾祖璋京闽通信集》

多年生植物，我处小庭中有三种：白鹤花、萱花、虎斑百合
花。萱花种之最早，今为百合侵占地盘，颇不旺盛。严译《天演
论》首篇有云："数亩之内，战事炽然。"我处则一墙之下，亦见
物竞之无时或息矣。

1974 年 6 月 4 日致贾祖璋，

《涸辙旧简：叶圣陶贾祖璋京闽通信集》

承询平伯所贻一颗牵牛种子，此种子于 7 月 4 日下种，直至
昨晨始开第一花，今晨又续开四朵。花为紫色白边，与我家历年
种植之品种相同。初以为此种子之先代由梅氏传出，当有异于常
品，原来是想当然之念，不足凭也。

1974 年 9 月 13 日致贾祖璋，

《涸辙旧简：叶圣陶贾祖璋京闽通信集》

寄赠之凤仙籽已种于庭中，前发三四株，有五六叶片，想可
见其开花。非洒金而深淡两色花开于一株，自是少见。然我寓所
种之夜饭花（此是苏州俗名，绍兴谓之"夜娇娇"，花喇叭形，
开时极繁茂，种之已多年），则一株上有黄花，深红、浅红花而

又有红黄、洒金者。可见遗传变异之交错，此类草花固恒有之也。

1975 年 8 月 14 日致贾祖璋，

《涸辙旧简：叶圣陶贾祖璋京闽通信集》

藉篆刻、写字和看文稿"结缘"

余在中学时尝随同学刻印。以刀雕石，须留者留之，不须留者去之，是固人人所能为，无待求师。及抵甪直，睹某氏所藏之《文三桥印谱》，思欲仿效之，乃于业余时间复事奏刀，凡以印章石来嘱托者无不应。其时伯祥辄在旁谛视，商量于布局之先，评议于终刀之后，且出所有印章石俾余刻之，刻何字何语，作何形何式，多所授意，故为伯祥刻者特多。

《〈甪直闲吟图〉题记》

人家以为我之字好，来嘱书者颇多，每天可以平均到一张有余。我之字实在并无把握，有时尚可，有时极难看，即一幅之中，几个字尚可，而其他字则平平或难看。既然人家托写，我自当来者不拒，依弘一法师与夏丏翁之说法，借此"结缘"，亦是待人接物之道也。

1976 年 3 月 26 日致贾祖璋，

《涸辙旧简：叶圣陶贾祖璋京闽通信集》

我则除偶尔出门外无非做三件事：一件是写信，一件是应人之嘱写字，一件是看少数嘱看之"征求意见稿本"。因此也不嫌寂寞无聊。

1976 年 3 月 26 日致贾祖璋，

《涸辙旧简：叶圣陶贾祖璋京闽通信集》

　　我的眼睛坏到如此地步，跟人民文学出版社 1976 年交来的鲁迅著作《征求意见本》多少有些关系，这种本子我看了十本光景。当时的风气，编辑什么书籍都要"由各地工农兵理论队伍和各大学革命师生"担任，那一部鲁迅著作也是这么编的。《征求意见本》注释特别多，字小、行间密、油墨淡，对于我的视力不甚相宜。但是我除了每篇的"题解"声明不看（因为我不赞同每篇有那样的题解），所有的注释全都仔细看过，而且提了不少意见。直到视力实在吃不消了，才停止不看。

《略述我的健康情况》

1958 年到河北怀来县花园乡为果树洒农药

　　俞平伯行将渡洋赴美考察教育，1921 年岁尽日，叶圣陶与朱自清、许昂若祖饯于杭州，并留影。照片上西服而持礼帽者为俞平伯，站于其右的是叶圣陶，朱自清坐于正中，许昂若坐于其右。

办教育的确跟种庄稼相仿

使醇醇诸稚，展发神辉，亦此生一乐

比日以来，思虑甚枯，唯念于教师职务，得少尽精力，使醇醇诸稚，展发神辉，亦此生一乐。顾力不逮思，实难从玄，今日所呈现象，每不满昨日所怀。所幸心存希望，即是一缕动机，此机勃发，或有美满光明之时也。

1913 年 10 月 12 日给顾颉刚的信

教育之要点在养成儿童正确精新之思想能力

偶思教育之要点，当无逾养成儿童正确精新之思想能力。国人旧时思想陈腐已极，匪可应用于当世。而儿童之环境之遗传，均不出此陈腐之思想。言教育不探其本，何效可获？徒推求于学生课文如何能背诵默写，学校规则如何能强令恪守，抑亦枝叶之事耳。

1916 年 4 月 14 日日记

认识学生身心越真，教起来就越有把握

说到怎样教，对学生还得有所认识。不认识他们身体发展的情形，怎能培养好他们的体质？不认识他们获得知识和掌握技能的过程，怎能培养好他们的知识技能？不认识他们躬行实践该取什么途径，怎能培养好他们的道德品质？不认识他们的思想形成和感情深化的过程，怎能培养好他们的思想感情？这些都必须认识，不然，任你辛辛苦苦地教，实际上只是盲目地教——也就是没有尽教师的责任。所以，生理学、心理学、教育学之类非钻研不可。钻研这些学科越深，认识学生身心就越真，教起来就越有把握。

《教师怎样尽责任》

而且要做得到才说

教师教学生靠语言，讲一堂课，谈一番话，语言是不可少的工具；可是要知道，决不能光靠语言。教师讲了一大堆有道理的话，可是他的实际生活并不那样，他的话就不会对学生起多大作用；或者讲了什么是不好的，可是他的实际生活里就很有那种不好的成分，那就会给学生很坏的影响：他们至少要想，原来话是可以随便说的，说的话跟实际生活是可以正相反背的。唯有教师的话跟他的实际生活完全一致，不但像通常说的"说得到做得到"，而且要做得到才说，情形就大不相同。那时候学生非常信服，愿意照着教师的话积极地实行，因为面前的教师就是光辉的榜样，他们觉得跟着教师走是顶大的快乐。我国古来有所谓"身

教",就是说教师教学生不能光靠语言,还得以身作则,真正的
教育作用在语言跟实际生活的一致上。这样看来,教师必须以身
作则,小学生守则才能有效地实施。

《教师必须以身作则》

一饮一啄,都要有正当的意义

我想现在如其真心要向这些教师说法,不必讲什么设计教育
法、道尔顿制和教育测验等等,并不是说这些东西没有用处,这
些东西的确是可贵的宝贝。但是,最要紧的是使他们的日常生活
上轨道。所谓上轨道,指最平常的而言,就是一言一行,都没有
消极的影响,一饮一啄,都要有正当的意义罢了。这虽是最正常
的,也是最根本的。如果能做到这样,再加上教法的研究,原理
有了解,固然是教育所需求的教师;即使退一步,没有深切的研
究和透彻的了解,只要能做到这样,也不失为中庸的教师,因为
他们没有残害学生的思想和情感。

《教师的修养》

教育工作者的全部工作就是为人师表

通常说教育工作分"言教"和"身教",以"身教"为贵。
这是不错的。不过仔细想想,要是自己不明白某些道理,不擅长
某些方法,怎么能说给学生听?这是一层。要是光能说明某些道
理和方法,而在平日的实践中并不按照自己所说的道理和方法行
事,那给与学生的不良影响是不必细说的。所以又是自己的实践

必须跟说给学生听的一致，这是又一层。从以上说的两层看来，"言教"并非独立的一回事，而是依附于"身教"的；或以言教，或不言而教，实际上都是"身教"。"身教"就是"为人师表"，就是一言一动都足以为受教者的模范。

知识学问无止境，品德修养无止境，这是古今中外凡是有识见的人一致的认识。所以就个人来说，谁也不该固步自封，说我是够了，凭我现在这一身本领，可以应用一辈子了。至于教育工作者，担负的既然是教育工作，就不能不就当前国家的形势，就受教育者的前途，考虑该怎样"自处"。当前国家的形势怎样？两个文明必须大力推进，四化建设必须赶速完成，全国各族人民都在为此而勤奋努力，各方各面都开展前所未有的新局面。受教育者的前途怎样？回答一句话就可以概括：唯有投身到上面所说的洪流中去，各自尽一份应尽的力量。受教育者的前途既然是这样，教育工作者自当从这些方面训练他们，熏陶他们。就教育工作者个人方面来说，当前国家的形势既然如此，自己是全国各族人民中的一分子，本该德才兼备，知能日新，一心为公，实事求是。何况自己担负的是教育工作，无论言教或是不言之教，总之要把自己的好模样的去教人，才能收到训练和熏陶的实效。把自己的好模样之教人就是"为人师表"。

"知也无涯"，没有接触过的事物不能知，没有探索过的道理不能知。现在是 20 世纪 80 年代，人类的进步事业飞速发展，宏观世界和微观世界的奥秘都有极其丰富的发见发明。但是决没有到了尽头，很可能没有发见发明的比已经发见发明的还多得多。所以谁也不能是全知全能的人，只能当个"知之为知之，不知为不知"的人。教育工作者当也如此。不过教育工作者必须为当前的受教育者着想，将来攀登新高峰窥见新奥秘的正是他们，非趁早给他们打基础不可。基础怎么打？还是身教为要。事事不马虎，样样问个为什么，受教育者看在眼里，印在心里，自然而然会养成钻研探索的良好习惯。至于一切事物后来居上的道理、历史洪流好比接力长跑的道理等等，虽然只能言教，如果例证确凿、说理透彻，受教育者也会受到良好影响。我以为在当今的时代，这是教育工作者为人师表的极其重要的一项。

《教育工作者的全部工作就是为人师表》

办教育的确跟种庄稼相仿

最近听吕叔湘先生说了个比喻，他说教育的性质类似农业，而绝对不像工业。工业是把原料按照规定的工序，制造成为符合设计的产品。农业可不是这样。农业是把种子种到地里，给它充分的合适的条件，如水、阳光、空气、肥料等等，让它自己发芽生长，自己开花结果，来满足人们的需要。

吕先生这个比喻说得好极了，办教育的确跟种庄稼相仿。受教育的人的确跟种子一样，全都是有生命的，能自己发育自己成长的；给他们充分的合适的条件，他们就能成为有用之才。所谓办教育，最主要的就是给受教育者提供充分的合适条件。

办教育决不类似办工业，因为受教育的人绝对不是工业原料。

唯有没有生命的工业原料可以随你怎么制造，有生命的可不成。记得半个世纪以前，丰子恺先生画过一幅漫画，标题是《教育》。他画一个做泥人的师傅，一本正经地把一个个泥团往模子里按，模子里脱出来的泥人个个一模一样。我现在想起那幅漫画，因为做泥人虽然非常简单，也算得上工业；原料是泥团，往模子里一按就成了产品——预先设计好的泥人。可是受教育的人决非没有生命的泥团，谁要是像那个师傅一样只管把他们往模子里按，他的失败是肯定无疑的。

但是比喻究竟是比喻，把办教育跟种庄稼相比，有相同也有不相同。相同的是工作的对象都有生命，都能自己成长，都有自己成长的规律。不同的是办教育比种庄稼复杂得多。种庄稼只要满足庄稼生理上生长的需要就成，办教育还得给受教育者提供陶冶品德、启迪智慧、锻炼能力的种种条件，让他们能动地利用这些条件，在德智体各方面逐步发展成长，成为合格的建设社会主义的人才。

对受教育者能提供充分的合适的条件，让他们各自发挥能动作用，当然比把他们往模子里按难得多。但是既然要办教育，就不怕什么难，就必得把这副难的担子挑起来。

《吕叔湘先生说的比喻》

我如果当小学教师

我如果当小学教师，决不将投到学校里来的儿童认作讨厌的小家伙、惹人心烦的小魔王。无论聪明的、愚蠢的、干净的、肮脏的，我都要称他们为"小朋友"。那不是假意殷勤，仅仅是在嘴唇边，油腔滑调地喊一声；而是出于衷诚，真心认他们为朋友，真心要他们做朋友的亲切表示。小朋友的成长和进步是我的欢快，小朋友的羸弱和拙钝是我的忧虑。有了欢快，我得永远保持它；有了忧虑，我将设法消除它。对朋友的忠诚，本该如此；不然，我就够不上做他们的朋友，我只好辞职。

我特别注意，养成小朋友的好习惯。我想"教育"这个词儿，往精深的方面说，一些专家可以写成巨大的著作，可是就粗浅方面说，"养成好习惯"一句话也就说明了它的含义。无论怎样好的行为，如果只表演一两回，而不能终身以之，那是扮戏；无论怎样有价值的知识，如果只挂在口头说说，而不能彻底消化、举一反三，那是语言的游戏，都必须化为习惯，才可以一辈子受用。养成小朋友的好习惯，我将从最细微最切近的事物入手；但硬是要养成，决不马虎了事。譬如门窗的开关，我要教他们轻轻地，"砰"的一声固然要不得，足以扰动人家的心思的"咿呀"声也不宜发出；直到他们随时随地开关门窗总是轻轻的，才认为一种好习惯养成了。又如菜蔬的种植，我要教他们经心着意地做，根入土要多少深，两本之间的距离要多少宽，灌溉该怎样调节，害虫该怎样防治，这些都得由知识化为实践，直到他们随时随地种植植物，总是这样经心着意，才认为又养成了一种好习惯。这种好习惯不仅对于某物本身是好习惯，更可以推到其他事物方面去。对于开门关窗那样细微的事，尚且不愿意扰动人家的心思，还肯作奸犯科，干那些扰动社会安宁的事吗？对于种植蔬菜那样切近的事，既因工夫到家，收到成效，对于其他切近的事，抽象的如自然原理的认识，具体的如社会现象的剖析，还肯节省工夫，贪图省事，让它马虎过去吗？

我当然要教小朋友识字读书，可是我不把教识字教读书认作终极的目的。我要从这方面养成小朋友语言的好习惯。有一派心理学者说，思想是不出声的语言，所以语言的好习惯也就是思想的好习惯。一个词儿，不但使他们知道怎么念、怎么写，更要使他们知道它的含义和限度，该怎样使用它才得当。一句句子，不但使他们知道怎么说、怎么讲，更要使他们知道它的语气和情调，该用在什么场合才合适。一篇故事，不但使他们明白说的什么，更要借此发展他们的意识。一首诗歌，不但使他们明白咏的什么，更要借此培养他们的情绪。教识字教读书只是手段，养成他们语言的好习惯，也就是思想的好习惯，才是终极的目的。

我决不教小朋友像和尚念经一样，把各科课文齐声合唱。这样唱的时候，完全失掉语言之自然，只成为发声部分的机械运动，与理解和感受很少关系。既然与理解和感受很少关系，那么，随口唱熟一些文句又有什么意义？

现当抗战时期，课本的供给很成问题，也许临到开学买不到一本课本，可是我决不说："没有课本，怎么能开学呢！"我相信课本是一种工具或凭借，但不是唯一的工具或凭借。许多功课都是不一定要利用课本的，也可以说，文字的课本以外还有非文字的课本。非文字的课本罗列在我们周围，随时可以取来利用，利用得适当，比较利用文字的课本更为有效，因为其间省略了一条文字的桥梁。公民、社会、自然、劳作，这些功课的非文字的课本，真是取之不尽，用之不竭；书铺子里没有课本卖，又有什么要紧？只有国语，是非有课本不可的；然而我有黑板和粉笔，小朋友还买得到纸和笔，也就没有什么关系。

小朋友顽皮的时候，或者做功课显得很愚笨的时候，我决不举起手来，在他们的身体上打一下。打了一下，那痛的感觉至多几分钟就消失了；就是打重了，使他们身体上起了红肿，隔一两天也就没有痕迹；这似乎没有多大关系。然而这一下不只是打的他们的身体，同时也打了他们的自尊心；身体上的痛或红肿，固然不久就会消失，而自尊心所受的损伤，却是永不会磨灭的。我有什么权利损伤他们的自尊心呢？并且，当我打他们的时候，我的面目一定显得很难看，我的举动一定显得很粗暴，如果有一面镜子在前面，也许自己看了也会嫌得可厌。我是一个好好的人，又怎么能对着他们有这种可厌的表现呢？一有这种可厌的表现，以前的努力不是根本白费了？以后的努力不将不产生效果吗？这样想的时候，我的手再也举不起来了。他们的顽皮和愚笨，总有一个或多个的原由；我根据我的经验，从观察和剖析找出原由，加以对症的治疗。哪还想有一个顽皮的愚笨的小朋友在我周围吗？这样想的时候，我即使感情冲动到怒不可遏的程度，也就立刻转到心平气和，再不想用打一下的手段来出气了。

我还要做小朋友家属的朋友，对他们的亲切和忠诚和对小朋友一般无二。小朋友在家庭里的时间，比在学校里来得多；我要养成他们的好习惯，必须与他们的家属取得一致才行。我要他们往东，家属却要他们往西，我教他们这样，家属却教他们不要这样，他们便将徘徊歧途，而我的心力也就白费。做家属的亲切忠诚的朋友，我想并不难；拿出真心来，从行为、语言、态度上表现我要小朋友好，也就是要他们的子女弟妹好。谁不爱自己的子女弟妹？还肯故意与我不一致？

《如果我当教师》

我如果当中学教师

我如果当中学教师，决不将我的行业叫做"教书"，犹如我决不将学生入学校的事情叫做"读书"一个样。书中积蓄着古人和今人的经验，固然是学生所需要的；但是就学生方面说，重要的在于消化那些经验成为自身的经验，说成"读书"，便把这个意思抹杀了，好像入学校只须做一些书本上的功夫。因此，说成"教书"，也便把我当教师的意义抹杀了，好像我与从前书房里的老先生并没有什么分别。我与从前书房里的老先生其实是大有分别的：他们只须教学生把书读通，能够去应考，取功名，此外没有他们的事儿；而我呢，却要使学生能做人，能做事，成为健全的公民。这里我不敢用一个"教"字。因为用了"教"字，便表示我有这么一套本领，双手授予学生的意思；而我的做人做事的本领，能够说已经完整无缺了吗？我能够肯定地说我就是一个标准的健全的公民吗？我比学生，不过年纪长一点儿，经验多一点儿罢了。他们要得到他们所需要的经验，我就凭年纪长一点儿、经验多一点儿的份儿，指示给他们一些方法，提供给他们一些实例，以免他们在迷茫之中摸索，或是走了许多冤枉道路才达到目的——不过如此而已。所以，若有人问我干什么，我的回答将是"帮助学生得到做人做事的经验"。我决不说"教书"。

我不想把"忠""孝""仁""爱"等等抽象德目向学生的头脑里死灌。我认为这种办法毫无用处，与教授"蛋白质""脂肪"等名词不会使身体得到营养一个样。忠于国家忠于朋友忠于自己的人，他只是顺着习惯之自然，存于内心，发于外面，无不恰如分寸；他决不想到德目中有个"忠"字，才这样存心，这样表现。进一步说，想到了"忠"字而行"忠"，那不一定是"至忠"；因为那是"有所为"，并不是听从良心的第一个命令。为了使学生存心和表现切合着某种德目，而且切合得纯任自然，毫不勉强，我的办法是在一件一件事情上，使学生养成好习惯。譬如举行扫除或筹备什么会之类，我自己奋力参加，同时使学生也要奋力参加；当社会上发生了什么问题的时候，我自己看作切身的事，竭知尽力地图谋最好的解决，同时使学生也要看作切身的事，竭知尽力地图谋最好的解决：在诸如此类的事情上，养成学生的好习惯，综合起来，他们便实做了"忠"字。为什么我要和他们一样的做呢？第一，我听从良心的第一个命令，应当"忠"；第二，这样做才算是指示方法，提供实例，对于学生尽了帮助他们的责任。

我不想教学生做有名无实的事情。设立学生自治会了，组织学艺研究社了，通过了章程，推举了职员，以后就别无下文，与没有那些会和社的时候一个样：这便是有名无实。创办图书馆了，经营种植园了，一阵高兴之后，图书馆里只有七零八落的几本书，一天工夫没有一两个读者，种植园里蔓草丛生，蛛网处处，找不到一棵像样的蔬菜，看不见一朵有劲的花朵：这便是有名无实。做这种有名无实的事比不做还要糟糕；如果学生习惯了，终其一生，无论做什么事总是这样有名无实，种种实际事务还有逐渐推进和圆满成功的希望吗？我说比不做还要糟糕，并不是抱着多一事不如少一事的心思，主张不要成立那些会和社，不要有图书馆种植园之类的设备。我只是说干那些事都必须认真去干，必须名副其实。自治会硬是要"自治"，研究社硬是要"研究"，项目不妨简单，作业不妨浅易，但凡是提了出来的，必须样样实做，一毫也不放松；有了图书馆硬是要去阅读和参考，有了种植园硬是要去管理和灌溉，规模不妨狭小，门类不妨稀少，但是既然有了这种设备，必须切实利用，每一个机会都不放过。而且，那决不是一时乘兴的事，既然已经干了起来，便须一直干下去，与学校同其寿命。如果这学期干得起劲，下学期却烟消云散了，今年名副其实，明年却徒有其名了，这从整段的过程说起来，还是个有名无实，还是不足以养成学生的好习惯。

我无论担任哪一门功课，自然要认清那门功课的目标，如国文科在训练思维、养成语言文字的好习惯，理化科在懂得自然，进而操纵自然之类；同时我不忘记各种功课有个总目标，那就是"教育"——造成健全的公民。每一种功课犹如车轮上的一根"辐"，许多的辐必须集中在"教育"的"轴"上，才能成为把国家民族推向前进的整个"轮子"。这个观念虽然近乎抽象，可是很关重要。有了这个观念，我才不会贪图省事，把功课教得太松太浅，或者过分要好，把功课教得太紧太深。做人做事原是不分科目的，譬如，一个学生是世代做庄稼的，他帮同父兄做庄稼，你说该属于公民科、生物科，还是数学科？又如，一个学生出外旅行，他接触了许多的人，访问了许多的古迹，游历了许多的山川城镇，你说该属于史地科、体育科，还是艺术科？学校里分科是由于不得已；要会开方小数，不能不懂得加减乘除；知道了唐朝，不能不知道唐朝的前后是什么朝代；由于这种不得已，才有分科教学的办法。可是，学生现在和将来做人做事，还是与前面所举的帮做庄稼和出外旅行一个样，是综合而不可分的；那么，我能只顾分科而不顾综合，只认清自己的那门功课的目标而忘记了造成健全的公民这个总的目标吗？

我无论担任哪一门功课，决不专作讲解工作，从跑进教室始，直到下课铃响，只是念一句讲一句。我想，就是国文课，也得让学生自己试读试讲，求知文章的意义，揣摩文章的法则；因为他们一辈子要读书看报，必须单枪匹马、无所依傍才行，国文教师决不能一辈子伴着他们，给他们讲解书报。国文教师的工作只是待他们自己尝试之后，领导他们共同讨论：他们如有错误，能给他们纠正；他们如有遗漏，给他们补充；他们不能分析或综合，替他们分析或综合。这样，他们才像学步的幼孩一样，渐渐地能够自己走路，不需要人搀扶；国文课尚且如此，其他功课可想而知。教师捧着理化课本或史地课本，学生对着理化课本或史地课本，一边是念一句讲一句，一边是看一句听一句；这种情景，如果仔细想一想的话，多么滑稽又多么残酷啊！怎么说滑稽？因为这样之后，任何功课都变为国文课了，而且是教学不得其法的国文课。怎么说残酷？因为学生除了听讲以外再没有别的工作，这样听讲要连续到四五个钟头，实在是一种难受的刑罚，我说刑罚决非夸张，试想我们在什么会场里听人演讲，演讲者的话如果无多意义，很少趣味，如果延长到两三个钟头，我们也要移动椅子，拖擦鞋底，作希望离座的表示；这由于听讲到底是被动的事情，被动的事情做得太久了，便不免有受刑罚似的感觉。在听得厌倦了而还是不能不听的时候，最自然的倾向是外貌表示在那里听，而心里并不在听；这当儿也许游心外骛，一心以为有鸿鹄将至，也许什么都不想，像老僧入了禅定。叫学生一味听讲，实际上无异于要他们游心外骛或者什么都不想，无异于摧残他们的心思活动的机能，岂不是残酷？

我不怕多费学生的心力，我要他们试读、试讲，试作探讨，试作实习，做许多的工作，比仅仅听讲多得多，我要叫他们处于主动的地位。他们没有尝试过的事物，我决不滔滔汩汩地一口气讲给他们听，他们尝试过了，我才讲，可是我并不逐句逐句地讲书，我只给他们纠正，给他们补充，替他们分析和综合。

《如果我当教师》

我如果当大学教师

我如果当大学教师，还是不将我的行业叫做"教书"。依理说，大学生该比中学生更能够自己看书了；我或者自己编了讲义发给他们，或是采用商务印书馆的《大学丛书》或别的书给他们作课本，他们都可以逐章逐节地看下去，不待我教。如果我跑进教室去，按照讲义上课本上所说的复述一遍，直到下课铃响又跑出来，那在我是徒费口舌，在他们是徒费时间，太无聊了；我不想干那样无聊的勾当。我开一门课程，对于那门课程的整个系统或研究方法，至少要有一点儿是我自己的东西，依通常的说法就是所谓"心得"，我才敢于跑进教室去，向学生口讲手画，我不但把我的一点儿给与他们，还要诱导他们帮助他们各自得到他们的一点儿；唯有如此，文化的总和才会越积越多，文化的质地才会今胜于古，明日超过今日。这就不是"教书"了。若有人问这叫什么，我的回答将是："帮助学生为学。"

据说以前的拳教师教授徒弟，往往藏过一手，不肯尽其所有地拿出来；其意在保持自己的优势，徒弟无论如何高明，总之比我少一手。我不想效学那种拳教师，决不藏过我的一手。我的探讨走的什么途径，我的研究用的什么方法，我将把途径和方法在学生面前尽量公开。那途径即使是我自己开辟的，那方法即使是我独自发现的，我所以能够开辟和发现，也由于种种的"势"，因缘凑合，刚刚给我捉住了；我又有什么可以矜夸的？我又怎么能自以为独得之秘？我如果看见了冷僻的书或者收集了难得的材料，我决不讳莫如深，决不提起，只是偷偷地写我的学术论文。别的人，包括学生在内，倘若得到了那些书或材料，写出学术论文来，不将和我一样的好，或许比我更好吗？将书或材料认为私有的东西，侥幸于自己的"有"，欣幸于别人的"没有"，这实在是一种卑劣心理，我的心理，自问还不至这么卑劣。

我不想用禁遏的办法，板起脸来对学生说，什么思想不许接触，什么书籍不许阅读。不许接触，偏要接触；不许阅读，偏要阅读。这是人之常情，尤其在青年。禁遏终于不能禁遏，何必多此一举？并且，大学里的功夫既是"为学"，既是"研究"，作为研究对象的材料是越多越好；如果排斥其中的一部分，岂不是舍广博而趋狭小？在化学试验室里，不排斥含有毒性的元素；明知它含有毒性，一样地要教学生加以分析，得到真切的认识。什么思想什么书籍如果认为要不得的话，岂不也可以与含有毒性的元素一样看待，还是要加以研究？学生在研究之中锻炼他们的辨别力和判断力，从而得到结论，凡真是要不得的，他们必将会直指为要不得。这就不禁遏而自禁遏了，其效果比一味禁遏来得切实。

我要做学生的朋友，我要学生做我的朋友。凡是在我班上的学生，我至少要知道他们的性情和习惯，同时也要使他们知道我的性情和习惯。这与我的课程，假如是宋词研究或工程设计，似乎没有关系，可是谁能断言确实没有关系？我不仅在教室内与学生见面，当休闲的时候也要与他们接触，称心而谈，绝无矜饰，像会见一位知心的老朋友一个样。他们如果到我家里来，我决不冷然地问："你们来做什么？"他们如果有什么疑问，问得深一点儿的时候，我决不摇头说："你们要懂得这个还早呢！"问得浅一点儿的时候，我决不带笑说："这还要问吗？我正要考你们呢！"他们听了"你们来做什么"的问话，自己想想说不出来做什么，以后就再也不来了。他们见到问得深也不好，问得浅也不好，不知道怎样问才不深不浅，刚刚合适，以后就再也不问了。这种拒人千里的语言态度，对于不相识的人也不应该有，何况对于最相亲的朋友？

我还是不忘记"教育"那个总目标；无论我教什么课程，如宋词研究或工程设计，决不说除此之外再没有我的事儿了，我不作纵情任意，或去嫖妓，或去赌博，或做其他不正当的事。我要勉为健全的公民，本来不该做这些事；我要勉为合格的大学教授，尤其不该做这些事。一个教宋词研究或工程设计的教师，他的行为如果不正当的话，其给与学生的影响虽是无形的，却是深刻的，我不能不估计它的深刻程度。我无法教学生一定要敬重我，因为敬重不敬重在学生方面而不在我的方面，可是我总得在课程方面同时在行为方面，尽力取得他们的敬重，因为我是他们的教师。取得他们的敬重，并不为满足我的虚荣心，只因为如此才证明我对课程同时对那个总的目标负了责。

无论当小学中学或大学的教师，我要时时记着，在我面前的学生都是准备参加建国事业的人。建国事业有大有小，但样样都是必需的；在必需这个条件上，大事业小事业彼此平等。而要建国成功，必须参加各种事业的人个个够格，真个能够干他的事业。因此，当一班学生毕业的时候，我要逐个逐个地审量一下：甲够格吗？乙够格吗？丙够格吗？……如果答案全是肯定的，我才对自己感到满意：因为我帮助学生总算没有错儿，我对于建国事业也贡献了我的心力。

我决不"外慕徙业"，可是我也希望精神和物质的环境能使我安于其业。安排这样的环境，虽不能说全不是我所能为力，但大部分属于社会国家方面，因此我就不说了。

《如果我当教师》

在上海半淞园与中国公学中学部友人合影
（右三为叶圣陶）

毛泽东为"人民教育出版社"
题写的社名

编辑要做个杂家

编辑是永远奔驰于进取道路的"先驱者"

他们（编辑）的事业真是重要且伟大！他们给人以精神的粮食，授人以心的锁匙，他们不是超乎庸众以上的群么？——至少也应是先驱者。

我们的编辑者都是富有经验的教育家和精通各种科学的学者，所以我们能适应各级学生的需求，是现时代最合用的教科书。我们曾得到全国批评家的赞美和全国教师的采用，我们却不敢因此自满，还欲竭尽编辑者的能力，容纳赞助者的意见，随时修正，希望达到更为完美的地步。我们的每一种都另编有教授书和参考书，一切材料，一切方法，统统列举无遗。教师倘各置备一编，就不至于虚费精神和时间，而获得的效果一定非常优良。

时代是刻刻趋新的，学问之海的容量要刻刻扩大的。（编辑）要永久站在时代的前列，要探测深广的学海……

《"先驱者"》

"选稿"时要有主意但不要有成见

选稿，编辑者要有主意，但是不要有成见。我们办刊物，办广播，有个一致的目的，就是使我们的对象在思想品德和知识技能各方面得到好处。换句话说，我们是为对象服务的。服务的目的认定了，还要考虑怎样服务。这就要认清对象是谁，他们需要什么，他们的程度怎样，然后全心全意为他们服务。这就是有主意。

《文稿的挑选和加工
——在中央人民广播电台少儿部的讲话》

勉力减轻关于习染与癖好等种种障蔽

编者决不是一架天平。天平能把东西称量得一丝一毫没有差错，而编者岂其伦呢。但编者对于惠示的许多文篇，除了不能解悟及质料同技术很次的，也曾勉力减轻关于习染与癖好等种种障蔽，只求它完成或者近于完成就行。所以这一本里所收容各篇，态度同情调几乎各色各样，殊不同趋。好在《小说月报》本来是个"杂志"。

《最后一页》

不断地练眼光，使眼光高些，敏锐些

稿子来了，编辑者当然要挑选最好的来用。挑选稿子，能看得准，也不容易。必须不断地练眼光，使眼光高些、敏锐些。眼光高些，就能从质量差不多的来稿里，挑出的确比较好的；眼光敏锐些，就能挑得准，就能节省时间和精力。怎样才能使眼光高些、敏锐些呢？只有在实际工作中认真负责，努力锻炼，才能提高……靠自己平常认真工作，多多锻炼，才能提高。

《文稿的挑选和加工

——在中央人民广播电台少儿部的讲话》

要和读者心心相印

今天（1978 年 4 月 20 日），《人民日报》转载了一篇《吉林日报》特约评论员的文章《写文章、讲话都得交心》。我看这篇文章好。"交心"是现在常用的话，这就是说作者和读者站在一起，心心相印。写文章、作报告，无非是拿一点儿我听到的、看到的，真懂得、真体会到的东西来告诉读者和听众，并不是舞文弄墨，随便说两句花言巧语来骗读者和听众。所谓舞文弄墨、花言巧语，就是哗众取宠。哗众取宠是不行的，所以这是一件极严肃的事情。我不是记者，但是当过编辑。记者、编辑都要有这个认识，而且要能够实践。

《端正文风——在新华社国内记者训练班的讲话》

编辑要做个杂家

咱们干写文章的工作，总要尽可能有丰富的知识。鲁迅曾经写信给一位搞文学的青年说："专看文学书，也不好的。先前的文学青年，往往厌恶数学、理化、史地、生物学，以为这些都无足轻重，后来变成连常识也没有，研究文学固然不明白，自己做起文章来也糊涂，所以我希望你们不要放开科学，一味钻在文学里。"鲁迅这几句话，对于记者、编辑都极有用。鲁迅没有说下去，一味钻在文学里怎么样。他的意思其实就是说，你一味钻在文学里，文学也是研究不好的，创作也是不会成功的。所以要各方面都知道一些。无论做什么工作，总是多学一些东西、多懂一些东西好。

杂家这个名词，这里是借用来表示写文章的人知识要广泛。《汉书》里的《艺文志》把古来的诸子分为十家，说："其可观者九家而已。"杂家就是可观的九家中的一家。我说，我们要做个杂家。唯其杂，才能在各方面运用我们的知识，做好报道、写好文章。

《端正文风——在新华社国内记者训练班的讲话》

选编语文教材必须确定选材的标准

我们选材的标准不约而同。那些怀旧伤感的、玩物丧志的、叙述身边琐事的、表现个人主义的，以及传播封建法西斯毒素的违反时代精神的作品，一概不取。入选的作品须是提倡为群众服务的，表现群众的生活跟斗争的，充满着向上的精神的，洋溢着健康的情感的。我们注重在文章的思想内容适应新民主主义革命的要求，希望对于读者思想认识的提高有若干帮助。就文章的体裁门类说，论文、杂文、演说、报告、传叙、速写、小说，都选了几篇。这些门类是平常接触最繁的，所以我们提供了若干范例。

《〈大学国文（现代文之部）〉序》

我们编辑这个本子，预先选了数目超过两倍的文篇，淘汰了好几回，才确定现在这个目录。对于入选的文篇，依据我们的目标，定了些标准。有爱国思想的，反对封建迷信的，抱着正义感、反抗强权的，主张为群众服务的。就思想方法说，逻辑条理比较完密的，我们才选它。换句话说，那篇东西在那个时代那个环境那些条件之下是有进步性的，我们才选它。咱们不能要求古人的想法全合于现今的思想政治水平，咱们对于古人的东西必须批判地接受，选读前面所说的一类东西，跟实际并不脱离，同时又便于磨炼批判的眼光。

《〈大学国文（文言之部）〉序》

选文不宜"拉在篮里就是菜"

我尝谓凡选文必不宜如我苏人所谓"拉在篮里就是菜"。选文之际，眼光宜有异于随便浏览，必反复讽诵，潜心领会，质文兼顾，毫不含糊。其拟以入选者，应为心焉好之，确认为堪以示学生之文篇。苟编者并不好之，其何能令教师好之而乐教之，学生好之而乐诵之乎？其理至著明也。初入选之文篇，经共同研讨，或终于不入选。初选之顷，万不宜草草从事，可断言也。

我人选文，似当坚持一义，非欲凑成一册篇数足够之汇编，而欲一册之中无篇不精，咸为学生营养之资也。请诸公观之，此

教科书编委会同人庆祝中华人民共和国成立

义何如?

　　选定之文，或不免须与加工。加工者，非过为挑剔，俾作者难堪也。盖欲示学生以文章之范，期于文质兼美，则文中疏漏之处，自当为之修补润色。固陋之作者或将不快，明达之作者宜必乐承。加工之事，良非易为。必反复讽诵，熟谙作者之思路，深味作者之意旨，然后能辨其所长所短，然后能就其人短者而加工焉。他则作者文笔，各有风裁，我人加工，宜适应其风裁，不宜出之以己之风裁，致使全篇失其调谐。总之，欲求加工得当，必深知读书为文之甘苦，愿与诸公共勉之矣。

《课文的选编——致人教社中学语文编辑室》

作注务期简要明确

次言作注。我以为作注之事，略同于上堂教课，我人虽伏案命笔于编辑室，而意想之中必有一班学生在焉，凡教课之际宜令学生明晓者，注之务期简要明确。所注虽为一词一语一句，而必涉想及于通篇，乃于学生读书为文之修习真有助益。尤须设身处地，为学生着想，学生所不易明晓者，必巧譬善喻，深入浅出，注而明之，必不宜含糊了之，以大致无误为满足。注若含糊了之，教师亦含糊了之，而欲求学生之真知灼见，诚为缘木求鱼矣。复次，语文课令学生诵习若干文篇，无非"举一隅"耳，意盖期学生"能以三隅反"，阅读其他文篇与书籍也，非诵习此语文课本即毕事也。欲臻此境，教师之导引启发，学生之揣摩练习，皆至关重要，而我人作注，亦与有责焉。作注固在注明此一篇，苟于意义多歧之词语，含蕴丰富之典故，较为繁复之语法结构，颇见巧妙之修辞手段，多写一二句，为简要之指点，则学生自诵其他文篇与书籍，将有左右逢源之乐。总之，我人不宜抱多一事不如少一事之想，凡有裨于学生者，正当不避多事。我此存想，诸公以为然乎？

《课文的选编——致人教社中学语文编辑室》

重视书籍的绘图工作

书籍里有些图画，决不是装饰和点缀，虽然每一幅画都要求它美。图画跟写在书里的书面语言有同等的重要意义。书面语言缺乏思想性，写得不正确，不甚周密，对读者就没有多大好处，有时甚至有害处，图画也一样。书籍里的图画又跟单幅的图画不一样。书籍里的图画是跟书面语言配合起来交给读者的，读者从书面语言同时从图画得到理解和领会，因而提高他的知识技能，深化他的思想感情。只要哪本书里应该有图画，那本书里的图画就得跟书面语言合成有机体。怎么样才算合成有机体？说起来可以说得很多，抽象地说说，借用"相辅相成""相得益彰"两个成语也就够了。再说，咱们社里出版的主要是课本，课本是国家对学生进行教育的主要的工具，是学生受教育时候的主要的精神食粮。因此，课本的绘图工作尤其要认真，图画跟书面语言尤其要做到有机地配合——当然，我并不是说其他书籍里的图画就不妨马虎随便。

《重视书籍的绘图工作》

不用說出版工作多麼重要，幹出版工作的誰不知道。以往的出版工作有些兒成績，然而是散漫的，沒有什麼的。這一回全國出版工作會議開個頭，研討分工、合作、專業化種種問題，這才使出版工作有了整體性跟計畫性。在這樣的基礎上，出版工作的成績一定會超過以往多少倍。

一九五零年九月，葉聖陶

叶圣陶为第一届全国出版工作会议题的词

《文章例话》书影

写文章好比做菜

能使读者的心动一动

我（读者）要求你们的工作完全表现你们自己，不仅是一种意见、一个主张要是你们自己的，便是细到像游丝的一缕情怀，低到像落叶的一声叹息，也要让我认得出是你们的而不是旁的人的。这样，我与你们认识了，我认识你们的心了。我欣喜我进入你们的世界，你们也欣喜你们的世界中多了一个我。在我呢，当然是感激着你们的丰美的赠遗；而你们自己尝得到这种欣喜的美味，也正是超于寻常的骄傲。我不希望你们说人家说烂了的应酬话，我不希望你们说不曾弄清楚的勉强话，我更不希望你们全不由己，纯受暗示而说这样那样的话。如果如此，我所领受的只是话语的公式，是离散的语言文字，是别人家的话语，而不是你们的心的独特的体相。于是乎我大失望了，像忽然一跤，跌入一个无穷大的虚空里去一样。

叶圣陶中学时代写的日记

　　我又要求你们的工作能使我的心动一动，就是细微，像秋雨滴入倦客的怀里也就好了；能使我尝到一点滋味，就是淡薄，像水酒沾上渴者的舌端也就好了；能使我受到一点感觉，就是轻浅，像小而薄的指爪在背上搔着也就好了。这样，我就满足了所以要读你们的东西的愿望。我觉得我的生活是充实，是有味，是不枯寂——虽然充实着的是喜乐还是悲忧，滋味是甘甜还是酸苦，感觉是痛快还是难受，尚都不能说定，而我总觉得这是比较好的生活了。你们赏与我的这样的优厚，我当然感激你们，以至于心里酸酸的，眼眶里的泪几欲偷偷跑出来。我不希望你们的工作使我漠然无动，像对着一座白墙；我不希望你们的工作使我毫不觉得有什么味道，像喝着一盏白水；我更不希望你们的工作全不触着我，像正当奇痒，而终于不曾伸出手指来。如果如此，至少在这一个当儿，我要觉得我的生活是空虚，是乏味，是枯寂，一切都不是我所有的了。于是乎我大失望了，又像忽然一跤，跌入一个无穷大的虚空里去一样。

尊贵的作家！我要向你们要求的还有许多，只是太零碎了，就只说了上面的两端吧。

《读者的话》

总要完成了一件无瑕的制作才满意

如果是一个木工，他所以工作，当然为了生活，但是只要他有一两分忠于自己的工作的真诚，爱好自己的成绩的情趣，你就叫他少雕一两刀，少琢磨一两手，他一定不肯。这时候，所以工作的原因反而在背后了，照耀在前面的是创造的欲求，总要完成了一件无瑕的制作才满意。

作文，虽不见得怎么高贵，总该比得上木工的工作吧，难道倒不妨随便一点儿，不必期求完满么？即客观的完满无从知道，而做到自己满意，再不能更改一字半句的地步是可能到达的。可能到达而不到达，总是有缺陷的事。固然不必说给读者读不很完满的作品，良心上如何抱愧；就在自己，没有把感情和思维最适当贴切地表达出来，只像拙劣的照相一样，只留下个模糊的影子，又是多么自欺的举措呢。

《完成》

出自肺腑之言和发自丹田之歌

在阅读文艺作品的时候，我们不自觉地怀着一种希望，就是要听作者的肺腑之言和发自丹田的歌唱。作者能够满足我们的希望，我们就感到非常愉快；要是不能，我们就怅然若失，比没有什么东西可读更觉得有空虚之感。

在作者一方面，当然不用管别人的满足不满足，只要有东西可写，有写的兴趣，就可以毫无顾虑地写他的文艺作品。然而也有不能不管的，那就是想要写的是不是肺腑之言，是不是发自丹田的歌唱。这中间并没有什么深奥的道理，只因为谁都不情愿说虚浮的话，谁都不情愿唱难听的歌。如果自己及早觉察是虚浮的，是难听的，又没有什么情势逼着自己非说非唱不可，那就尽可以不说不唱，免得说了唱了使自己觉得不舒服、不愉快。这完全是为自己着想，所以非管不可。

《出自肺腑之言和发自丹田之歌》

写那的确属于自己的东西

给别人看的文章，须写的确属于自己的东西。……同样是一种经验或情思，有浅深的不同。仅仅粗疏地阅历，肤泛地感受，浮面地考察，这样得来的东西是浅的。反过来，阅历得周至，感受得真切，考察得精当，这样得来的东西才是深的。我所说的确属于自己的东西，就指那些较深的经验或情思而言，因为它是生活的经验、智慧的成果。至于那些较浅的，虽然也是自己的经验或情思，可是与一般人的没甚差异，好比一滴海水和整个大海都含咸味一个样，实在算不得的确属于自己的东西。

写一篇文章给别人看，无非要使别人得到一点儿什么。把较浅的经验或情思写给别人看，并不能使别人的意识界增加一点儿什么，这又何必徒劳呢？

《写那的确属于自己的东西》

写文章好比做菜

做菜须先有鱼肉菜蔬那些好材料，再加上熟练的烹调功夫，才做得好菜。写好文章也须先有好材料。一天到晚不停手地写，时时刻刻揣摩着什么什么写作法，这不过等于练习烹调功夫而没有鱼肉菜蔬，哪里会有好菜？

所以，要写得好，第一要有好材料，储蓄好材料的库藏须得在平时预备好，检取好材料的手法须得在平时训练好。临到写作的时候方才预备，方才训练，那是不很有济于事的。

上面的说法其实只是老话：依古文家的用语，这叫作"积理"；依一般文艺论者的用语，这叫作"充实生活"。但是老话不就是废话，老话如果颠扑不破，咱们就无法不依它。

若说为了要写好文章才来"积理"，才来"充实生活"，那是本末倒置的不通之论。一个人本该"积理"，本该"充实生活"，因为他要应付一切事物，他要在社会中间做一个"人"。但是，这样的人再加上写作的实习和写作法的研究，往往就是好文章的写作者。

《动手写作以前》

由"苦心经营"达到熟和巧的境界

有了好材料，而信手挥写，不一定就成好文章。信手挥洒而成名篇的当然有，一般人往往说这是作者的天才。咱们没有天才，无法知道天才的真际；可是揣想起来，他所以能够信手挥写，或许他对于写作的技术太熟练了，熟能生巧，故而在不觉之中，已经尽了苦心经营的能事。我们既然自认对写作技术并不太熟练，那么，在有了好材料之后，还得加上工夫来苦心经营。苦心经营的目的是什么呢？就是组织而成一串文字，篇幅或长或短，看情形而定，总之要不打折扣，并不失原样，这一串文字刚好是那个材料的化身。

画画的人在动笔之前，心目中必然先有一个意象。他要把那个意象画成一幅画，不得不考虑怎样布局，设什么颜色，用什么方法来烘托这些问题。他又必须有布局布得好、设色设得好、烘托又烘托得好的真本领，然后画成的画才是他那个意象的化身。没有意象，根本就不用画画。有了意象而不加考虑，考虑了而不能恰到好处，没有实践的真本领，画成的画只是一幅胡乱的涂抹而已，和原来的意象毫不相干。意象的获得关系于画家的生活，生活越充实，获得的意象越有价值。考虑的工夫和实践的本领关系于平时的练习，练习得越精熟，考虑起来越能够"成竹在胸"，实践起来越能够从心所欲。

文章同画画一样，须用段落来布局，用文字来设色和烘托。……材料越具体，"写不出来"的困难越减少。我更须把所有的材料安排、补充、淘汰，使各个处在适当的地位，凡是需用的一点儿不缺少，凡是无用意的一点儿不多余。最后我须找寻最适当的词句：两个意义相近的形容词，用哪一个更贴切呢？两种都可以应用在这里的句法，用哪一种更生动呢？这样的揣摩功夫做得越周到，写成之后看起来，越和心目中的材料相近，越不致有"全然另一回事"的懊恼。

以上说的都是所谓苦心经营。写作要练习，就在乎练习这种苦心经营。如果由练习而达到了熟和巧的境界，我也许可以不用一个"热烈"和"伟大"，可是"达"出了自己感情的热烈，"达"出了那个人物的伟大：这就是我所组织而成的一串文字刚好是我的材料的化身，我就有了好文章了。

《求其"达"》

把自己的情意化为极端精粹的语言

把语言训练到极端精粹的地步的人实际上是很少的。试到任何会场中去听，发言的人即使是博学的教授、文艺的名家，难得有五分钟之间不说出一些语病的。至于一般人，假若旁边有人替他们留心，语病几乎"俯拾皆是"。因此之故，直录演讲辞的速记必须经过修饰整理，方可发表；涌现到心头来的语言必须加上一番洗练的工夫，直到再没有一点儿语病了，方可写到纸面上去。

最根本的办法自然是训练语言。语言能够说得极其精粹，按照着记录下来，便是毫无语病的文章，岂非人生一乐？但是在没有训练到极端精粹的地步以前，我们也得写文章，这时候必须记着一句话，就是：我们固然要写现代语言和大众语，可是不应该随随便便照实记录；凡是写成文章的，非把它洗练成极端精粹的现代语言和大众语不可。

《语言和文章》

动笔时有点像呻吟在产褥上的产妇

若问创作的经验，我实在回答不来。我只觉得有了一个材料而还没有把它写下来，心里头好像欠了债似的，时时刻刻会想到它，做别的工作也没有心思。于是只好提起笔来写。在我，写小说是一件苦事。下笔向来是慢的。写了一节要重复诵读三四遍，多到十几遍，其实也不过增减几个字或者一两句而已。一天一篇的记录似乎从来不曾有过，已动笔而未完篇的一段时间里的紧张心情，夸张一点说，有点像呻吟在产褥上的产妇。直到完篇，长长地透一口气，这是非常的快乐。

《随便说谈我的写小说》

书评要摸准作者心情活动的路径

书评是写给作者看的，假如没有摸着作者心情活动的路径，任你说得天花乱坠，与作者和作者的书全不相干。书评同时是写给读者看的，读者读的是这一本书，你就不能不啃住这一本书。假如没有摸着作者心情活动的路径，无论你搬出社会影响的大道理或是文学理论的许多原则来，与这一本书全不相干。

《我如果是一个作者》

有真意，去粉饰，少做作，勿卖弄

有真意、去粉饰、少做作、勿卖弄，这四条其实并非"秘诀"，而是作文的要道。四条之中，头一条"有真意"最重要，因为说的是内容。作文而没有要说而且确乎值得说的意思，作它干什么呢？……

写任何文章首先要有真意，没有真意就不必写。真意从何而来？来自平常时候的积蓄。待人、处事、明理、察变，全都是积蓄。这些事项并不是为了写文章的需要，做一个堂堂正正的人理该如此。待人随随便便，处事马马虎虎，行吗？事理物理不甚明了，宏观微观毫无所知，行吗？回答当然说不行，除非你甘心做一个不怎么合格或者根本不合格的人。既然不行，就该项项留意，什么都不肯疏忽，认真它一辈子。这样的人呀，或多或少总有点儿自得的东西，真正凭自己的心思和力气换得来的东西。这大概就是鲁迅先生所说的真意。这样的人呀，要是没有兴致写文章，当然是他的自由，谁也不该责备他。要是他怀着强烈的兴致，准备拿起笔来写点儿什么告诉人家，那必然是值得一读的东西，对人家或多或少有益的东西。

……

要把文章写好，有了真意，还得讲究点儿技巧。鲁迅先生提倡白描，也不是说不要讲究技巧。会画画的人都知道，没有技巧的训练，白描也是描不好的。写文章的技巧，我想，最要紧的大致是选择最切当的语言，正确而又明白地把真意表达出来，决不是在粉饰、做作、卖弄上瞎费心思。有些人把这些障眼法当作技巧，着力追求，以为练好了这一手就能把文章写好，这就走到歧路上去了。随便举几个例：有的人滥用形容词和形容句子，以为堆砌得越多越漂亮；有的人不肯顺着一般人的表达习惯来写，以为不说些离奇别扭的话就不成其为文章；有的人搬弄一些俗滥的成语或者典故，以为不这样做不足以显示自己的高明。从此看来，鲁迅先生提倡白描虽然将近半个世纪了，咱们现在还得提倡。鲁迅先生的这四句"秘诀"："有真意、去粉饰、少做作、勿卖弄"，其实是作文的要道，对咱们非常有用，应该把它看作座右铭。

《重读鲁迅先生的〈作文秘诀〉》

十大作家
經驗之談

葉紹鈞　朱自清　茅盾　仲年　王平陵　謝冰心　蘇雪林　孔羅蓀　許欽文

文藝寫作經驗談

本版　天地出版社

叶圣陶与朱自清等谈创作经验的合集
《文艺写作经验谈》

叶圣陶的母亲朱氏（1865—1961）

是叶钟济的续弦，生叶圣陶那年她30岁，又生了两个女儿。大女儿13岁病故，小女儿叶绍铭，96岁时去世。

为子尽孝

大人如以为"电报"好，则亦无可奈何矣①

（晨）大儒巷吴保初使人来邀。……盖问余欲考电报学堂否也。余答以请诸大人再定夺。其实余意不欲。夫电报之事，当差有一定年限，则一身不得动矣。且此等事殊屑屑，为之无甚关系。况中校已及四

---

① 我国 1906 年废止科举，但科举的"阴魂"未散。清政府在废止科举的同时，宣示学校人才之资格："凡小中学之卒业生称廪生或秀才，高等学堂卒业生称举人，大学卒业生称进士。"有中学毕业文凭，可以谋差，可以出洋。然而，由于生活的艰难，叶钟济不得不另作打算，要儿子放弃即将到手的"秀才"资格，终止学业，去甘肃报考电报学堂。旧中国社会动荡，百业萧条，相对说来银行、铁路、邮局三个行业的饭碗比较牢靠。甘肃电报局局长吴保初是苏州人，"熟人好办事"，叶钟济就将儿子的前程托付给他。那时的甘肃，黄沙遍地，干燥得使人唇干喉焦，在江南人心目中简直是个渺无人烟的不毛之地，去那里讨生活就犹如极边充军。叶钟济忍心要自己的独生子去受这份苦，可见生活有多拮据。后因吴保初突然"卸职"，叶圣陶这才断了去甘肃的念头。

年，明年且毕业，则半途而止，宁不可惜？然大人老矣，家无恒产，惟谋生之是求，苟可以早一日谋生者，当必就之。保初之问，亦属关切要好也。余因思惟有力学成名，做些有关系之事，一则得以赡家，一则不负此自认有为之身。电报一事，断不肯做。然大人归时，如以为电报好，则亦无可奈何矣。

1911 年 1 月 8 日日记

动干亲心，真当死罪

（晚）归后，吾父言郭鹭顾先生之长子刚来此，谓乃弟原在上海尚公小学，为级任教员。今有他就，特来关切，谓可以继其役也。

余性懒废，教习尤非乐为。去之几及一年，乃复重理旧业，心弗善焉，因言："吾不欲就此。"[1]吾父言："尔有所需，予辄许尔。尔纵落落，独不思有以慰予耶？"小子恃爱忘仪，动干亲心，真当死罪。因言曰："吾愿就矣。"不觉泪随声下，弗获自止。余性执拗，至于此极，所当自戒也。

1914 年 3 月 15 日日记

---

[1] 叶圣陶中学毕业后，于 1912 年 3 月担任"苏州中区第三初等学校"（简称言子庙小学）二年级级任教员，因为没有后台，1914 年 7 月遭到排挤，这在他心里留下阴影，不愿意再涉足教育界。

又乌敢以游学请于堂上耶

（顾颉刚来信）言大学分科，方将招致学生，届时当往投考。并申曩时资助之议，耸余与偕。余诵此语，辄深感念颉刚厚我，必欲挟之高翔云霄，余乃如鹪鹩之翼，莫可自奋。既鲜兄弟，远游当戒，家又贫窭，难可取求，坐此之故，又乌敢以游学请于堂上耶。颉刚屡勉我，并得其尊人之许可，愿相资助，深情高义古昔所稀。而余之�齐步弗进者，非余之心愿也……

1914 年 5 月 28 日日记

做佛事纪念父亲百岁冥诞

（1948 年 1 月 24 日）晨与墨（夫人胡墨林）至玉佛寺，我父百岁冥诞[①]，在寺作佛事。天气严寒，诸孙不便外出，因而满子（大儿媳夏满子）亦不能往。三官（次子至诚）校中考试，亦未往。小墨（长子至善）到店做事，将午始到。余等到寺，诸僧相识者来闲谈。午刻，红蕉（妹夫）、我妹携三甥女来，龙文（夏丏尊之子）亦来，共进素斋。

1948 年 1 月 24 日日记

此等事其过非小

散课归家后，见家慈为余制夹裤方就。余嫌其裆大，遂致不

---

① 叶钟济 1919 年 7 月逝世后，逢冥诞日，叶圣陶都按苏州的习俗设祭。

悦之色与不悦之言并发于尊长前。如此放肆，实属荒谬。尝记 9 月间，我夸观前某卖牛肉者之肉佳于家君前，因命购少许归以下酒。是日我买得后不即归，反与友人饮。及归，家君酒已饮罢矣，家君怒之。此等事其过非小，志之以便改之。

1910 年 11 月 9 日日记

为母亲庆八十大寿

明日将为母亲做八十寿，生日本为阴历三月二十，凑小墨（叶至善）在家，故提早数日。预备自治餐两席，宴店中诸人及章雪舟夫人等。买鸡买鱼，剥莲煮枣，颇为忙碌。店中同人皆馈寿礼，敬受之。

1944 年 4 月 7 日日记

墨治馔，大忙，世泽佐之。二官（叶至美）以午后归来，亦动手。

午刻，供寿星，余书一篆字"寿"字，悬之正屋正中。文铨馈馒头与面，邹德培、徐星慧馈生日蛋糕，皆供于桌上。

傍晚，客集，凡三席，孟韬夫妇及小墨二友而外，皆店中及邻居也。饮啖颇欢。九时散。母亲亦兴致颇好，八十之年，诚可慰也。

1944 年 4 月 8 日日记

深悔与母亲发生争执

晨因小事与母亲争执，余至击桌，母亦大怒。既而深悔之，乞母容恕。母谓他均无谓，唯尔不宜出此态耳。谈半时许，母怒解。余即在家校对。饭后到店，人均问舒适否，盖墨为余掩饰，谓身体不舒留家休养也，因此益感愧赧。

1948 年 1 月 3 日日记

与母亲在北京会合，大可安慰

今日下雨，骤晴殊无望，我母及小墨等以今日动身，颇为愁虑。余困疲殊甚，全身不适，参与谈宴，实出勉强支撑，到家即颓然而卧。

1950 年 4 月 14 日日记

晨间热已退，而墨谓余不宜早出，由她与至美驱车到车站迎接。雨仍繁。八时过，车回来，我母、至善、满子及两小孩俱载归，同来者尚有文叔之夫人。沾湿尚不甚。我母由警卫员驮入。我母尚清健，至可喜。小墨、满子亦好，大奎已能说话，唯发音不甚正确。一别一年余，今始会合，来时虽遇雨，而未致狼狈，大可安慰。丁师母制汤圆作早点，谓取团圆之意，殊可感。今余全家唯三官一人在外矣。移家北来，久为放心不下之一件大事，今已办妥，亦是可慰。

1950 年 4 月 16 日日记

母亲"不能出外看看"颇以为苦

夜间，母亲与我妹谈，言及不能出外看看，颇以为苦。母亲不能独立行动，须人扶持，又时时须小遗，因而不能外出。来京以后，仅一往雁冰所耳。颇思载母游北海，而小遗之事无法解决。乘汽车又恐其头晕，乘三轮则不能与人同载，亦不放心。家中人商量久之，不得结果。

1952 年 9 月 7 日日记

为母亲庆九十大寿

早上全家早起，整理收拾，一片忙碌。九点以后，客陆续至。余家容纳不下，则分于我妹屋中与王城屋中。至午刻，统计来客及我家老幼共六十六人。设六席，开筵会餐。我母七十岁在上海汾安坊，亦尝宴客，大半皆今日在座之人，然作古者亦有数人。八十岁生日在成都陕西街，客为另外一批。今九十岁则在北京。二十年之间，我国变化綦大。共谓至于一百岁则已在第三个五年计划时期，景象之光辉灿烂必更有不同。宴毕已两点过，众客坐于庭中闲谈，观宁宁唱歌舞蹈，虽风大犹以为乐。招摄影师来，与诸客合摄一影。至四点，客始散。傅耕莘自上海寄到一卷子，绘我母小影，布景作庭园卉树，系上海八位画家之集体作品。伯祥首先题字其上，语多称美。缓日当作书谢耕莘。

竟日周旋，我母已惫，傍晚即入睡，未进晚食。余亦疲，入睡一时许，起来仅小饮而已。

1954 年 4 月 18 日日记

母亲忧惧日深"生死之事"

（今日）至母亲所数次。老人家作欲出走状，问外出需添衣否。告以无外出之事，则谓不外出自然最好。午后劝其睡不肯睡，余陪之睡于侧边我妹之床，渠乃亦酣睡一时许。又语满子，苟往来的那条路上去，而实未死，将如何。又言年届九十，乃未知此事究竟如何。盖近日大家方明白，老人家惴惴于怀者，实为生死之事，因恐生疑，忧惧日深。余揣此种忧惧，几同于判处极刑而待执行之人，其深度殊为难受。然何以为之譬解，实无其方。更一思之，人自有生之初，即已受此判决，固非独老人家为然。不之思自无所觉，苟或思之，人人均将深感寂寞也。

1955 年 3 月 9 日日记

为母亲画"百无禁忌"符

昨与我妹商量，母亲既心存恐惧，不妨画一符贴之，谓如此则百无禁忌。余乃取黄纸，用朱笔涂"灵符辟邪"四字，笔划连属颇类道教之符。今夕妹以示母，谓此系活佛所画，极不易得，宜先置枕下一宵，明日则茹素一日，贴之床侧。母似颇有信意。若果能减轻其恐惧，诚为佳事。

1955 年 3 月 10 日日记

母亲"足九十龄"生日吃面

今日为阴历三月二十日，是母亲生日，及今足九十龄矣。恐其引起种种想法，未与言明，仅吃面而已。老人家安静数日，今日又不甚安静，至夜始好些。

1955 年 4 月 12 日日记

母亲"身体转佳"大可欣慰

近来母亲伤风已愈，身体转佳，进食增多，且觉有味。已不复言看见种种幻象，亦不言"去"与"不欲去"，似前此种种，悉归遗忘。入室见之，则笑颜相向，无复愁苦之态。此大可慰事也。

1955 年 5 月 18 日日记

奉老母出门

今日作一可纪念之事，即奉老母出门，到至美家玩六点钟，在彼进午餐。老母自来京而后，仅于初到不久至雁冰家一次，此后迄未出门，今日为第二次出门。老母常自言，两腿不便走动，未能出门看看。余自南方回来后，我妹即为余言，如能奉老母出门一次，亦使渠心慰，公园不甚方便，还以到至美家为宜。余然其言。今日向文改会借一旅行车，以靠椅舁老母至门首上车，全家同载，令老田徐徐开行，到至美家则以藤椅舁之，老人家未动一步。午膳时老母进食未多，食后休眠颇熟，四点回来，殊无不适。此事居然实现，余心亦大慰。惟老母后颈之疮，作脓不少，暂无转愈之象，可为心戚。嘱满子买本胡同中一家颇著名之药铺之膏药，明日拟贴之。中医膏药或较西药为速效也。

1957 年 6 月 16 日日记

叶圣陶出生地悬桥巷

欣老母新生力颇强

老母后颈之疮已逾，创口结好，长新肉，觉痒。老人家新生力颇强，前年北京医院之大夫尝言之，今此亦足证其然。

1957 年 6 月 20 日日记

老母"心神错乱"恐惧殊甚

日来老母恐惧殊甚，谓有人来相迫害，其人为谁，如何迫害，言之自不能清楚。为之慰，告以决无其事，则坚不肯信。精神益不正常，而绝无可以解免之方，诚属无可奈何。老人家内心必甚痛苦，我与妹则无法解除其痛苦。观其表现,有时竟有无地洞可钻之恐。话旁人不能说,动亦不能动,意若曰有声息有行动即将为彼方觉察,知有老人家之存在。何以致此心神错乱,实不能明也。

1957 年 8 月 16 日日记

请郭大夫来家医老母后颈之疮疖

今日请社中之郭大夫来家,医老母后颈之疮疖。郭谓此次似甚轻微,为涂药膏,并嘱服三日之药。察老母情态,今日较愉快,从此察知此物并不严重,如郭大夫之说。

1958 年 3 月 24 日日记

贺老母九十三岁足寿

今日为老母生日,以阴历计(三月二十日)。老母之年岁为九十三岁足。夜间吃面。至美、蟪生为此来共餐。

1958 年 5 月 8 日日记

观察老母为何忽又发火

傍晚老母忽又发火,但不久即过去。据历次观察,大概睡眠不甚酣,多做乱梦,醒来即易发火。绝无外在原因,原因均在老人家脑中之感受与幻想。发火之际,渠身体上一定甚为不舒。然无法预防,使老人不发火也。

1958 年 6 月 13 日日记

总当设法让老母出游一回

午饭时我妹告余，今日老母独坐中间一间，忽自起立，扶摸桌椅，行至左首一间。后经我妹与满子等看见，即扶之回坐中间藤榻上。问何故起立，老母仅言想去看看，亦不说所看者为何。平日一起一坐皆须扶持，而独自移动，亦复能办到，可见体力尚可，然此殊危险，设或倾跌，不堪设想。且经此一动，即觉疲累恶心，可知已甚劳矣。

老母往往谓余或我妹或至善，"跟你一块儿去吧"，亦不知其所谓去系何往。有时则明言欲往至美家，欲往恂初家（恂初系老母之叔，余幼年时，母常往其家），昨日则谓我妹，为彼易衣服，出去走亲戚。总之，老人家总欲离去此久坐久卧之房间。此是何心理，余殊揣摩不出。或许是太无变化，因生厌倦之故。

我人殊无法奉老人家出去玩一次。就说往公园，车到公园门口，扶持入园，已甚难办。惟有见凉椅即坐下来耳。至美之西郊居处，在二层楼，扶梯甚窄，殊难用藤椅将老人家抬上去。——余念今年总当设法，让老人家出游一回。

1958 年 6 月 19 日日记

侍老母入睡

夜间我妹与满子往观锡剧团之《红楼梦》，余侍老母入睡，久久乃成眠。

1958 年 7 月 7 日日记

抗战爆发前在苏州青石弄的故居

设法消解老母的怒气

今日老母又发脾气，原因为甥女怡官叫她一声。老母对怡官怀恨莫明其故，怡官叫一声，老母即发怒言"我不理她"。于是我妹哭泣，出怨语，竟日颓丧。下午余在母旁周旋二三小时，其怒气似渐消。如此情形，大家不愉快，实无办法可解决。

1958 年 7 月 18 日日记

为老母扫除烟筒中之积灰

老母昨夜起来便溺如常，今日颇清醒。我妹忽念及，前日之状或是中了煤气。火炉之烟筒积久阻塞，煤气留于室中，老母不行动，不出户外，吸入之量虽无多，殊有中毒之可能。昏沉久睡，小便不禁，亦为中煤气之情状。因拆烟筒，去其中之积灰，并开小窗，俾新空气畅入。

1959 年 3 月 4 日日记

无术劝喻老母实为苦事

往老母处听渠信口而谈，思绪益纷乱，过去之印象与见解，错综复杂，纠结成不可理解之人物与事件。听一小时有余而出。老母总觉受压迫，受气恼，竟无术可以劝喻，使渠稍感舒适，实为苦事。现代科学虽云进步，亦无以解决余亲历之困境也。

1959 年 12 月 16 日日记

老母最喜甜而带酸的食物

十点半归，至美已来。至美携糖送祖母，老人家言吃糖已吃怕，余乃为削一梨。又为添一些蜜饯山楂，老母吃此物最喜欢，大约以其甜而带酸。

1960 年 1 月 1 日日记

与老母一同吃年夜饭

三点半回家。至美、蟪生、宁宁咸来，傍晚共至老母处聚餐，吃年夜饭，今日老母颇欢娱，不谈离奇之话。我们久已不与老太太同饭，每餐皆由我妹喂之，今夕为此，亦至可纪念。

1960 年 1 月 27 日日记

聊斋看完否？

今日往老母处，母说一语甚可异，问："聊斋看完否？""聊斋"一名，余想非老母词汇中所有，且与"看"相关联，则确知"聊斋"为书名矣。岂偶或听见，留于下意识中而忽然呈现乎。

1960 年 3 月 22 日日记

老母健康堪忧

回家时知老母方呕吐，即往看之。殆是胃部不佳，吐出者为昨晚今晨所进之稀饭。一时面色苍白，躯体发抖，殊觉恐悚。既而瞌睡，醒来时则神色复常态。略进藕粉，进苹果半枚，傍晚进粥半碗耳。希望其不至受何影响，从早恢复如常。

1960 年 12 月 26 日日记

老母患"流火"

归时我妹与满子相告，言老母左小腿红肿殊甚。渠未能自言腿部之感觉，于为之洗足时知之。我妹记得其幼年曾见母发"流火"，此或即是"流火"。量其体温，三十八度八。因悟昨日午后呕吐发抖，即是病将发作之征兆。于是请社中郭大夫来。郭言此诚是一般所谓"流火"，盖与丹毒同类，老年人抵抗力弱，求速效宜注射。老母几十年来未经注射，今日未为明言，仅言看看背面，即为注射链霉素于左大腿部之肌肉。针刺入之际，觉痛，曾惊吁一声。郭又给合霉素十二粒，嘱分二日服之。今日老人家进食极少，仅进粥与藕粉数匙。傍晚，即异之登床。迩来几乎每夕小便不禁，虽为衬垫，虽勤易衫裤，睡时总不安舒，亦属无可奈何。

1960 年 12 月 27 日日记

医生不主老母住院

今日老母热度如昨，曾高至三十九度，及夜退至三十八度六。上午仍请郭大夫为注射链霉素。晓风、同豫均言最好进医院，郭大夫亦主此说。下午，同豫为打电话与北京医院，居然答应派一位蒋大夫来。蒋至，检查心肺及脉搏，均言无甚大害，唯高年发烧可虑，家中护理不便，亦主张进医院。北京医院方将拆房重建，嘱接洽他家医院。渠为内科，嘱请他家医院之外科大夫先来一看。于是同豫再为打电话接洽，商得教育部经常有联系之邮电医院之允可，派一位王大夫来。王方行大手术完毕，闻至善为说情况，即赶来诊视，态度之恳切可感。王亦言发烧可虑，但不主住院，谓如此寒冬，移动一下，或且引起他病。渠谓宜注射盘尼西林，次数宜多，求药效之巩固。不进食物非宜，可进葡萄糖。谈约半小时而去。夜间迎郭大夫来，注射盘尼西林，至此，共注射三针矣。发觉老母之左臀部发肿，不知是否由于注射所致。右边大腿外侧亦发红，似亦发炎，而与左小腿不相类。缺少医学常识，又无护理经验，第感愁虑，而于老母无能使其较为舒适也。

……

听郭大夫谈，若干治细菌与病毒之药品，初发明时往往其效如神，历史较旧，即奏效不如初时之神且速。其故盖由细菌与病毒因药物之影响而发生抗药性，后时之细菌、病毒已不同于先时之细菌、病毒。余思细菌、病毒本为自然界之物，人发明药物以御之，从而改变自然界中细菌、病毒之性能。矛盾无所不在之理，亦可于此见之。

1960 年 12 月 28 日日记

老母病情有佳朕

晨起量老母体温，为卅七度七。较之昨日，神思略清明。进粥小半碗，用葡萄糖调和。九点到部中，开办公会议。（午后）到家时知上午九点半时，老母体温曾降至卅七度，但是午饭罢再为量之，又升至卅八度半。上午社中女护士又曾来注射盘尼西林，热度总不能压下，至为可虑。又发见其左足心有三块发黑之处，左小腿有一处则红而发殷。至善谓此当是皮下出血。于是与邮电医院王大夫通电话，告以今日之情形，王允再来一看。四点，社中女护士再来打盘尼西林。未几，王大夫到，据云如此情形，非打针服药能济事，还以住院为宜。渠言其医院条件不甚好，又距离太远，最好与他家医院接洽，通达其最高领导，期其必收。王大夫指点甚恳切老实，深感之。俟其去，即告知晓风，希与部中商量，然后向医院接洽。思之思之，住院在家均困难，究以何者为较好，委决不下。六点半，晓风来，谓已在社中商谈，明日再与部中接头。其时我妹与满子为老母易衬垫之布，觉其腿肿势稍退，皮肤有皱纹。余往视之，果然。或者盘尼西林渐渐在发生作用。至善为按脉搏，觉比午间为强，呼吸亦均匀。此是佳朕，期其继续好转。

1960 年 12 月 29 日日记

今日早晨老母之体温为三十六度七，午后三十六度五。脉搏见加强，呼吸调匀。左小腿肿势续退，自膝盖部分下降。凡此皆可慰。

……

到傍晚量老母体温，为卅七度。今日仍打盘尼西林两次。每次与前同，皆为二十万个单位，其用量比一般为重。

1960 年 12 月 30 日日记

晨间老母之体温为卅六度六。傍晚量之，为卅六度八。据此可知逐渐下降，是好转之征。左小腿肿势更见减退，皮肤皱缩加甚。精神亦见好转，为之搬动身体，发语恼恨。又言东也一针，西也一针，似日来为之注射，亦非懵无所知。今日与郭大夫商量，郭言今日同时注射盘尼西林水剂一针、油剂一针。水剂效速而持续不久，油剂效缓而在体内保持较久。明后日则专注油剂，每日注射一次即可。他则合霉素尚须连服几日云。总之，老母体质本强，故遇此重症，抗力仍强。北京医院邮电医院两位大夫均言此病即好转亦非三数日内事，今事实则不然，可为明证。

今日晓风持部中党委会介绍信，与协和医院接洽住院事。

全家福

协和方面初有难色，继允考虑，约于下月 3 日再为联系。今既
有好转之象，住院亦可从缓。以实际情形言，老母住院固有甚
多不便也。

1960 年 12 月 31 日日记

今日老母晨间体温卅六度四，午后卅六度八，傍晚卅七度。
仍注射盘尼西林水剂油剂各一针。三餐进粥各半碗有余。

1961 年 1 月 1 日日记

老母便溺转少使人悬悬

今日老母体温仍正常。注射水剂油剂盘尼西林各一针。前数日不言身体痛楚，今则时以为言。进粥三餐，皆半碗许。他则饮葡萄糖水与橘子汁。水分较平日吸收为多，而便溺转少，不知何故。大便自上星期一以来，迄未排出，此又为一问题。

1961 年 1 月 2 日日记

今日老母注射盘尼西林油剂一针。观其状似有糊涂之态，含粥于口，促其咽下，云已咽下而实则未也。与语往往似理不理。至善言多注射盘尼西林可致精神昏迷，据沈衡老前数年之事为例，但又谓径尔停止注射亦非佳，扑灭病毒宜求彻底。此亦是矛盾也。排尿仍稀少，大便仍无有。

今日晓风问协和医院，医院言病房实无空位。晓风告以病人现已好转，暂不须住院，唯若他日有住院之必需，务希照顾。彼院则含糊承应之。

1961 年 1 月 3 日日记

今日老母仍注射盘尼西林。大便问题渠虽不言，颇引起我人之愁虑。买通便剂不易得，得一种轻便之丸，临夜眠前服二丸。下午喝水不得法，曾为恶心，因而略呕吐。他则无甚特殊情况。左小腿已不复红肿，表皮干而起，即将脱落。据社中之女护士苏同志言，老母之臀部前数日亦发肿，今二三日末则肿全消矣。

1961 年 1 月 4 日日记

今日与郭大夫商量，老母退烧已一周，注射是否可停止。郭同意停止。老母大便仍未通，小便亦少，昨日下午便一次之后，直至今日午间始复便。身体并无肿象，似非肾脏有病，不知究以何故。下午五点许，忽邮电医院之王德琪大夫来视。余深为感动，不请而自至，可见其服务精神之高。王问询情况，言确是好转较快，嘱当心护理而去。

1961 年 1 月 5 日日记

今日老母仍如昨。大便仍无影响，唯曾言思大便者二次。自前夕起，至今日已服红色清便丸十颗（颗粒极小），今日又服昨日王大夫所言麻仁丸四分之一颗，不知日内能通便否。老人家睡在床上，身体蜷曲，不能转侧，当然颇不舒适。渠自言"不好过"，问以何处不好过，则又言自己亦不知道。

1961 年 1 月 6 日日记

老母有时烦躁，进食不欲多，知其为大便问题。扶起须穿衣裤，又恐其疲累，而睡着通便，无此习惯，良为困难。最好能自然通出，而待之已多日，尚使人悬悬。

1961 年 1 月 7 日日记

上午十点后，大家为老母穿衣，舁起，坐在椅子上，意欲顺其习惯使获通便。未几，舁之坐于马桶，凡二次，果然成功。虽尚未畅适，而既已得通，必可少舒，共为心慰。便毕，仍睡床上，坐起共二时许。午后睡颇久，烦躁不复如昨日。

1961 年 1 月 8 日日记

老母显老熟之象全家愁虑

老母今日有转变，傍晚乃觉察。自昨日下午迄今日，一直沉睡，目不张开，偶或呻吟。初以为通便而后内部较舒，故得多睡，今知其非。进葡萄糖水，下咽常作呃。进稀粥，只含于口中。与语则所答含糊。至善为按脉搏，言跳动仍强（老母脉素强），唯十余跳之后间一跳甚弱。口常张开，呼吸较促，知其呼吸不畅。此殆是老熟之象。全家愁虑，而亦无计可施。医院既不易进，即得床位亦不便搬动。观于丹毒消退之速，似老人家体力甚不坏，不意将就痊可，突来此转变也。

1961 年 1 月 9 日日记

今日未出门。老母仍如昨。有确为入睡之时，亦有似睡而非睡之时，而沉迷则相似。醒时口大张，极欲饮水，徐徐下咽，稍急则欬。呼与语，答语简而不清，舌木强。下午社中郭子恒大夫来，诊察后言脉不规则间歇，殆是病后引起之衰弱。渠不敢断言如何，唯谓高龄总宜慎防。今日母仅进粥汤，米粒皆积于口中。徐徐吐出。

余时时往视母，归室则续看平面几何第一册，及晚而毕。

1961 年 1 月 10 日日记

今日老母仍沉酣，呻吟较少。进水与米汤，授之必张口而受。呼吸较急。按其脉，强度似少差。偶发短语甚含糊，殆言身体不适，不克知其何处不适，如何不适。侍旁而立，绕室往回，心绪怅惘。

上午张玺恩来，慰余勿过愁虑，谓应办之事当与部中接洽，托人往办。

1961 年 1 月 11 日日记

老母上午未入睡，时时呻吟，呼"阿爹"（从孙辈呼余之称）。下午入睡甚久，颇沉酣。进粥汤较昨为多。按脉搏，较好于昨日。左臂似不听使唤，我妹为洗脸，请其举手俾揩擦，右手能自起，左手不能。除粥汤而外，进罐头橘子与葡萄糖水颇不少。

今日与晓风通电话，晓风已与部中行政科人员接头，托打听应准备之事。

1961 年 1 月 12 日日记

今日老母眼较有神，张开亦稍大。我妹语余，母之两腿亦不复多活动，初病之时，助之伸直，旋即自为蜷曲，今乃左腿搁于右腿，以为常。进浓粥汤三次，各半饭碗，皆尽之。

1961 年 1 月 13 日日记

老母今日酣睡时间不如昨日之久。呻吟亦较少。下午至美来，到床前叫"好婆"，老母呼"二小姐"。而于宁宁似不相识。夜间九点许，言冷，加盖薄被。前此仅盖鸭绒被，犹嫌压紧，常欲推开，今则不复然。

1961 年 1 月 14 日日记

深冀老母能有转机

今日老母又较昨日好。张目有神，问之能回答。进食较多，两次粥，一次藕粉，一次面片汤，皆尽之。至善为按脉，云间歇减少，多数跳动而后乃有一次间歇。大小便俱有，似较畅。或者衰弱四五日，今已处于转机之阶段，深冀其能如所料也。

1961 年 1 月 15 日日记

今日老母如昨。我妹为余言，昨夕鼾声如平时。此次病作以来，如此鼾声为第一次。母时或呼"阿哇"，此是苏语觉痛之语。问以何处觉痛，则又不能言。日间几乎竟日未入睡。

1961 年 1 月 16 日日记

今日老母如昨，而竟日未入睡，时或呻吟一声。病作以前，往往数日沉沉欲睡之后，即有数日清醒，今或亦然也。

1961 年 1 月 17 日日记

母之四肢皆逐渐失其机能矣

今日我妹发觉老母之右臂亦不活络，曲臂而手支于颈际，竟日未移动。洗面之顷，请其出手揩擦，而手不能出。余为持腕使臂下伸，则呼"阿哇"。观此，母之四肢皆逐渐失其机能矣。晨进粥，午进面条，皆纳其汁而吐其渣。傍晚进炖蛋一饭碗，尽之。至善为按脉搏，谓二十跳左右乃有一间歇。

1961 年 1 月 18 日日记

今日傍晚，乃知老母呼痛之原因。我妹与满子为换尿布，发见血迹，强为侧转其身体，始见三处颇大之褥疮，一处在腰背之间，二处在臀部之上偏左，皮已脱离，肌肉外露。如此重创，老母不能自言，我人亦疏于检视，观之一时觉束手无策。继乃为涂青霉素油膏，垫以纱布。且改换老母之卧的方向，原为头东足西，改为头西足东，使身子侧卧向北，庶伤处不致再压在下面。此后护理当更为困难，而母以高年受此痛苦，尤觉怅恨。满子又悟出老母两臂不活动之原因，盖两臂活动即牵连及于腰背部，而其处有创伤，故不肯举动。余思此说颇确，昨日所云机能消失非事实，又觉稍慰。此后须经常为老母移动身体，向左几日，即为转而向右，而此事实并非易为。

1961 年 1 月 19 日日记

午后社中郭医生来，视老母之褥疮，为我们讲护理之方法。据云此疮不易好，患者兼感痛痒，而痒尤难受。

郭大夫去后，我妹与调云又发现老母之两手颇肿，腿亦然，面部皮肤亦似紧张。余猜此殆与余之浮肿不类，而为肾脏机能有阻，十余日来小便较少，可以证之。此又是无可奈何事，心窃忧之。

为葡萄糖将用罄，前数日致书王德琪大夫，请其开一证明书，俾得购买。王大夫于昨日寄来证明书，今日令老高持此书连同部中之介绍信，请北京市卫生局药政科批准购买。药政科批准买一千克，按王大夫所开，须四千五百克。所以核减，盖缘此物供不应求也。

1961 年 1 月 20 日日记

今日中午，为老母换皮肤伤破处之油膏纱布，依郭大夫之言，外贴纱布与棉花，再用布裹住。又易其所睡之大床为小床，小床不贴着北壁，以便护理。搬动时全体动员，似未致使母劳累。然母今日之状似非佳。至善按脉，言不如以前之强，每六七跳有一间歇。身体亦见肿胀。目恒睁开，注视在旁之人，且有泪痕。逆知其心惨伤，唯不能达其意。竟日未得安睡，时时呻吟一声。余时侍在侧，怅惘莫名。晨仅食粥数匙，中午进藕粉，夜进炖蛋半饭碗。他则略饮橘子水与葡萄糖水耳。

余今日卧休时不少，精神疲困，面部及两手皆觉胀紧。满子从菜场方面特别商量，购得黄豆芽若干，云此是浮肿病患者有效之食品，两餐皆食之。黄豆芽盖久已不相见矣。腹泻仍不止，意者所进营养品皆属白吃，吸收不良，徒然在体内经过一通而已。

1961 年 1 月 21 日日记

今日老母忽又发烧，最高时为三十八度五。因而脉搏加快，呼吸急促。竟日似醒非醒，进食少量即止。发烧之原因固不明。

悬桥巷私塾旧址

手足肿益甚，面部亦微肿，皱纹减少。不知其因由于肾脏抑心脏。

余除往老母床侧省视外，皆休卧于床（编者注：时叶圣陶患浮肿病）。上午，纯才夫妇偕来视余，深为可感。

1961 年 1 月 22 日日记

今日老母热已退，但下午量之，腋下仍有卅七度。昏睡时间较多，醒则饮水，其量颇不少。午进炖蛋，晚进粥，一饭碗之量皆所剩不多。……与老母相对，彼视余目不转睛，口不言语，其心中作何思念，未能测知。余觉此境殊难为怀也。

1961 年 1 月 23 日日记

今日老母呻吟时多，恒呼"阿哇"。午后为看褥疮，发觉臀部上方之另一侧又有破伤之处。因并前之数处均贴油纱布，裹以棉花，外缠布缚之。至此，无论向左向右侧卧，总有一侧伤处压在下面。今日又有一特殊现象，酷爱喝水，自晨及晚，饮车前子水与橘子汁共十余小茶壶。服车前子而肿不见消，小便则较多。

今日看完《生理卫生》。殊不能循规卧休，少睡即起，往老母处省视，而在旁又无能为力，徒然相对。

1961 年 1 月 24 日日记

为老母预备后事

老母竟日似睡非睡，时一呻吟。手肿颇消，小便较多，或是车前子之效，因复买车前子煎之。昨日自小茶壶饮水，能自合唇而吸之，今日不如昨之灵便。目稍开即合，呼之时或以首示意，时或若未闻，不知听觉是否已失其机能。下午有热度，两颧发红。

上午晓风来，告余以部中苏锡全同志接洽寿材事。已得有关部门批准可购柏木，且觅得工匠动工制作，云须一个星期。油漆不易得，尚须想办法。福田穴位，云董纯才家有预购者，董愿以相让。晓风为探其详，尚未全明晓。余则以为董意可深感，而余受之苟不近人情，宁可不受。

1961 年 1 月 25 日日记

老母仍如昨。面部之肿亦见少消。饮水能含壶口而吸之，左腿能自为蜷起，似为可慰之现象。上午入睡时多，下午呻吟时多。

至善作解说，谓长呼一声则舒气，其故盖由于呼吸量小。

1961 年 1 月 26 日日记

今日午后为老母换褥疮之油纱布，左右臀部上方仍未干燥。是后时时呻吟，每呼六七声七八声而后已。傍晚痰塞于喉际，因进菜汤，引起呕吐，吐出之流质约一饭碗许。于是呼吸急促，精神似昏迷，迄八点半而稍复。大家惊恐，至此稍定。

晓风特为余往八宝山北京市殡葬管理所，持部中所具介绍信，请预购福田之墓穴。答谓以提倡火葬，不复出售墓穴。以董部长所持有之领穴证请过户，亦不允。晓风说之再三，始允通融售一穴，云不足为外人道也。其价 150 元。晓风为此事上下午跑两趟，余甚感之。

1961 年 1 月 27 日日记

老母复入昏迷状态

昨夕九点而后，老母复入昏迷状态（汗大出），呼吸困难，出多入少，张口甚大。痰声时作，下咽而后，旋复起痰。呼之有时能应，有时不能。余以三点起，观其状，历今日至于今夜，皆然。听其呼吸声，感其吃力，至亲莫能助，殊感恨恨。母有时目微张，似注视，不知其能否有见也。

晓风上下午俱来。部中行政科王科长与苏锡全二位来，商应为筹备之事。二位好意，坚欲请部中之医生韦姓来一视。韦来后草草一视，即言准备可耳，且以嘻笑之神态出之，使余家颇起反感。余谓此医生全不懂人家心理，何以为医生乎！然亦口头谢之。

至美上午来，下午复来，即留此未归。冬官亦以夜间来。诸人轮流陪夜。我妹睡时最少，其体弱，多日少睡，可虑也。

1961 年 1 月 28 日日记

今日老母情况如昨。脉搏时强时弱，痰声时甚时微，呻吟声较低，然有时亦有力。缘张口呼吸，口腔干燥，饮以少量之水，能合唇下咽。问以要否，摇首或点首示意，而摇首之动作明显。呼之能应声。每观老母饮一滴水，知其干渴之难受，然无能为之代也。（夜八点记）

1961 年 1 月 29 日日记

今日上午，老母似特好。瞬目四顾，问之以首示意甚明白，呼之应声亦敏捷，呻吟之声，痰多而咳，皆见其有力。

晓风以清晨来，见此状，云似尚不至于危。

然午后老母即复转而沉迷，一切征象，皆见非佳。入夜，余早睡。九点复起往视，至善独侍于侧，老母尚平静。复归室小睡。

1961 年 1 月 30 日日记

今日老母仍沉迷。在旁默察，似沉迷之中亦有醒睡，醒时则作呼唤状，唯声已暗。视觉听觉皆有知，饮水能张口承受，闭口下咽。睡时则呼吸较平，与平日入睡相似，手足时或血流弗达，按之觉凉，然旋或回暖。脉搏尚可，唯较微弱。呼吸困难，观之伤恻。

余上下午均入睡约二时许。头脑岑岑，耳鸣不绝，殆是睡眠较少之故。

预制之棺已就，部中人主暂存于嘉兴寺。

1961 年 1 月 31 日日记

今日老母仍如昨。面颊鼻部左手已见凉，而视觉听觉尚可。余萌一念，或有万一之希冀，终当请医生一视究竟。然请中医乎西医乎，往何处请之，思之不得其答语。傍晚，满子提起徐衡之，余乃自知糊涂，何竟从未想起徐衡之也！即电话托乃乾为余代请徐衡之，至善往迎之来。徐按老母脉，察情状，谓非佳。仅言可饮竹沥水稍稍消痰，并云以湿纱布蒙于张开之口，俾呼吸稍湿润，如是而已。（徐谓老母此时之脉名"雀跃脉"。）

昨夕余以七点半睡，今晨以三点半起，睡八小时，不可谓少。午后亦睡一时有余。然肝阳上升之感觉颇甚。因耳鸣之故，听人说话，有时竟须问所云为何。（夜九点一刻记）

入夜而后，老母之左颧"升火"发红。此象在五日以前恒有，而自上星期五呕吐之后，则以此次为始见。又，手足及面部发凉之处，历若干时又转温，此象亦已屡见。（补记）

1961 年 2 月 1 日日记

晨以四点半起，睡亦有五六小时。往视老母，我妹与满子侍于旁，云后半夜痰声几于无有，余猜此恐非竹沥水之效。至八九点钟，痰声又作。今日气喘益甚，历五分至十分钟，恒作表示痛苦之状，张口而不克出声，似在呼唤，有时且张目而视。饮以水，则右侧其首承之。饮数口，水咕咕下咽，合口有顷。此时似感稍舒。然未几复张口呼吸，痰声滚于喉际。如此情状，视之直觉伤恻。大小便俱通，粪便之色正常。

1961 年 2 月 2 日日记

为老母洗擦周身，换穿单夹棉之入殓衣裤

晨以五点半起。往视，仍我妹与满子值班（上半夜至善值班）。云昨夜老母颧颊"升火"特甚。至下半夜，入于安眠状态，痰声亦已。然今日九点而后，痰声又作，瞳孔仍能收缩，唯不注意观看物象。听觉亦较衰退，呼之时觉时不觉。上午饮水颇多，下午渐少。及于傍晚，呼吸大急，听之亦感吃力，何况老母自身。入夜，满口涌白沫，阻塞呼吸道，更使呼吸困难。至善以棉花捞而出之，白沫减少，呼吸似好些。然旋捞旋涌，殊无善法。诸人相顾彷徨而已。

上午晓风来。慰爱周至，——书至此，小沫来呼我速往，至则老母已入弥留状态，气息极微，未几，脉搏停止跳动，时为八点四十五分。呜呼，自此余为无母之人矣！老母在，余恒自觉尚幼小，今老荫已去，余入老境矣。至美得通知即来。守候至十二点，为老母洗擦周身，换穿单夹棉之入殓衣裤。在旁者我妹与余而外，为至善、满子、至美、调云四人。

上床后头脑岑岑，不能入睡，服眠而通四颗，乃得眠。

老母以去年 12 月 26 日病作，迄于今患病历四十日。其间数经变化，我等看护无法，恐有贻误之处。而时似好转，时又恶化，我等之心情亦希冀与恐惧相交错。

老母以同治四年乙丑三月二十日生，是为公元 1865 年 4 月 15 日，享年九十六岁稍不足。据我妹语余，老母前曾告渠，其生日实际后于三月二十日若干日（为阴历五月二十四日，五月二十四日为阳历 6 月 17 日，是日为星期六，戊午）。当时婚配，改易八字系恒事，乃改为三月二十日也。

1961 年 2 月 3 日日记

幼年失怙，老年失恃，悲痛固无殊也

清晨，至善往约（史）晓风，同往福田公墓。十点左右归来，言圹穴营造已接洽妥当，三合土铺底，四围砌砖，上盖石板，与墨（胡墨）之营葬相同。唯做工须时日，不能立就，至善已与约定于 12 日下葬。于是决定以今日入殓，暂停灵于嘉兴寺。

晨间（王）伯祥与（丁）晓先最先来，继之来者有雪村、彬然、云彬、昌群夫妇、颉刚夫妇、文叔，又有（教育）部中刘、赵二位主任与张君实。（人民教育出版）社中李之乾与杨定远，部中行政科赵洪钧科长与苏锡全及另一位同志来相助办事，社中亦派郝、刘二位同志来。哀痛时刻，得此慰藉与助力，益感激欲涕。午后二时半，部中借来一中型吉普车，以担架异老母遗体置其中，移往嘉兴寺。于是由杠夫为老母穿长衣，裹以衾，安放棺中，下垫上盖红绸褥被。余最后抚老母之额，棺盖盖上，从此永不得见颜色矣，呜呼！棺木确不错，柏树殆甚老，红处多，白处少，且有香气。唯以未加油漆，观之不免觉其粗糙。

殓毕，向灵柩行礼。……行礼毕，即移柩暂停于礼堂西北隅之停灵室。俟至12日再移来礼堂中。

（章）元善作唁辞一首授余，录之。"白发遭母丧，萱堂福寿全，有一已足慰，今也二者兼。失恃我早君，整整六十年。设辞唁君戚，不禁同呜咽。"幼年失恃，老年失恃，悲痛固无殊也。

1961 年 2 月 4 日日记

母亲墓穴的红砖及石条"观之皆颇满意"

午后，偕我妹及至善、满子驰车出城，抵福田公墓。我母之墓穴在墓地走道之东，就全体而言，居于中央部分。墨之墓则在其北靠东，将近围墙矣。坑底三合土已铺好，四围砌红砖已砌好，工人方在砖缝间涂石灰，云今日即可完工。上面所盖之石条已置于墓穴旁，颇厚实。观之皆颇满意。据守墓人言，贴近之东边一穴，将葬一垂危之老太太，年九十有八。询以墓面如何营工，答谓近日水泥与碑石皆甚难得，须与管理处商洽云……

1961 年 2 月 9 日日记

送葬归来，总觉怅惘若失

全家未明即起，七点半到嘉兴寺。视布置已就绪，简朴不杂乱。分左右立于灵前。左边为余、至善、至诚、江冬、秦占中、三午、大奎、永和、江庆（冬官之子），凡九人。右边为我妹、满子、至美、秀根、亦多、怡、修、宁宁、小沫、江吉（冬官之女），凡十人。吊者行礼，我人答礼。来者皆友好，非泛泛酬应，自可深感。十点，来宾聚集院中，向老母灵柩默哀行礼，余答三数语伸感激之忱。于是舁柩登大卡车，花圈堆其上。送葬者登大轿车，外人往者皆至好，余则刘子馀代表部中同志，李之乾代表社中同志，同出郊外。十一点半到福田，杠夫徐徐引柩下墓穴。墓工盖石条七条于上，以水泥涂缝隙。从此老母永阒于斯，思之深悲怆。余与我妹两家之人皆铲土加石板之上，来宾送葬者亦动手参加，最可感激。诸人又往观墨之墓，然后离去。与承接营墓穴之农村公社李同志商谈营造墓面，李答言适有一汉白玉石料，如不用水泥，专用石工，彼可以承包。石料即在公墓大门旁侧，系一王姓之墓碑，长一公尺八，宽七十公分，若四围再加石条作边框，虽不如墨墓之宽，亦复合适。因与说定，从其价 1200 元，托彼即行动工。彼言清明前后可以完工。于是余只须写碑面之字样矣。昨以为其事甚难解决，不意解决极易。回车到家，已过两点。留伯祥午饭，谈良久彼乃去。至美伤风喉哑，精神不振，傍晚即去。今日余离家半日，调云为余扫除小斋，居然窗明几净。然送葬归来，总觉怅惘若失。

1961 年 2 月 12 日日记

除夕晚餐老母"弗获共席矣"

（今日是阴历除夕）徒倚徘徊如昨。将斋中再加拂拭，擦去挂件上之灰尘。今日为阴历除夕，调云治菜若干，为较丰盛之晚餐。近数年来，老母唯阴历除夕与全家共餐，他皆独自进餐。今日则老母已入土，弗获共席矣。余虽不言，而胸中总觉悒悒。

1961 年 2 月 14 日日记

至福田公墓视老母墓

（午后）两点过，与至善、满子驱车出城，至福田视老母墓。土堆高尺许，石工尚未动手。付与承包之公社以工料款，嘱从早动工。又于墨墓旁徘徊有顷而出。

1961 年 2 月 26 日日记

找老石工为母亲之墓精心加工

上午出城，往视老母之墓，我妹、满子、至善、永和同往。墓已做好，琢磨远不如墨墓之工致。因找老石工，请渠再加琢磨。老石工允之。墓面之整石为 182×67 公分，厚 17 公分，视墨墓为小，其石虽同为汉白玉石，而瘢点不少。亦复无可奈何。与老石工约，字样写好送去，即托渠认真雕刻，工价可从高。往视墨墓，墓面石右侧下方剥落一小块，约一寸余。取其碎块，手捻之即成粉。可知此石为汉白玉石中之嫩者，不知可历若干岁月也。徘徊半小时许而出……

小睡起来，拟书于墓石之语句，得八十余字。未为定稿，送与伯祥请斟酌之。先记之于此。

我母生于 1865 年 6 月 17 日，殁于 1961 年 2 月 3 日。我生六十六岁，远离膝下非恒事，有之往往旬月耳，最久者一度，亦仅一载有余。今则永不复获亲颜色。归熙甫云，世乃有无母之人，身尝其言之深哀矣。

1961 年 4 月 9 日日记

为母亲墓撰写碑文

伯祥来电话，于余所拟之墓石志语提意见，余亦自有改动处，今决定改如下文。

我母朱太夫人生于 1865 年 6 月 17 日，殁于 1961 年 2 月 3 日。我生六十六岁，远离膝下非恒事，有之往往旬月耳，较久者一度，亦仅一载有余。今则永不复亲颜色。归熙甫云，世乃有无母之人，其言至哀，我深味之矣。

1961 年 4 月 10 日日记

寻觅母亲坟墓之下落

老太太墓在"文革"中"破四旧"时被捣毁，碑也不见，连墓穴也找不到。心里总觉不好受，至美愿为寻找，不知由何途径，可觅得下落。

1986 年 10 月 6 日日记

至美到民政局，寻问老太太坟墓之事，竟然答应帮助联系寻找。

1986 年 10 月 12 日日记

老太太的坟已找到，碑仍无。至美与永和到福田公墓，办理修墓立碑之事。并重新收管理费，每个墓穴 250 元，是一次性的。

1986 年 10 月 17 日日记

母亲墓重建后的碑文

先母朱氏。1865 年 6 月 17 日生，1961 年 2 月 3 日去世。葬在这个地点，刻碑作纪念。碑在"文化大革命"期间被毁。毁得彻底，连一块小石块也没找到。现在立这个碑说明原由。

叶圣陶敬记

1986 年 10 月 19 日

母亲的墓碑已立好

永和到福田公墓办理老太太墓碑之事。刻碑、立碑、整修、管理费共交费 2300 多元。

1986 年 10 月 24 日日记

至善、满子、永和、佳佳到福田公墓，老太太的墓碑已立好。

1986 年 11 月 28 日日记

叶圣陶与母亲和妹妹合影

1927 年大革命时代的胡墨林（叶圣陶之妻）

为夫爱妻

胡墨林年谱

墨于 1893 年 8 月 24 日（癸巳七月十三日）生于杭州。十余岁时，入苏州大同女学。1912 年春与余订婚。是年秋季，入北京女师范肄业。凡四年，1916 年夏毕业。回苏即结婚。是年秋季开学，在苏州女子高等小学任教。

1917 年暑后，至南通女师范任舍监。时余在用直任教，送之抵南通，然后回用直。

1918 年 4 月 24 日生至善，地点在苏州濂溪坊。先此约一二月，余迎之于南通，偕归苏州。

1919 年先父逝世，余家迁居用直，墨在高小女子部任教。1922 年 4 月 24 日生至美，为欲得产科医生庞织文之招呼，先期至庞之苏州医务所，地点在城东新桥巷。

1926 年生至诚，地点在上海闸北仁馀里。

1925 年五卅运动时，墨参加工人运动，常往浦东工人区域工作，与女工颇能融洽。最经常作伴者为杨之华与孔德沚。时女子风行剪去长发，墨之剪发，亦于此时。

1931年，余辞去商务印书馆事，入开明书店编《中学生》杂志。墨偕入开明，凡《中学生》杂志之事，归我二人包办。此为墨于生至美之后重任工作之始。直至1935年余家迁回苏州，墨在开明工作四载有余。在苏州新居仅住二载，此二载之中，墨比较松散，余亦仅每月到上海编《中学生》杂志，住十余日而已。

1937年秋，全家避寇，自苏至杭，又自杭迁居绍兴乡间。余偕范洗翁（范洗人）章雪村至汉口。入冬，墨扶老携幼，自绍兴循浙赣路抵南昌转九江，附江轮达汉口，与余相会，辛劳实多。

是冬入川，于宜昌过年，1938年初抵重庆。先寄居刘仲之家，次迁公园前西三街，及暑假，寓居巴蜀学校。其时至善患伤寒，或濒于死。墨应付患难病害，悉能裕如，实为全家之总司令。

1938年秋迁乐山。到达之日，适逢大雨，所携行李湿透。其后尚全家渡江，登凌云乌尤，为客中难得之乐事。1939年至善与满子结婚，亦为可欣之举。是年秋乐山遭敌机轰炸，死者三四千人。余家较场坝寓所焚毁，衣物悉损失，全家逃出苟迟十分钟，即同为焦骨。时余方在成都，墨心殊镇定，导老幼自火焰中逃出，渡江复回此岸，往投嘉乐门外雪地昌群（贺昌群）之寓所。余自成都驰归，相对如梦寐。若举家弗克逃出，余从此为孤独之人矣。

1941年迁居成都新西门外农舍。墨操作至辛苦。常洗衣于小溪，有一次头晕坠水，几致陨命。

1942 年 7 月，余复回开明，在成都设编译所办事处。墨于是时同回开明，重为编辑工作。

1944 年 1 月迁居成都城内陕西街，翌年 9 月离去而至重庆。重庆居二月，即结伴买舟东归。居重庆时，墨治痔疮，获愈，而未及多休养，即上劳顿之旅途。

1945 年 12 月 25 日登舟，一路歇风漏雨，众人嘈杂，墨意诸不甚佳。翌年 2 月 6 日抵南京，墨偕至诚登岸，先乘火车到上海，筹备居家之事。余人以 9 日抵上海。此次东归，闻者俱言不易，且冒险。

自 1946 年返上海，迄 1948 年岁尽，余二人同在开明编译所，同出同归，如 1935 年迁苏以前然。

1948 年岁尽时，余应招将北上，意未决，缘不耐独行。墨立言同往，遂决离沪，以 1949 年初启行。先抵香港，居月余，结伴抵烟台，是为初观解放区。于山东境内参观数处，于 3 月 18 日到北京。

1912 年 5 月 18 日为余定婚之期

臻郊（王伯祥，号臻郊）已晤，朕爻姻事大致成功，唯请勿在外声扬，恐其（指得到消息的朋友们）索糖索糕，多一宗烦恼也。

1912 年 4 月 19 日夜致顾颉刚的信

今日为余定婚之期，坤宅为浙江胡氏，由颉刚、伯祥、彦龙、烈裔（张昌熙）等作伐者。[①]

1912 年 5 月 18 日日记

"结婚之日"始"觌面"

余与墨林为婚实缘伯翁，1911 年顷，伯翁（王伯祥）识计硕民先生，常共茗叙，余偶亦同坐。硕民先生归，与其岳母及妻姊胡铮子夫人道及余，谓宜可与其内侄女墨林议婚。家庭间询谋佥同，铮子夫人深爱其侄女，尤表赞可，遂请伯翁来访我父，进媒妁之言，我父允之。议既定，双方交换庚帖及相片，皆由伯翁转送。1916 年夏结婚之日，余与墨林始觌面焉。

《〈角直闲吟图〉题记》

更合适的情形不能想象

我与妻结婚是由人家作媒的，结婚以前没有会过面，也不曾通过信。结婚以后两情颇投合，那时大家当教员，分散在两地，

---

① 1912 年 2 月 9 日，中学同学王彦龙结婚，叶圣陶作的祝贺诗得到胡铮子的赏识，遂出面为侄女墨林议婚。顾颉刚 1944 年写的《记三十年前与圣陶交谊》中说："圣陶佳偶，得于词翰。光复之年，友人王彦龙成婚，予集宋明词句为长联，圣陶篆之，圣陶作《贺新郎》词，予楷书为立幅，并悬于洞房。胡铮子女士见而激赏，因询伯祥，'此两君已未婚？'伯祥答以圣陶尚未，遂嘱伯祥偕予作媒，以其兄之子墨林妻子。至于今日，玉芝竟爽，圣陶亦且含饴弄孙，此固当年一词之功哉！"

一来一往的信在半途中碰头，写信等信成为盘踞心窝的两件大事。到现在十四年了，依然很爱好。对方怎样的好是彼此都说不出的，只觉很合适，更合适的情形不能想象，如是而已。

这样打彩票式的结婚当然很危险的，我与妻能够爱好也只是偶然；迷信一点儿说，全凭西湖白云庵那位月下老人。但是我得到一种便宜，不曾为求偶而眠思梦想，神魂颠倒；不曾沉溺于恋爱里头，备尝甜酸苦辣各种滋味。图得这种便宜而去冒打彩票式的结婚的险，值得不值得固难断言；至少，青年期的许多心力和时间是挪移了过来，可以去对付别的事了。

《过去随谈》

墨不在家，余则寂然无聊

（新婚之后，走水路送胡墨林到南通，回来的时候他在南通码头的客店里"歇宿候船"，"成了独客"，第一次尝到了与妻子离别的滋味）荒凉的江滨晚景已够叫人怅怅，又况是离别开始的一晚，真觉得百无一可了。聊学雅人口占一诗，借以排遣，诗云："潮声应未改，客绪已频更。"

《客语》

恋恋于故乡么？故乡之足以恋恋的差不多只有藕与莼菜这些东西了，又何至于呻吟？恋恋于鹁鸽箱似的都市里的寓居么？既非鹁鸽，又何至于因为飞开了而呻吟？老实地说，简括地说，只因一种愿与最爱与同居人同居的心情，忽然不得满足罢了。除了与最爱与同居的人同居，人间的趣味在哪里？因为不得满足而呻吟，正是至诚的话，有什么怯弱不怯弱？

《客语》

1922 年"想家"的两首小诗①

想（纪言）

不想也罢了，

想到渐渐地接近别离，

心便怅惘了。

忘了吧，不要想起吧。

越是不要想起，

越是时时想起，

做饭想起，

做活想起

梦里也想起了。

津浦车中的晚上

一

可以想象的：

---

① 1922 年 2 月 22 日，叶圣陶应北京大学校长蔡元培和中文系主任马裕藻的聘请，与郑振铎及俄国盲诗人爱罗先珂结伴到京，任北大预科讲师，主讲预科国文。途中叶圣陶写了《想》（纪言）、《津浦车中的晚上》两首"想念家"的小诗。

昏晕的灯光下，

他们勉强镇定着，

悄悄地说，

他此刻到了哪里了。

不可想象的，

却在随后的默默之中了。

二

远了，更远了，

听着一声声的汽笛。

且自慰藉，

将来有期的归程并计，

告诉自己道：

近了，更近了。

（1922年2月22日作）《叶圣陶集》第8卷

贺墨林五十初度

今日为阴历七月十三，墨生日也，今年四十九，大家主张供寿星。清晨，兄妹弟三人往青羊宫买菜买面。伯麟携鱼三尾来。大家动手，相助弄菜。便点烛供寿星。沈嘉平女士适来，留之共膳。墨与沈为老同学，今日来叙，殊为凑巧。饮酒吃面，皆甚欢畅。

明日是十四，余与墨结婚之日也。我两人结婚，至此满二十五年。此二十五年中，相伴相助，余以为甚愉悦可慰。愿彼此各保健康，仍相伴相助，以至于暮年，他无求矣。

1941 年 9 月 5 日日记

结婚满二十五年纪念

（晚）归时购月饼五枚，每枚 8 角，全家分食之，算是纪念余与墨之结婚廿五周年，取团圆之意。晚餐时，与墨共饮昨日所余之酒。小墨自城中归，购归晚香玉一束，亦祝贺之意，即供于案头。

1941 年 9 月 5 日日记

结婚满三十年纪念

今日为阴历七月十三日，墨之生日，晚餐吃面。明日为我们之结婚纪念日，三十周年矣。

1946 年 8 月 9 日日记

"北上"途中唱《唱春调》

墨以明日将登陆（山东烟台），即整理箱箧之一部分。……（晚）七时起开晚会，至十时而止。船上人员均来参加，兼以志别，兴致极好，甚为难得。歌唱甚多，不悉记。墨亦唱《唱春调》四句，则破天荒也。

1949 年 3 月 4 日日记

忠于工作，大是可佩①

墨迩来致力于校雠，殊为劳困，而意兴至佳，亦可慰也。

1951 年 2 月 15 日日记

墨于晚饭后复伏案校对，忠于工作，大是可佩。

1951 年 4 月 20 日日记

灯下校初小国语一册，墨亦校中学教本一册。勤于工作，视之如分内事，我人固可以自慰矣。

1951 年 4 月 25 日日记

墨未外出，伏案校雠，乃用心工作之精神至可敬。

1951 年 5 月 1 日日记

不肯伏老，努力参加各务

散工时墨未归。渠为社中检查组组员，往经理部开会。夜间总编室又有会。渠现为积极分子，努力参加各务，实际不免疲劳。渠不肯伏老，余则自认不欲勉力以赴，此余二人之不同也。

1952 年 1 月 8 日日记

---

① 人民教育出版社成立后，胡墨林任校对科长、工会小组长，并加入中国民主促进会。"三反"运动中，胡墨林参加"打虎队"，为清查账目，索性带了铺盖，在办公室前后住了半个来月。

墨既被推为检查组之办公室工作人员，将以明日搬往经理部住。整理铺盖杂物，如欲出门。戏谓往参加土改工作。此一场斗争，固亦不亚于土地改革运动也。

1952 年 1 月 13 日日记

有青年精神，余落于其后矣

今日墨因事来署，观其面容憔悴，疲劳实甚。据云在经理部参加种种之会，多至一日六会，又复与人个别谈话，探问情况。墨有一长处，为余所不及，渠欲于此次运动中取得经验，锻炼自己。六十之年，而有青年精神，余落于其后矣。

1952 年 1 月 17 日日记

墨于饭后来（出版总）署，忙碌一周，颇见憔悴。唯谓知经理部情形，于事于人俱有所见，将来研求改进之方，可提出供参考。又谓干部群众活动，今时较之临时之学习时期，自谓不少进步矣。

1952 年 1 月 22 日日记

回家，墨已自经理部归来。谓今后不拟再去，铺盖亦携归。今日为阴历除夕，满子治馔，吃年夜饭。

1952 年 1 月 26 日日记

墨往观高等学校浪费展览会，归来言观之生气。一般办学，皆依传统方法。以前我国为半封建半殖民地社会，学校当然表现此种精神。解放而后，未尝改动。今因"三反"运动而暴露出来，亦为从事改革之先导。最难者如何改革而趋于正轨耳。

1952 年 3 月 5 日日记

墨以工会小组长开会，又迟归。渠之辛苦甚于余，虽亦感疲劳，而意志不衰，胜余多矣。

1952 年 3 月 6 日日记

（晚十点）墨方归来。余惧其太过辛劳，体将不能支。

1952 年 3 月 13 日日记

墨昨日参加大扫除，劳动竟日，今日大感困乏。渠事事不肯落后，欲以实践带动他人，自是长处。

1952 年 3 月 22 日日记

墨以工会小组长开会，回来已十点。渠今日连开四会，竟未做日常工作，兴固尚好，但疲劳实甚。

1952 年 3 月 22 日日记

因"校对科"列入"行政部门"而不快

墨因此次评级评薪将其校对一科作行政部门论，不作编辑部门论，意颇不快。谓其所以不快，由于全科同志意兴不佳，将妨

碍工作，非出名分之私。余为之解慰，而彼终不释然。余谓商量
后或当改变。彼谓即改变已落痕迹。竟夜未得安睡。余以多谈话，
亦未得安睡。

1952 年 8 月 18 日日记

　　已而与墨谈及校对科事，安亭之意以为科中同志认识有误，
而墨以为不误，且责领导不了解其科之工作实况。余多方譬解，
墨仍不释然。余稍睡醒来，知墨已先醒，必仍思此事，因复为劝
说。缘此，两人竟夜未得安眠。

1952 年 8 月 22 日日记

结婚纪三十六周年纪念

　　今日为墨生日，六十岁，实则足五十九岁也。夜间吃面。明
日为我二人结婚纪念日（三十六周年）。

1952 年 9 月 1 日日记

调任人民文学出版社校对科科长

　　关于墨每日远至西城办事，王城甚关心，谓年岁已大，殊非
所宜。昨日灿然亦尝言及此事。今日与沈慈久同乘，慈久亦谓应
想办法，有所改变。墨在社中任校对科科长，颇得同人拥戴，骤
然抽身，同人情绪必感不快，且觅替人亦甚难。若自个人主义言，
则能易一较近省事之岗位，固为佳事也。

1953 年 2 月 4 日日记

墨于昨今两日均往文学出版社接洽，楼适夷谓仍任校对科之事，原来之科长因病休养，由墨暂代。从下星期始，即往上班半日。

1953 年 5 月 22 日日记

墨参与"普选"的"热烈之情"

夜间，大家谈起普选，墨谓我们既为机关干部，宜与一般市民一样，表示热烈之情。人家多悬挂国旗，写"迎接普选"之标语，又依民族形式于门上贴双喜字，谓此是大喜事，我家亦宜从众，不可默默。余从其意，于是买红纸、黄纸，照式书写，俟明日张贴之。信笔挥洒，写来居然尚可，为之心喜。

1953 年 12 月 24 日日记

墨患肠癌入院手术

到家，则知医院会诊已获结论，大部分为癌，唯为时尚早，可施割治。至善往医院，医生言如是。余闻之意凄然，初冀其非是，而竟是，奈何奈何！至美、蘷生接满子电话而来，大家商议，决定开割。唯不直以告墨，第言盲肠部分有肿胀，据医生谓其物诚在盲肠之外也。动手术需作若干准备，当于下星期行之。医院手术固可靠，而是否能根治，实难断言。吉凶未卜，心中悬悬。明日将打电报给至诚，望其能与姚澄同来。

1954 年 6 月 17 日日记

1916 年 8 月 12 日结婚照

身体罢乏，饭后未成眠。三点至医院视墨，墨精神甚不坏，慰余勿着急，谓此类手术仅比割盲肠较重大，究不厉害，尽可放心。余携至美所购齐白石画《虾》示之，墨评谓殊未见精，究为老年之作。又谓我们可物色一幅作于较早之时期者。兴致甚好，余观其神情，心为稍宽。一冀其安然度过此次之开割，二冀其割治净尽，不留余孽。此后岁月，必好好共享，随时关护。唯愿此事能如意耳。坐一时许而返署。

1954 年 6 月 19 日日记

昨睡未帖，念墨之病，时时不能放开。开割而后，如并非毒瘤而为他症，且割去甚轻易，自属至佳。如为毒瘤，能一割而根除，亦尚不坏。最坏之情形为开割而识为毒瘤，识为毒瘤而察其不能割，仍与缝合（医生言亦可能有此情形），只得勉以他法医治。若情形如此，则今后岁月，将无时不战战兢兢矣。

至美来，既而龙文来，大家对坐谈话，虽及于他，而时时回及此事。饭后，余入睡一时许。今日往医院者，有我妹、满子、至美、至诚。归来告余，谓明日动手术为上午，由一苏联大夫主之。将用全身麻醉。历时约两小时至三小时。午刻可完工。家属可于午后往听消息。又谓墨甚放心，确为意识上之镇定而非故作乐观。此甚关重要。

1954 年 6 月 20 日日记

到署后心不宁帖，时时念及开割之事。迄于九点以后，时时想墨当已在手术室中，悬想其情如何，则又想不真切。聊为排遣，则取黄绍湘所著《美国简明史》观之，迄午刻居然看百余面。饭毕就睡，忽喉之左方作痒，时欲咳嗽，竟未成眠。将近两点，至诚来，首言已开割，情形好。渠尚未见其母，系蟫生告渠，蟫生晤医生，且入墨之病室见墨。医生谓确是毒瘤，谓并无流窜之痕迹，今并盲肠一同割去（但愿其悉已根除）。苏联大夫不主全身麻醉，仅麻醉局部，墨觉痛，且见割出之物甚大，颇受惊恐。不知此于休养有妨否。谓数日内将注射葡萄糖，以代食品。蟫生言墨面色转黄，余料或将输血。墨此次吃苦甚重，凡此等事，至亲亦莫能代也。至诚坐少顷即去，往医院入视其母。

四时后，满子来电话，谓领得特别探视重病之证一纸，可随时入院，嘱余往视。余遂往。至则墨移于一单人房间，方在注射盐水，针插于右脚背。见余至能作数语，谓吃苦太甚，谓何受苦至于斯。心烦躁，时作恶心。腰痛甚剧。注射盐水，面色尚不难看，体温则降低，较余为凉。余为轻轻按摩肘部，能入睡，但未久即醒，不得安眠。

晤外科主任王历耕，据谓割去之肠不少。方在切片检验，但已可断定为癌症无疑。癌而自能觉察，已非初期，当在初中期之交。谓输血输盐水之量颇不少，皆以年事较高之故。今后宜稍稍发烧。须经四昼夜无恙，乃可脱离危险期。余闻之悬悬，恍惚无倚。

七点半离院回家，满子即驰往医院陪伴过夜。满子方发胃病，坚欲往，实可嘉。文叔、黄渍崖、韩祖琦皆来探问。就睡后与至诚闲谈，谈戏剧，谈农村情况，甚久，而余意实不属。唯冀能安然度过此数昼夜耳。

1954 年 6 月 21 日日记

晨送我妹至医院，由我妹代满小姐在院看护。满小姐言昨夕墨颇烦躁，时作恶心，未得安眠。由渠为之按摩。墨亦言幸有满小姐相陪。据推测为受麻醉而后宜有此现象，不久即可免去。

余回家午饭。饭后我妹归来，由至善往代。我妹言上午墨恶心已止，情形甚好。方注射盐水，墨以为苦，缘其为时甚久，一腿不得活动。实则此甚必需，经手术而后皮色尚不见苍白，唇亦仍有红色，显系盐水之功。三点，余偕满小姐往医院，至善出。余二人为墨随手按摩，观盐水滴滴下滴，自皮管入于血管，至五点乃毕。尚未能进饮食，墨自言腹饥。腰酸甚剧，殊以为苦。五点半余先出。至美入夜后来，以十点到医院代满小姐。至美即留院竟夜。余家幸人手尚多，可以更代。

1954 年 6 月 22 日日记

晨送三官至医院，与至美调班。至美谓墨昨夕颇安静，入眠时刻较长，殆麻醉剂之性已过去矣。

下午三点，偕凤祥至医院。墨今日较昨大好，说话有精神，自谓舒服多多。今日仍注盐水，其中有葡萄糖与维他命 C。据闻明日尚须注射，以后即可进食，不复需矣。注射盐水为时甚久，一腿挺直不能动，墨以为苦。及注射毕，翻身转侧，墨谓之得解放。余陪伴至五点半出。今夕请封阿妹看护竟夜。

1954 年 6 月 23 日日记

今晨由外甥亦多往医院，代封阿妹看护。余到署，看发文稿若干件，神思困倦，他亦无所作。

下午三点到医院，至诚在旁。今日墨又有进步，说话几与平常无异。仍注射葡萄糖盐水，唯其量减前昨两日之半。初进鸡汤、藕粉、果子露等。墨言昨夕王历耕来与谈话，告以其病实已颇久，肺部照片有钙化之迹，可见曾患结核云。今肠之患处悉已割除净尽，可以康复，唯年事究已大，此后可勿复担负工作矣。又云割治而后，数日来情形颇佳，日见转健，可云大幸。余闻是言，深以为慰。坐至五点半出。

今夕由满小姐陪侍竟夜。此后墨可得安眠，夜间可无须家属守护矣。

1954 年 6 月 24 日日记

今晨由至诚往医院代满小姐。余到署，为社中之墙报写一有关宪草之短稿。

下午三点，继续开装帧设计座谈会，至六点四十分散。此后将请各出版社之较有经验与研究者，向各社设计人员作专题报告数次。总之，此事今已引起大家注意。至于进步，只能徐徐而致，不可期之太切。

回家，至诚言其母精神颇好，为渠谈评剧《红楼梦》之非佳，赞美此剧者之短于识见。今日进鸡汤之量增多，且进稀粥。夜间仍由封阿妹往医院陪护。

1954 年 6 月 25 日日记

午后三点至医院，坐两点半钟。墨谈话如平常，食品仍进流质。入夜，至美来，餐毕即往省其母，至十点归。自今夕始，不复有人陪护过夜。

1954 年 6 月 26 日日记

今日往医院者有我妹、至善、至诚、夏弘琰、封阿妹。墨开始起坐片时。

夜间睡眠颇好。仅进流质，嫌其单调，欲略食蔬菜，医生尚不许。

1954 年 6 月 27 日日记

午后两点到医院，知墨今日坐起较久，进较稠之粥，初食菠菜蛋汤。卧时左右转侧，皆无不便。谈话精神颇好，可谓日进佳境。开刀之苏联医生每日来看，于其成绩甚自欣悦。最高之欣悦因当为工作成功，于人有益也。坐一点有余而出，至社中。

1954 年 6 月 28 日日记

回家，知满子今日往医院，墨颇佳健，腹部缝缀之线已撤去。元善间接闻知墨病，来家探问，云明日将往医院一视。

1954 年 6 月 29 日日记

下午三点，至医院视墨。渠今日曾离床少顷，进食仍为面条与粥。谈话颇有劲，面上有清明之气。克寒缘来医院接其夫人回寓，乘便来访，极言病后宜充分休养，不必急求离院。子恺自上海来信，知墨开割后安然，亦以注意休养为言。余因嘱墨静养，医院环境远胜于家中，非院中嘱退院不宜早退。墨以为然。坐五十分钟回署。

1954 年 6 月 30 日日记

赠苏联医生齐白石所画雄鸡一幅

回家，知今日封阿妹往视墨，墨甚安佳。为墨开刀之苏联医生即将回国。余曾言赠以齐白石之画一幅，并致书申谢。墨促余速办此事。……灯下，起一信稿谢苏联医生叶米利亚诺夫副教授，齐白石画俟明日致之。

1954 年 7 月 1 日日记

至荣宝斋，晤侯恺同志。选定白石老人所画雄鸡一幅，旁有鸡冠花一株，意甚雄健，色亦灿烂，以赠苏联大夫，颇为适宜。镶配楠木镜框，而值仅 20 万元，盖荣宝斋收入人家之旧藏也。到家，知满子今日到医院，墨盼赠送之画未到，略感性急。

1954 年 7 月 2 日日记

晨间送满子往医院，渠以白石老人之画及余所作一信交医院，托转致叶米利亚诺夫。……三点到医院视墨。渠于白石老人之画殊满意。日来已能离床行数步，唯感觉右腹有抓紧之感，此是题中应有之义。腹中甚需食物，送来之食品，无不食尽。大便已正常，且每日有定时。此皆好现象也。

1954 年 7 月 3 日日记

唯愿其心神舒适，康复甚速耳

下午四点至医院探墨。墨谓两日来有一种情形，大便之后腹中有痛的感觉。此何以故，尚不得知，院中将检查大便。余闻之亦感担心，然旋即自慰，想或是肠恢复工作初期应有之现象。墨今日曾走出室门，坐于室外之椅上。睡于床上时亦常坐起若干分钟。凡此皆所以活动腹部，使开而复合之肌肉习于种种姿势与动作。墨又示余开刀之处，一条缝长六七寸，缝线虽去，痕迹尚留，一道道如武生所穿衣服之密门纽扣。按之，皮下之肌肉僵硬，旋化为柔软，恐须若干时日也。坐四十分钟，遂至文化俱乐部。

1954 年 7 月 5 日日记

满子自医院归，知墨今日便后腹中未作痛，为慰。墨今日已至前廊小坐。

1954 年 7 月 6 日日记

下午三点至医院视墨。察其舌，苔已甚薄，但不甚红，殆是血少之故，面色亦略见白。自谓力弱，想休养与多事营养，可以恢复。又言此后生活宜好好地过，居室须加修整，栽植花卉，使望而可娱。余皆以为然，唯愿其心神舒适，康复甚速耳。坐四十分钟而出。

1954 年 7 月 8 日日记

今日满子往视墨，谓墨尝步行逾十数房间，与同院之廖沫沙谈话。归室后两腿奇酸，可见体力尚弱甚也。

1954 年 7 月 10 日日记

今日到医院视墨者甚众，殆逾十人。我妹归来言，护士尝以有轮子之卧榻推墨至小花园中休憩。

1954 年 7 月 11 日日记

下午四点后至医院视墨，谈一时许。墨言身重较开割时增加一公斤。今日曾入浴，由护士相助。昨日来客太多，谈话疲劳，致夜间弗克安眠。又言出院而后，决往至美所休养一个月，以免来客烦扰，应酬多累。次谈及家中榴树开花甚少，一实无有，荷缸中仅荷叶，尚未透出花苞云云。余观其意兴颇好，为之心慰。

1954 年 7 月 12 日日记

安排墨出院到香山至美寓所静养

中午回家午饭，睡起至医院视墨，坐一小时。预计 8 月 1 日出院，径往至美所静养，再越若干时，然后回家。

1954 年 7 月 24 日日记

四点后至医院，与墨闲谈一小时有余。墨定于下月 1 日出院，径往至美所住若干日，然后回家。回家后居于至善之室。因此家中须为搬动，至善移居我妹之室，而我妹移居余室。搬动之事将于明日为之。

1954 年 7 月 28 日日记

回家，则家中搬动竟日，三处布置已大致就绪，缘整理初定，似皆比以前安适而落位。余移居至善之室，可以闭户静坐，胜于以前之处于交通路口多矣。吃饭移在至善之室，虽较局促，尚无不适。如有客至，亦将延入至善之室矣。今日满子之从姊往医院视墨。

1954 年 7 月 29 日日记

至善自医院归来，谓晤王历耕医师。王言墨须按期检查，如发现以下情形，则当及早往检查。所称情况凡三：（一）腹中作气；（二）腹中酸痛；（三）大便不正常。又言为熟悉身体情况，检查易于有头绪计，若往医院，最好于挂号时指名请王检查。王医师关切如此，其精神深可感激。

1954 年 7 月 30 日日记

迎墨出院并送至至美寓所

上午八点半，偕满子、小沫至医院，迎墨出院。一场重病，两月治疗，今得康复出院，大可欣慰。出复兴门，余久未出此门，城外新建房屋益多，车路分成来往两条，景象又自不同。至至美所，墨坐汽车不过半点钟左右，已觉背部肌肉不舒，急须休卧。可见身体尚甚虚弱。中午，墨初进烂饭不足一碗，食欲尚未开。今后食自己所治菜肴，当可有进。

1954 年 8 月 1 日日记

今晚至美来电话，谓墨安好。曩在医院，隔二日总须往视一次。今相距较远，只能俟星期日往矣。

1954 年 8 月 4 日日记

八点后偕我妹、至善、大奎出城，视墨。墨在城外住一星期，胃口渐开，食量有加。食后发汗之象渐少。唯腿力仍不佳。杂谈一星期来琐事。……坐至四时返城。

1954 年 8 月 8 日日记

回家时，至美已携宁宁、小沫俱来，缘至美入城，余故不出城视墨。至美言母安好，下一星期日希望与余共游颐和园。

1954 年 8 月 15 日日记

与墨共游碧云寺

晨八点出城，至至美所访墨。较之前二星期，墨精神又有进步，说话行动有劲，恢复以前之情况。……

午饭后小睡有顷，于是驱车游碧云寺，寺门前桥下泉流琤琮，如在杭州灵隐寺。大殿正在修葺，金碧彩绘，将焕然一新。茗憩于水泉院，高树交荫，凉意宜人，墨顾而乐之。去年署中，余二人亦尝来此一游也。食携来之开封西瓜，甚佳。五点半返至美所，仍小饮，进汤面。七时入城。墨言定于下星期日回家。

1954 年 8 月 22 日日记

独居室中"有逆旅寄居之感"

明日墨将回家。墨离家已三月，身患重病，幸得医治，回家完全康复，自属大可欣慰。于此三个月间，余独居室中，辄觉不自在，有逆旅寄居之感。综计六十年间，与墨共处之岁月乃占其大半，短期暂别，便觉怅怅，固宜有此不习惯之感觉也。

1954 年 8 月 28 日日记

墨视移居之房间颇感满意

晨驱车出城，迎墨回家。蘩生、至美、宁宁同载而来。墨视移居之房间，颇感满意。（详见 7 月 28、29 日两天的日记）

1954 年 8 月 29 日日记

伴墨游上海、南京、无锡、杭州

晚饭罢，辞老母偕墨出门，全院之人送于门口。至（火）车站，即登车（去南方旅游）。余与墨居一双人房间。

1954 年 10 月 16 日日记

夜十点后到浦口，观火车如何上轮渡。此犹为余之初次经历也。墨甚舒适，兴致亦佳。

1954 年 10 月 17 日日记

八点半到上海，新闻出版局汤秉宕、万启应两位候于车站。即乘汽车驱而往西，行约二十余分钟，至招待所。为一西式住宅，颇宽大，嫌其过分。

1954 年 10 月 18 日日记

九点，方学武陪我等出乘电车，自西向东，观看市容。至于百货公司，即往日之大新公司。……游观一小时许，至土产公司，即往日新新公司，物品亦丰富。先施、永安犹为私营，气象颇萧条，至南京路、浙江路转角沈大成进食，下望交叉路口，四面已开宽，比从前舒适得多。吃虾蟹、过桥面，吃红烧头尾，甚慰久念。

（下午）三点，驱车出门，行经黄浦滩，过白渡桥，行于虹口区，曲折而行，至大陆新村。以报载鲁迅纪念馆全日开放（今日为鲁翁逝世纪念日），思入一观。不意新村弄口列队欲入者极众，遂改往虹口公园，此公园在记忆中亦复不恶，而今日所见则颇平平，殊感失望。浩飞谓可往观复兴公园，即往日之法国公园。至则颇满意。其故盖在树林茂密，修剪得宜。茗憩于池畔。池中鱼跃起，长一尺有余。

1954 年 10 月 19 日日记

上午未外出，以寓看校样。墨则至夏家（夏丏尊先生家）。下午二时，往参观曹杨新村。此村现有一二三四五六村，正将扩展第七八村。……道路洁净，街树已栽。殊为可爱。访居民两家，皆言今昔之迥殊。工人翻身，毛主席之恩不能忘云之。

1954 年 10 月 20 日日记

十一点，驱车至车站，往南京。……七点半过后到南京站。出站门，出乎意料，至诚偕新闻出版处钱君、文委胡君在相候，渠盖得钱君之通知也。导至招待所。其处原为旅馆，余与墨占一间。于是叫菜买酒共饮。至诚以十点去。

1954 年 10 月 21 日日记

晨进早点于大三元。久不尝广东点心，食之颇慰怀旧之思。至至诚夫妇所居之锡剧团住所。团员望见，群皆拍手欢迎，呼墨为"姆妈"，情殊可感。至诚所编《走向新路》日来方排演，今日上午再演一遍，下午彩排。姚澄任其中主角。墨欲观彩排，即留团中。……

（晚）餐毕，往听王少堂之《武十回》。王系扬州派之说书家，甚有名，年逾六十。书场中遇萧安五，萧近撰文谈王之说书，余因知王少堂。今夕节目为拷打王婆，捉拿西门庆。王口齿甚清楚，起角色能抓住要点，层次井然，名不虚传。

1954 年 10 月 22 日日记

九时，以汽车出中山门。城外路两旁法国梧桐接叶交柯，行其中甚有致。四望则竹树茂密，陵园之好处即在此。先观明孝陵。……次至灵谷寺，寺虽不大，而庭院禅堂洁净。次观谭墓、无梁殿及纪念塔。再入灵谷寺，进素餐，余饮薄荷酒一小瓶。水甚佳，泡茶至宜，饮之数开。于是观廖仲恺墓。然后入城返旅馆。

入睡一小时。醒来时至诚复来，共驱车至雨花台。……墨选购十数颗。……入城，至夫子庙，观秦淮河。

夜间，省文委陶白主任来旅馆，设宴宴我们。他客皆文委、教厅、出版社、报馆中人，听人介绍，而随听即忘其姓名。中有吴贻芳女士。系墨在女师范时之英文教师。后为金陵女子文理学院校长，至美即在此校毕业。故为我家两代之老师。墨与叙四十年来之略况，甚欢。

1954 年 10 月 23 日日记

十点半，驱车至下关。硬席车已满座，商之于站员，入硬席卧车，乃颇舒适。车以十一点五十分开。……下午五点到无锡，……市政府交际处萧同志在车站相候。驱车八公里，憩于招待所，旧为王氏蠡园，前临五里湖（又名漆湖）。园林布置，房屋建筑，室中陈设，均极精，余居于此，嫌其享受太过。晚餐治肴不多，而至适口，……食毕小步屋前，湖水微响，湖水渺茫，静极。

1954 年 10 月 24 日日记

八点驱车游鼋头渚。……所见皆属新鲜。晓雾渐消，远山徐露，湖水不波，清静殊常。茗憩于长生未央馆。入两个佛寺，僧人招待甚和气。整个鼋头渚成一大园林，竹树茂密，石壁石磴随处而是，外以太湖为环境，他处园林不能比矣。墨陟降未免过劳，但意兴极佳。十一点返寓。观"渔庄"，此园多叠假山，但山石不好。渔庄与蠡园经曲廊相通，此廊临湖，布置见匠心。……（下午）三点，市委秘书长王彤舜，市文教局正副局长孙荆楚、赵沅来访。赵为至诚之友，于 1948 年引至诚入解放区者，与我家稔熟。坐谈约两小时，共散步于园中，然后三君作东，设宴相款。

1954 年 10 月 25 日日记

晨八点，驱车至中犊山，访华东工人疗养院。……出疗养院，登招待所之汽划子，游太湖。开至三山附近而折回，向鼋头渚进行。行约一小时，登岸，返蠡园。下午两点半，驱车至惠山麓。入寄畅园，此园之大树数株甚可贵。惠山街方在施工拓宽，二泉上之亭台方拆完，亦将重修。赵沅导观泥人雕塑研究所。此所有美术家与老艺人共六七人，共同研究，预备提高泥人制作水平。余观惠山泥人之制作，虽较之往日有进，而与天津"泥人张"相比，弗逮甚远。

七点半，听书于明园。此为最大书场，可容四百人。杜剑鸣、杜剑华兄妹说《武松》。此本为评话，而中插唱段，与弹词混合。不知其始于何时。说武大郎既死，武松出差回来一段，口齿清楚，废话不多，尚可听。……九点二十分散。

1954 年 10 月 26 日日记

晨七点半离蠡园。开车两辆，赵沅与萧同志皆陪乘。天气晴好，环太湖驶行，山色、农田、村树皆如图画，可谓极舒适之旅行。经宜兴、长兴而至湖州，时为十一点。先已通电话联络，开车入车，休息于市政府。……十二点半车复开行，一路多山，山上多竹。……两点半到杭州。萧同志往杭州交际处接洽。交际处导至南山招待所，居在山麓，地较僻静。

五时半，云彬夫妇偕来。谈有顷，余邀之共餐于楼外楼，并邀赵沅、萧同志及送我们来杭之司机。吃酸溜鱼、炒虾仁，均极满意。……

1954 年 10 月 27 日日记

晨以九点离寓所，驱车出游。方从太湖来，观西湖乃觉其小，宛如盆景。先入公园，升石磴转至放雀亭。眺望于"平湖秋月"。入博物馆，以介绍信索观四鱼铜洗。……

出博物馆。入西泠印社，浩飞为墨摄影。于是观岳王墓、岳王庙。至玉泉，倚栏观鱼。品茗绝佳。于是至灵隐，窥一线天。灵隐之胜，全在一路之高树，与飞来峰之石壁。泉水大时，泉声自亦为一景。……（午后）驱车至"曲院风荷"，招待所之划船旋来相迎，遂易车而舟。……先至"三潭印月"登岸。观美人石，走九曲桥。次至蒋庄，至"花港观鱼"，池中小红鲤甚多，与玉泉观鱼趣又有别。其处方在辟一公园，甚开阔，完成尚有时。复划船至钱王祠，……（返寓）时为下午五点。

1954 年 10 月 28 日日记

晨驱车观钱塘大桥，凭介绍信，车徐徐过桥，又开回来。桥凡有水泥墩十七，两头各一墩贴着于岸滩，十五墩皆独立。此桥曾受日本炸弹之损伤，又受蒋匪军之破坏，补修已不止一度。今桥栏尚未全复其旧。余于抗战初期自杭至绍，曾驱车过此桥，当时未获如今日之详视也。

至六和塔下。余与墨足力差，不敢随浩飞诸君登塔，遂坐于塔前休息。……于是至虎跑，坐而品茗，大佳。雪山携其孙儿于此相候，遂共谈。雪山退休居杭州，亦有年矣。承导观寺后新建之弘一法师塔，此塔为子恺所倡仪，作经幢开，殊不俗。茗罢返旅舍，时为十一点半。

下午两点，云彬夫妇与雪山同来。谈有顷，驱车出游。先至净慈。此寺之大殿宏敞整洁，大可称赏。观运木古井。遂至石屋洞，无甚意味。经满觉陇，桂花已谢。至水乐洞，坐洞中品茗。以前曾来此，而未深入，今日僧人导之，深入其洞，凡二十七丈。于是命车徐行，经过苏堤。堤之两旁各植树两行，一为杨柳，一为白杨，接叶交柯，人在绿荫中。后思之，白杨甚少，他则法国梧桐。尚有不知其名者。此是西湖之佳况也。至楼外楼，云彬、雪山宴请我们，雪山夫人携其孙儿来，云彬之媳携其两孩子来。徐饮闲谈，至八点半乃散。

1954 年 10 月 29 日日记

上午在寓看校样。墨则入市购物。余来杭州数日，竟日未自湖滨往东，入观市街，亦为一奇。

十二时，省政府秘书长王文长宴我们于楼外楼，外有省府人员三位，他则俞寰老与云彬。俞寰老来杭，盖参加省政府之会议也。一点半后席散。偕寰老访于忠肃祠堂，并观其墓。祠堂有部队居之，颇现衰败之象。墓道旁方建新屋，不知何用。寰老谓将建议于省府，注意整理此祠此墓。遂与寰老，我等驱车往九溪。溪水已浅，山色尚绿，坐溪上，品龙井茶。观满山茶树，摘茶花玩之。五点归。

1954 年 10 月 30 日日记

（午）饭后，偕墨访雪山于皮市巷。渠近买屋居之，式如上海之弄堂房子，较简陋。坐一时许，访云彬于学士坊，其居则颇宽舒，布置楚楚。张同光方在，喜不期而值。……

返寓，四点四十分离寓所，驱车至车站。所长袁君相送，并派洪志根同志送我们到上海。……雪山特来相送，可感也。车以六点零二分开。余看校样，究不能看得迅速。十点四十分到上海。招待所以三乘车来迎，到所，仍住上次所居之房间。

1954 年 10 月 30 日日记

晨打电话，知锡剧团尚在上海，至诚、姚澄俱在，大喜。驱车看彼等于沧洲饭店。至诚言其所编戏《走上新路》已演过，批评尚好。此旅舍中居到沪会演之数个剧团，田汉、夏衍、张庚特来慰问演员，遂与余晤。坐一时许，我二人偕至诚、姚澄外出，至百货公司，晤圣南妹。购零物若干。

访红蕉于天津路美亚厂，未值，盖办公地点已迁他所。于是至五芳斋吃面与馄饨。然后至夏师母家，招弘宁来相晤。访巴金于其居，遇之，并晤其夫人。谈作家不敢自辟蹊径，巴金主张批评从宽，大旨不错即可。坐一时许。又访子恺。坐一时有余。复返夏家。即饮酒吃蟹，守宪来共叙。闲谈至八点半返寓。

1954 年 11 月 1 日日记

晨间钧硕、圣南来，宋蕴庄来。谈有顷，墨偕钧硕夫妇出游城隍庙。余不出门，看校样。

午后二时，至长江戏院（旧为卡尔登），看观摩演出。凡五出。首为《桃花搭渡》，系闽剧，唱与白俱难晓，映出字幕，逐句听之。此剧或脱胎于川戏之《秋江》。次为《鸿雁传书》，系扬剧。王宝川思念丈夫，见鸿雁下地，即啮指作血书，系于雁身，倩其带往西凉。为旦之独角戏，演者细腻老到，妙达情绪。甚可赏。又次为《窦公送子》，系苏剧。为《白兔记》之故事。苏剧之唱调与滩簧、弹词相类。演窦公者甚佳，绝无火气，述李三娘苦况，使人感动。又次为《醉皂》，系昆曲《红梨记》之一出。演皂隶者为华传浩，演解元者为周传瑛，吹笛者为朱传茗。此辈之戏，余家于二十年前常观之，不意今日于此重逢。华演醉皂极佳，此人于幼年即为名丑也。末一出为《昭君出塞》，系京剧，亦满意。散场已过六点。

急至文化俱乐部，应望道之招宴。至则诸君已久候，望道而外，有蔡慕晖、予同、绍虞、文祺、剑三、巴金、周新武七位。餐毕闲谈，至九点而散。剑三身子不好，早退，观渠状貌，颇呈衰老矣。

1954 年 11 月 2 日日记

　　守宪夫妇来访，馈雪茄、糖食。既而至红蕉家，偕往饭店弄堂正兴馆吃饭，菜皆新鲜，甚合口味。饭罢，与红蕉别。墨往夏家，会守宪夫妇往观越剧。余则至出版社，新闻出版局于此召集座谈会，邀余谈人代大会情形。到者三四十人。余谈两部分，一为关于宪法，二为人代大会之感想。谈约一点半钟，到者略提问题，四点四十分散。于是至子恺家，墨旋至。子恺情殷，邀往锦江饭店会餐，携其一子二女一婿，余家除我二人外，并招至诚、姚澄，外则浩飞与钱君匋。备菜极丰，劝酒殷勤。七点半散。于是我二人偕姚澄、浩飞往观夏衍所撰话剧《考验》之演出。此剧余已读其剧本，观演出如重读一过。以剧本论，虽尚未完整，而实为佳作，不枝不蔓，干净利落。余嫌其说道理较多，又少诗的情趣。演员以演杨厂长者为佳，表现某种官僚主义者，已为典型。十一点散，疲甚。墨一日内看戏两场，余尤恐其太过疲乏。

1954 年 11 月 3 日日记

　　下午两点，偕墨至夏家叙别，至诚、姚澄亦来会。坐至五点而出。夏师母频言此会难得，余默念他日再南来，冀见其健康如常。返寓，进晚餐。既而新闻出版局周、汤、万、方四位来，遂驱车离寓，至文化俱乐部参观。此处原为法国总会，建筑及陈设甚华奢。坐憩于舞厅，既而有人徐徐起舞。

八点往车站，圣南偕其丈夫在相候。八点四十余分开车，送行者亦有十余人，颇不寂寞。此次南游，屡与至诚、姚澄会面，谈话较多，此最为墨惬心之事。车中仅得二软席，余与墨居之。浩飞与凤祥在另一节硬席车中。铺床就睡，居然沉酣。似亦惯于旅行矣。

1954 年 11 月 4 日日记

墨之身体甚佳，体胖力健

墨之身体甚佳，体胖力健，操劳行路，不觉其累。共为分析其由，墨言心头宽畅，无甚烦闷，为其主因。余然之。此又一大可慰事也。

1955 年 5 月 18 日日记

墨喉痛甚剧再次住院

墨喉痛甚剧，至于不能咽水浆。痛时作时止，短或数分钟，长则或点钟。此次已历一周，今日下午加甚。上星期曾往北京医院看过，医生言是神经性之痛，与 1952、1953 年两次说法相同。今日本欲再往，而挂号较迟，须明日下午去看。墨近来至欣愉，一有病痛，兴即索然，余亦为之愁闷。傍晚勉强进小米粥一碗。

1955 年 8 月 8 日日记

今日墨往北京医院，医言此症打金针或可速愈，遂打三针而归，一右手虎口，一右耳下方，一右耳后颈际。后日须再打。今日痛作似较轻。查 1953 年、1953 年日记，彼二次均历时月余，然后痛自止也。

1955 年 8 月 9 日日记

中午回家。今日墨作痛又甚剧，因由满子陪同往北京医院挂急诊号。两点半回来，言医生仍断为神经痛，为打较强烈之麻醉针止痛。觉其痛确减轻云。

（晚）回家时墨又作痛，麻醉剂之力似已渐失。……夜间芷芬来，渠受余之托，以墨之喉痛情况与其亲戚徐应祥大夫相商，徐为著名之喉科专家。徐言明日可到彼处由渠诊断云。

1955 年 8 月 11 日日记

今日上午墨痛不可耐，又往北京医院挂急诊号，得医生同意，即留住院中。医生为喷一种麻醉剂于喉际，则可暂时止痛。渠几乎每年入医院，实为苦事。然亦幸而有此便利条件，一般人欲入医院而不得，盖常事也。

1955 年 8 月 12 日日记

（午）睡起后偕满子往北京医院视墨。知昨日医院曾请徐应祥大夫来会诊，共谓大部分是神经痛，决非生什么东西。尚须用种种方法检查。痛仍时时发作，喷麻醉剂一次，则可历两小时无所觉。坐至四点半而出。此景宛如去年所历，而事隔一年有余矣。

1955 年 8 月 13 日日记

下午，蠖生、至美往探墨，余遂不去。到晚，至美打电话来，谓其母情况如昨，医仍不明所以，明日将集各科之医生会诊云。余料此病吃苦而不太严重。院中诸医如富于研究精神，则当用力探讨，究明所以。

1955 年 8 月 14 日日记

满子往探墨，归来言墨作痛依然，牙科、脑髓科医生均看不出什么问题，喉科则前已谓神经痛，莫究其源。余尝至书王历耕，今日王亦来看，定于星期四检查云。据众医推测，似扎金针比较有效，今日又扎数针。苟外科检查无问题，扎金针可以按时而往，则本星期五六即可出院矣。

1955 年 8 月 15 日日记

今日我妹往视墨。墨喉痛渐减轻，精神尚佳。王历耕劝其割痔疮，谓既已住院，乐得趁便。墨意将从其言。

1955 年 8 月 16 日日记

下午三点，到医院视墨。墨谓喉痛减轻，大约是扎金针之效。脑髓科医生亦为注射，并给药片数种。检查肠部已于今日为之，灌肠，透视肠部之情况。割痔疮俟喉痛止时着手，度为期不甚远。住院相当舒适，亦不期遽出院也。坐一时而出，至松竹园浴。

1955 年 8 月 17 日日记

（午后）至美先往医院，余则以四点往，缘同时探望者限于二人之故。墨谓尚作轻痛，痛处已稍移，自喉际移至颔侧。谓脑系科医生拟作研究，希望为设法根治，劝墨多住些时，反正不做工作。墨亦以为然。则住院尚有时日也。治痔疮云不须割，只须打针，故墨毫不以为意。腹部检查结果，云绝无问题，可慰。墨劝余早日动身赴杭①，恐天气转凉，游山非宜。坐一时许而出，若日内即去杭，须俟回京时再晤矣。

1955 年 8 月 21 日日记

墨的人情可谓甚好

因墨病愈出院，熟识之人都来探问，人情可谓甚好。

1955 年 9 月 9 日日记

墨之喉痛已愈，医院谓尚须往扎针两三次，俾效果得以巩固。

1955 年 9 月 13 日日记

墨喉痛复作，今日往就孔伯华之子按脉。据云须清湿热，用药皆清凉之品，外加六神丸。医言此患不要紧。不要紧固也，而

---

① 叶圣陶 1955 年 8 月 20 日日记云："接云彬信，邀余即往杭州，偕游黄山。此系上月所约。余即复信，谓为于下星期内（8 月 23 日）动身。云彬言偕墨同去，墨在医院，不克偕矣。"9 月 5 日回到北京。这期间的日记中有家人到医探视和陪伴胡墨林，及胡墨林病情的记载。

其痛牵涉心境，虽不剧，亦为难受。计今年自痛作迄今，为时两月矣。

1955 年 10 月 2 日日记

今日墨再往孔医处就诊。据谓喉痛已基本上就痊，所开方服三四量剂，不必再往。此次之神经性痛历两月有余。西医但知为神经性痛，而不能究明所以痛之故，治法用麻醉与扎针，未甚见效。中医则以为其痛由于湿热，所服皆清凉之剂，果然见效。中医能探其本，能就整体着想，诚未可轻视。墨因其痛得痊，屡言毛主席之卓见，力主重视中医。

1955 年 10 月 8 日日记

墨入院做肿瘤切除手术

今日墨动手术，余虽处家中，未之见闻，而心系其事，不能宁帖。昨日医生谓八点半开始，余颇惧八点半之遽至。迄乎八点半，又时时视表，冀其早能做好手术，送回病房。盼至十二点过，医院中始来电话，云家属已可来陪伴，满子遂与至善、三官急往。满子将直陪过夜。既而至善兄弟归来，言手术顺利，肠子粘着处已割开，开刀处不大，至多两星期即可愈合。闻之为慰。墨口干、作吐、腰酸、脚部觉寒，此当是手术以后应有之象。有满子与护士在旁护持，自能比较得舒。蟪生、至美先往医院探视，五点半来长谈，所谈为此后如何为墨调养之问题。七点，文叔、仲仁、芷芬三位来，关切至殷，故来探问，兼慰余情。直谈至九点半，三位乃去。

1956 年 3 月 5 日日记

上午由我妹往医院，接替满子。满回来时言墨面色不见憔悴，以注射葡萄糖为量不少故。唯小便作赤褐色，询之大夫，大夫言昨行手术之先，以探视镜观察膀胱，当缘略有擦伤，致小便作如是颜色。午后，三官往医院，接替我妹。我妹回来言顷已开始进食，皆流质，为鸡汤与苹果汁。三点，余独往医院。入室见墨，宛如大难之后重逢矣。三官为按摩其手臂，余为按摩其另一手臂。胸前以昨日作呕，喉腔不舒，亦须按摩。右侧腰际，亦感酸痛，按摩则较适。墨自谓何以须吃苦至此，余辈慰之，谓苦已吃过，后当康复。于按摩之中墨入睡约二十分钟，打鼾如常时。小便两次，察之皆赤褐色，量不多。余与三官闲谈杂事，墨听之颇感兴味，偶亦插入，如平时模样。于此可见此次手术，身体受影响较轻也。余以六点一刻出院。至美以七点半到医院接替三官，即在院中过夜。

1956 年 3 月 6 日日记

今晨一早由至善往医院接替至美。至美校中工作繁忙，偶或拖延，随后仍须追补（渠俦译每日教课之讲稿），故几乎绝对不能缺勤。九点后则由满子替至善。

下午三点，余到医院，满子归。今日墨之小便色转淡。腹中抄动，开始放屁。进食始用挂面，但墨嫌其咸，进数匙辄止。余为按摩臂腕，渠入睡两次，一次十余分钟，一次将半点钟。于其醒时，随口闲谈。六点半，阿珍来，将陪墨过夜。余乃归，告墨静养，余将以后日再往探视云。

1956 年 3 月 7 日日记

今日晨间由我妹往代阿珍，午后阿四往代我妹，迄夜仍由阿珍陪墨过夜。至美与至善则以照例探望时刻往侍各一时许。诸人归来言墨今日颇好，进面片较多于昨日之挂面，唯昨夕睡眠不甚佳。

1956 年 3 月 8 日日记

三点至医院。今日上午仍由我妹代阿珍。余到时则三官已在代我妹。今夜则由阿四陪墨过夜。……

今日墨甚好，视前日大有进。食品中加食粥与馄饨，食之而尽。灌肠，得大便。小便之色已转正常。余与随意闲话，渠随意听之。陪至六点半，阿四到，余乃归。

1956 年 3 月 9 日日记

（十时许）阿四归来，我妹往医院接替。阿四言昨夕墨颇不宁帖，几乎竟夜未得安睡。盖缘墨前数夕入睡后时时有恶梦，大都为动手术之事，因而未觉入睡之醋适，告之医生，医生昨夕予以镇定剂一小杯。此镇定剂味不好受，致引起胃痉挛，作痛，而腹中亦作痛。迄于今晨，胃痛已止，而腹中阵阵作痛，抄动不已，气咕咕之发响。因此，固体之食品不敢进。余闻之至深悬念。饭后，即往医院接替我妹。护士为插橡皮管于肛门，导气外出，渐见松爽。余为徐徐按摩手脚，得入睡半小时。醒来则腹痛已止，并自谓精神转佳。唯冀其今后不复遭类此之挫折耳。至四点后，至善来，余乃辞出，浴于松竹园。夜间仍由阿珍往陪墨。

1956 年 3 月 10 日日记

阿珍回来，今日上午由郑缤与弘琰二人轮流伴墨。阿珍言昨夕墨睡甚酣，连续至八小时，盖前夕疲乏矣。余闻之心慰。

傍晚蘩生、至美自北京医院来，言墨今日精神颇佳，明日医生将为之拆逢腹之线。估计再住一星期，可以出院矣。既而元善来，约后日下午同往医院视墨。

今日由阿四陪墨过夜。弘琰来言墨今日觉饿，进食较多，且觉有味。此佳息也。

1956 年 3 月 11 日日记

今日满子以晨往医院，代阿四，我妹以下午往代。三官代我妹。入夜由阿珍代三官，陪墨过夜。诸人言墨情况颇好，进食较多，自能下地大小便。意兴亦好，谓下星期须出院矣。余两日来往视，明日必往。

1956 年 3 月 12 日日记

余回家悬甚，（午）饭后试睡，又未成眠。三点，往邀元善偕往视墨。到时三官在。金针医生为墨扎针，颈之右侧扎三针，右手虎口一针，针皆留二十分钟乃拔出。缘近日喉际仍感神经痛，故为扎针，扎针后云甚觉舒适。闲谈至五点乃出。三官尚留，但不久亦将出。自今日始，墨谓不需有人陪伴过夜矣。

1956 年 3 月 13 日日记

今日上午由阿四往医院陪墨，下午则我妹往。医生已为拆去腹部之缝线，云多至廿七针（实为廿一针）。初云小手术，不知何以缝线如此之多，逾于上一次。又知明日将服中药，即中医研究院闫效然大夫在墨行手术以前所开之方。墨思吃鲫鱼汤，得护士长同意，家中可以送往云。

1956 年 3 月 14 日日记

今日下午，至善、满子往医院。归言墨今日甚好。明日将服闫医之中药。所谓缝线到廿一针，系今次苏联专家之缝法与前次之专家不同，缝得较密，非开口特大。王历耕劝墨多在床上休养，勿忙起床云。今日觅鲫鱼不得，明日再买。

1956 年 3 月 15 日日记

今日满子往医院，携鲫鱼汤。墨尝之，以为鲜美。墨之喉间神经痛又转甚，金针只于临时有效，未能根治，大可虑。墨存希望于中医。

1956 年 3 月 16 日日记

下午三点，偕我妹及三官往医院。墨昨以喉间痛甚，医生为扎针多至六针。又昨日开始服闫医所开之中药。今日乃觉喉际绝不作痛，墨为欣慰。不知是扎针之效抑中医之效（闫医前来诊脉时，墨特告以喉痛殊为精神上之威胁）。今日扎针为五针。又有一现象，服中药后体温降低三四分（原为三十六度七或八），此当系所用皆凉药之故。原先夜眠多乱梦，昨夕乃酣眠无梦，墨意良以为快。唯医院之食品引不起食欲，六次有四次甜食，食之乏味。以是似当早谋出院。而墨谓尚须视喉痛如何，如即此不痛，不须烦医生扎金针，即可早出。我人坐至五点乃出。

1956 年 3 月 17 日日记

下午二官往医院，四时至善继往。至善归言其母今日喉间仍不作痛，或者可以从此止痛，大是可喜。携去熏鲫鱼，谓尝之觉其味鲜。颇盼能于星期六回家，余想当可实现。余亦深盼其早归矣。

1956 年 3 月 18 日日记

今日满子与祖璋夫人往医院视墨，晓风亦往。满子归来言今日中医研究院之闫效然大夫来为墨诊脉，据云其脉视上次为佳，上次在动手术之前，心中不免紧张，今则手术之后已臻复原，故较舒坦，而脉象亦好。此盖心理影响生理之说，当可信也。闫为开方，据云系酌改前方。并云今后将为墨调理，热诚可感。墨自定将于本星期六出院，余拟将室中整治一番，俾渠顾而安之。

1956 年 3 月 19 日日记

安排"独卧大床"迎墨出院

墨将回来，室中须略作整理，俾渠观而安适。今日将火炉拆去，扫除尘垢。添一小榻于北面窗下，供余卧，俾墨独卧大床，较为宽舒。缘添一小榻，室中器物须重行安排，调动一过，居然尚能容，然颇见局促矣。

三点，偕我妹至医院视墨。医生又来为墨扎金针，日来喉际仍不痛，所以扎针者，盖期其巩固。墨谓除大小便总觉弗畅而外，他皆无恙。今日开始服闫医昨所开方，其中有通气开胃之药，颇冀其有速效。闲谈至五点一刻，乃辞出。

1956 年 3 月 20 日日记

今日满子往医院，归言墨情况大约如昨。三官亦在医院与满遇。

1956 年 3 月 21 日日记

今日由阿珍往医院探墨，归来言一切安好。墨留医院已一月，割治已恢复原状，后日即可归来，是大可慰事。深冀其经中医调理而后，早日臻于佳健。三春花事，郊外秀色，尚不至辜负也。

今日午后偕至善往访中医研究院。缘蠖生介绍余于彼院院长鲁之俊、副院长朱琏（即研究针灸著有专书者）。彼院今日来电话，邀余往一谈。至则晤学术秘书某君并闫效然大夫。据云彼院设有门诊所，尚无往病家出诊之例，今以有人作介，即由闫大夫出诊，为患者调理。闫相约每星期一来我家一次，调理与风火病

1917 年摄于角直

不同，无须勤于易方。谈半小时有余而出，余深谢院中之周到与
殷勤。

1956 年 3 月 22 日日记

　　下午三点往医院视墨。自本星期二服闫医第二方而后，颇
有进步。小便间隔延长，无不畅之感。大便晨必一次，不成形，
作褐色，奇臭，而感觉舒畅。进食似略有所增。余观其舌苔，
白色益淡，不腻。喉痛仍不作，迄今已有一星期，殆可巩固矣。

墨又自言上星期时觉心悸，不知为何，今服第二方后，则觉心中颇宽。闫医之药有如是效，今后时承调护，当可康复如常。闫固谓两年间剖腹两次，受损亦大利害矣。乔峰夫人来访，闲谈家常琐屑，历一时许，墨闻而乐之。五点半余归，谓明日上午令满子迎归家中。

1956 年 3 月 23 日日记

墨出院回家后意颇快慰

（上午）十一点半，满子迎墨归来。在院中下楼，以尚无力走楼梯，用推动之椅自电梯而下。到家则自门首扶而入室，步履不多，已感吃力。即休卧于床。午刻吃馄饨一碗，熏鲫鱼一尾，甚有味。入夜吃泡粥一碗半，以鸡杂为佐。回家来菜肴合口味。当可引起食欲，增进营养。久住医院，独处时多，心绪较差。回家而后，常有人来陪伴说话，亦可散心。因是墨意颇快慰。今日三官来家半日，与余闲谈，兼娱其母，晚饭后乃去。夜间芷芬来访。乘便与余谈社中事。墨夜眠甚安，鼾声较前为轻。

1956 年 3 月 24 日日记

到家后知今日来访墨者十余人，到时则蟆生、至美、晓先夫人与其女在，语声盈室。墨虽不多说话，而接待来客，神思究不安定，果不能早得安眠。余一睡醒来，知渠犹未睡，因思以后逢星期，必当设法使客人少来。幸后即入睡，余闻其鼾声，乃复入睡。

1956 年 3 月 25 日日记

胡墨林与至诚、姚澄

请中医专家闫大夫为墨按脉开方

四点半余回家，即嘱至善以车迎闫大夫。越一小时车空回，谓闫已入城。候至六点半，闫自至。为墨按脉，云确又有进。开方而外，谓别有一种药，系中医研究院泡制，非药铺所有，嘱明日往取。又为墨讲夜食宜少之理。云薏仁、莲心、红枣、高粱米等东西熬粥，食之有益。又云可以龙眼、松子、榛子、发菜为消遣之闲食。闫于西医动辄开刀，谓他们视人如钟表，不满之感，讽刺之意，溢于言表矣。

1956 年 3 月 26 日日记

墨眼下之黑色已退，舌苔白色甚淡，皆是佳征。满子今日往中医研究院，为取院中自制之药。每日服四颗，午晚各二，以今日始。今日午间食饭，此为病后第一次，故记之。回家后进食皆觉可口，色色有味，亦可喜也。

1956 年 3 月 27 日日记

家中伤风者颇不少，墨亦有伤风之感觉。今晨忽觉喉际又作痛两回，甚轻微。以后未复作痛。渠自己深以喉痛为惧，晨间之痛感，或者非复发之征欤。

1956 年 3 月 29 日日记

墨今日于午饭时曾觉喉际作微痛一次。又，大便仍两次，第二次之后有畅适之感，谓是新的进步。

1956 年 3 月 30 日日记

请针灸大夫王茂生为墨扎针

今晨墨喉痛又作，云相当厉害，嘱余往请扎金针之医生。墨自谓受喉痛之威胁，实难胜任，宜其紧张若是。余先至松竹园浴。旋与至善到干面胡同访王茂生大夫，各请其诊脉。……开方毕，即与言墨之喉痛情形，请渠到我家扎针。王系昌群所提起，昌群服其方，血压降低，常以语友人。余又知王能扎针，故延之。王为墨扎右腰际两针，喉际一针，右手虎口一针，针越二十分钟乃拔出。墨果觉喉痛较轻，中餐居然能安然食下。约定王大夫明日下午再来云。

1956 年 4 月 1 日日记

傍晚闫大夫来，谓墨脉象颇好。喉痛又作，盖以前在医院中所服珍珠麝香之类停服之故，渠主张明日起继续服用。

1956 年 4 月 2 日日记

中医专家孔嗣伯为墨开方

墨之喉痛仍偶一发作，渠颇为愁虑，时以能否根除为问。余与至善、满子等皆慰之，而渠总以此事为念。夜间孔嗣伯再来，谓已大好，开一方而去。俟明日服之。

1956 年 4 月 4 日日记

墨之耽食，近亦日甚。较之入医院以前，量多，味亦旨。此当属好现象。昨今一昼夜间，渠喉间未觉痛，仅有毛刺刺之感耳。

1956 年 4 月 7 日日记

六点过，闫大夫来。诊脉谈笑如前。仍继续用珠粉牛黄等物，他则开汤药之方，间日服之。墨亦自觉喉痛良已，颇为慰。留闫晚餐。听其谈中医研究院规模，实甚广大。

1956 年 4 月 9 日日记

墨喉痛又作，昨夜痛三次，今晨又痛数次，皆于呼出痰之时发作，为时甚暂，不过二三秒钟。因此渠又觉意兴不佳。又兼其左眼球昨忽发红，系微血管破裂，而今日又加甚。将喉痛与眼红联合在一起思之，渠自猜系体热之征，而致热之由，或与所服煎药中之人参有关系。药中用人参，据闾大夫言，意在加强机体之功能。墨遂自定明日不复服煎药云。

1956 年 4 月 11 日日记

今日墨喉际仍时时作痛，但并不重，情绪因而尚好。

1956 年 4 月 12 日日记

人教社医生为墨注射盘尼西林

墨喉痛依然，左目发红则渐愈。下午请社中之医生来，注射盘尼西林油剂一针。缘今日察其喉之右侧发肿，与动手术以前扁桃腺肿胀之情形相同。社中之医生亦谓是扁桃腺肿胀。除此而外，墨自谓疲之殊甚，不生气力，似较上两星期尤甚，每酣睡醒来，辄觉异常吃力。此次病后恢复，视前年秋季为缓，不知何以也。

1956 年 4 月 13 日日记

今日墨喉际作痛较甚，下午尤然。痛作频繁，其痛颇强，长者历五秒钟以上，或竟至十秒钟。余时与劝慰，冀其稍减愁烦。或为按摩其右臂，缘此臂时有酸痛之感。进食之际，小心下咽，惧其一咽而致痛。余从旁观之，无以为助，辄觉怅惘。夜眠后睡不甚稳，竟夜醒至五六次。此为自医院归来后最不安眠之一夜。

四时半觉腹饥，进麦乳精一碗、饼干两片，然后再睡。

1956 年 4 月 14 日日记

墨今日喉痛较稀。痛感亦较轻。与大家随便叙谈，兴致较佳。午后请王茂生来扎针，希望扎针能止住此痛之发展。傍晚居然有兴听广播之戏剧与音乐。听余与至善、三官闲谈，亦感兴味。夜眠颇酣。喉痛仍作，唯较轻。

1956 年 4 月 15 日日记

以车迎闫大夫，空车回来。候至八点，闫至。此次注重在墨之喉痛，开药方以蟾酥为主。九点，闫乃去。今日墨喉痛仍如昨。上午间断最久，自晨餐至午餐，竟未作痛。午餐时起，则又时时作痛矣。

1956 年 4 月 16 日日记

午刻，满子已将昨日闫大夫所开之药买来，三官为其母涂于喉际。缘其中有冰片与薄荷冰，一线冰凉直贯而下，墨谓极不好受。又以其中有蟾酥，舌头麻木，几如长层壳，亦至不舒。墨云如此之药，每天须涂于喉际数次，将何以堪。余亦为之愁虑，又不知将起其他副作用否。傍晚，闫大夫复来，此系渠昨夕自定，携来检查喉部之器械，特为墨检查喉部。此器械云是我国之新发明，于电筒上连一玻璃之压舌板，板压住舌头，其中发亮，可以观察喉头之深处（云此器械出品不久，成品之大部分先销国外。

其发明者受奖）。闫看后谓喉部确稍有红肿。又谓以前扁桃腺肿开刀时（此复二三十年前事）留有凹陷之痕迹。墨谓历次喉痛请医生诊察，皆未言及此事。闫云用蟾酥谅可止住其处之作痛。询以冰片薄荷冰凉得难受，应如何解决。渠则试用甘油调药末，为墨涂于喉际，墨谓不难受。至此方知午刻三官所涂，分量太多，故致不能忍受。余乃解去心头之愁虑，涂此药末，可以不引起墨之厌惧。闫闲谈少顷而去。

1956 年 4 月 17 日日记

墨之喉痛依然。以蟾酥为主之药末似不发生作用。而发汗则近两日颇多，其汗黏腻，显为虚弱之征，非普通之汗。墨意兴不佳，自是常情，余苦无以慰之。

1956 年 4 月 18 日日记

针灸大夫王茂生指导 "静坐"

墨今日喉痛与多出汗依然。王茂生来扎针时，言及静坐而自然呼吸，可以通气养病。墨今日试行一次，端坐如菩萨，闭目息心，徐徐呼吸，历时十五分钟，居然未作痛。王谓如是静坐每日可行三四次，每次自十五分钟逐渐延长，至于三十分为限。余思此事当有益而无弊，自可继续为之。近日又有一现象，即每当醋睡醒来，辄觉胸膈甚不舒，似方作恶梦，似梦中发怒。以前仅偶有此现象，近日则每睡醒一次必有此异感。不知是何原因也。

1956 年 4 月 19 日日记

今日打电话与闫大夫，告以墨近两日情况。闫谓今日傍晚当再来一次。七点过闫至。据云脉象有进步。喉痛仍服蟾酥丸，加服犀黄丸。至于体弱出虚汗，则用汤药，以西洋参为主，辅以皮黄芪。闫又谓其院中有一四川老医生，名叶心清，医道甚深，并精针法，要余写一信致研究院院长，请嘱叶老医生与渠来会诊。我家诸人皆欣然。

墨服闫顷所开之方一煎而后睡。以就睡较晚（已九点半），其夜眠不如平日。

1956 年 4 月 20 日日记

函请四川老医生叶心清前来会诊

墨上下午喉痛似轻减，但入夜又厉害。发汗益甚。上午曾与闫通电话，闫令倍服煎药。故今日服第一服之第二煎与第二服之两煎。然夜眠后汗出仍盛。

今日作书致中医研究院两院长，提出请求，希望嘱四川老大夫叶君来会诊。

1956 年 4 月 21 日日记

与孔嗣伯大夫商榷闫大夫之药方

晨间与墨谈，闫医之药屡更，而喉痛不止，发汗仍然，拟往孔嗣伯处一商，请其评论。墨以为然。九点，偕至善访孔于其家。孔观闫历次所开之方，虽不强力反对，辞气之间，颇有不同意之表示。大致谓其治喉痛专顾喉痛，用药太猛，未能考虑及身体其他部分。其讲滋补，又未尽顾及患者身体当前之情况。谈论有顷，孔自告奋勇，试开一方，服两剂再看。余询以要否同往诊脉，孔谓墨之脉已颇熟悉，不按脉亦可知之。此当有逞能之作用，然其意实可感。于是开方，所用药物，皆滋阴之品。另外有药面，以京牛黄为主。据云，如用其方，则闫之汤药与丸药、喷药，均可停止。余谢之而归。

到家则伯祥、蟪生、至美俱在。大家商量，得出一暂停服药之结论。于是闫所开汤药之第三服即不煎。蟾酥丸即不吞。迄于晚餐时，因舌头味觉好转，进食有味，为量遂加多。余与墨二人之意，颇有一试孔所开方之想。且待明日闫大夫来后再定。

下午晓先夫妇来闲谈，晚饭罢乃去。墨就睡，余与三官在旁轻轻谈戏剧创作，俾墨似听见非听见，得催眠之效。

1956 年 4 月 22 日日记

今日墨全未服煎药、吞丸药、涂末药，而痛似减轻。午餐时痛较甚，晚餐以后更甚。食量有增，缘食之能辨味。六点后闫大夫来，告以蟾酥丸使舌麻木，影响食欲，闫谓即停用。另开一煎药之方，嘱试一服再说。叶老大夫未与偕来，大约院长尚未见余之请求信也。留闫便餐，余与三官陪之，芷芬适来，亦同座。闲谈医药方面事，闫滔滔不绝，余三人听之而已。

归室墨已就寝，但以痛时作，醒觉之次数较多。

1956 年 4 月 23 日日记

墨今日服闰昨夕所开之药，并吞梅花点舌丹。今日痛感与昨日相似，上下午均有二三小时较为轻松。腹部创口缝线处时时作痛，前昨已然，今日更甚。发汗亦未见有所减。进食则渐觉其香。

1956 年 4 月 24 日日记

叶心清大夫为墨扎针

四点，以车迎叶心清大夫至。并非老年人，才五十岁耳。上星期五至善与满子听闰君之言不清，闰谈另一老医生，而彼辈以为指叶，致余去信时称叶老大夫，殊为笑话。叶听墨叙述病情后，谓服药仍服闰君之药，渠则试扎金针以为之助。即于墨之右颈扎三针，右手虎口扎一针。其扎法仅一刺而已，并不留针于身上。四针扎过，嘱静卧休息五分钟，谓已毕事矣。余等深以为奇。叶云此不需每日扎，后日下午当再来。自叶去至于墨就睡，为时四小时，墨觉虽仍有痛感，但颇轻微，大异于往日。此更足奇矣。或者墨之喉痛即此渐愈乎。墨自己深抱此热望，余与至善等亦深深私祷矣。

1956 年 4 月 25 日日记

今日墨喉痛仍作，上午颇轻，傍晚而后则不减于前数日。似叶大夫扎针之效仅能维持十数小时。发汗极多，昨夜衣衫亦沾湿。以电话告闰大夫，闰嘱续服星期一所开之药。因续一剂服之。

1956 年 4 月 26 日日记

到家已四点半。叶心清大夫已来过。今日上午墨喉痛殊甚，叶扎针之数多于前一次。谓仍痛得厉害，可往迎之。昨与闫大夫通电话，告以发汗仍盛，闫谓今日当来一趟。傍晚往迎，空车开回，闫他处出诊去矣。

1956 年 4 月 27 日日记

昨夕墨初睡甚酣，几乎有从此不复作痛之想。夜一点以后痛复作，作颇勤，大约隔十分钟即痛一回，遂不能安眠。今日午前有二三小时平静。于是仍请叶大夫以午后两点来，为扎数针。夜八点即入睡。

1956 年 4 月 28 日日记

今日叶大夫仍来为墨扎针，墨感觉痛见减轻，且分散于各处，叶谓此是好现象。六点后闫大夫来，诊脉后谓脉象很好，今后可不复服汤药，单服丸散。梅花点舌丹每日服四粒，叶大夫主张服六神丸，亦宜照服。闫谈半时许而去。墨此次喉痛复作，始于本月 1 日，迄今将一月，或者可以从此痊愈乎。昨今两日，渠于上午皆在庭中曝日，谈话较有兴致，今日元善来，谈话甚畅，此均是渐就佳境之象。墨颇自欣慰，余亦为之宽怀。

1956 年 4 月 29 日日记

今日午后，叶大夫仍来为墨扎针（第五次）。墨因喉痛轻减，昨夕睡颇酣。白天亦思睡，上下午俱入睡数十分钟。近日进食颇好，唯仍不耐油腻。发汗亦见减少。

1956 年 4 月 30 日日记

来探墨者有雪村夫人、王清华、贾祖璋。墨今日觉痛处移于舌根，痛不甚强，时距亦不近。来访者俱云气色颇不坏，视前有进，而墨自觉恢复极缓。又有一事可记者，昨夕竟未发汗，此当是佳朕。

1956 年 5 月 1 日日记

孔嗣伯大夫来诊脉

昨夕墨睡眠未稳，又进食不适当（量稍多，晚餐稍提早），胃口不好，今日几乎不思食。因是喉痛又作，且颇强，今日为休息之日，又未能迎叶大夫。墨情绪不佳，思请孔大夫来诊脉，谓闰大夫既不令服汤药，则孔开方后尽可服用，并无冲突。余赞同其说，因以午后迎孔大夫至。孔为开一方，云于各方面俱顾到，试服一剂如不错，可连服一剂，然后停药一天。孔叮嘱应如何煎药，谓此中大有讲究。药以夜睡前服第一煎，夜间睡眠尚酣。

1956 年 5 月 2 日日记

今日墨喉痛仍相当厉害。胃口不如前昨两日之不好，但见鸡汤亦生厌。服孔大夫之药似觉舒适，汗减少，放屁亦稀。叶大夫以午后来，为扎多针。此为第六次扎针也。

1956 年 5 月 3 日日记

今日叶大夫仍来为墨扎针。此为第七次，而颇不如最初数次之见效，喉间仍作痛颇不轻。发汗与放屁则均轻减，孔大夫两服药或是对症之品也。

墨夜眠后因喉痛不得安睡，而精神困顿，亟欲入睡，遂服北京医院前所予以之止痛药两片。迄于十一点，忽觉胸部作痛甚剧，痛似成一线，上下直贯，继则散于胸腔。其感觉与胃病发作时相同，而胃部并不痛。一时墨与余甚惶急，余为之敲背按摩，历二十分钟而渐已。其后喉痛稍轻，乃得入睡。

1956 年 5 月 4 日日记

今日叶大夫来，扎针，此为第八次。前数次但告以喉痛，今日始请渠看喉痛之处，张口而指示之。叶谓下次来时，当携另一种针，径刺口腔内喉部云。四点半孔大夫来，酌改前方，令服两剂。今日墨喉痛较轻，夜眠尚酣。

1956 年 5 月 5 日日记

今日墨尚好，胃口渐开，喉痛亦不剧。今日服孔大夫昨日所开方之第一剂。

1956 年 5 月 6 日日记

今日叶大夫来为墨扎第九次金针，仍扎颈际，未扎口腔内。痛虽未能止，而颇轻，因之墨夜眠甚酣。

1956 年 5 月 7 日日记

　　午后叶大夫仍来，扎第十次金针，刺口腔内之右喉侧。叶谓此亦试为之耳，其效如何，未敢断言也。傍晚孔大夫来，脉案谓："诸恙大减，唯咽痛未减。湿邪内蕴肠间滞阻不畅。取脉弦而有神。再酌改前方。"墨就寝后上半夜睡不好，脑中似兴奋，所刺之针力似与喉痛作斗争。两点以后乃得好睡，醒来时觉痛颇轻减。

1956 年 5 月 8 日日记

　　今日墨喉痛颇轻，显系昨日直刺喉际之效。仍请叶大夫来，扎第十一次针，仍扎喉际。今夕就寝即能酣睡。元善以八点后来，与余谈话，而墨听之未久，即发鼾声矣。元善将往西安视察，兼访延安，并观宝成铁路之秦岭隧道。余与至善皆不能离京，只得在京市略作视察矣。闻公园中牡丹已开，藤花正盛，而余心不宁定，未能往观也。

1956 年 5 月 9 日日记

　　今日叶大夫来扎第十二次针。墨之喉痛益见其轻，颇冀其渐就霍然，不复发作。

1956 年 5 月 10 日日记

　　今日仍叶大夫来，扎第十三次金针。墨自觉喉痛向下降，或即可停止。余夜归时，渠睡已两小时矣。

1956 年 5 月 11 日日记

今日叶大夫来扎第十四次金针。此一星期中一连六日，未间断一日也。

1956 年 5 月 12 日日记

陪墨游中山公园

今晨余倡议陪墨游公园，墨欣然，至美同往。携一小凳，觉疲劳即可小坐。入园，徐步至牡丹花畔，将谢者已多，但亦有未放者。藤花盛开。墨先坐于小凳，继得空无人坐之靠椅，即移坐其上。自谓不觉其累。遇郑亦秀夫妇，共坐闲谈。又遇调孚。又遇蓝公武，坐于一推动之椅子中，两人推之至花畔，与余交谈。自谓病半身不遂者已三年，近稍痊可，常来公园闲散云。在园中坐至十点，遂归。墨病后首次出游，居然不觉太疲乏，余为欣慰。

饭后余入睡约一时，困倦之甚，非睡不可。三午自同学处得金鱼，大小三四十尾，分盛四缸，即置于余室前之庭中。暇时观玩，亦复可喜。墨亦顾而乐之。

1956 年 5 月 13 日日记

今日叶大夫来扎第十五次针。渠甚有耐性，谓总得使患者身上舒服而后止。闫大夫上星期一电话云将自来，而是夕未来，今日为星期一，系约定来视之期，亦未来，不知何故。墨昨日未扎针，迄于夜又觉痛作较频繁，唯仍轻微。

1956 年 5 月 14 日日记

今日叶大夫为墨扎第十六针。墨痛觉愈轻，夜眠酣适。

1956 年 5 月 15 日日记

今日叶大夫来扎第十七针。墨自觉日来精神较好，自余观之，亦觉气色转好。

1956 年 5 月 16 日日记

今日仍请叶大夫来，扎第十八次针。墨喉痛确减轻，但未能断根。

1956 年 5 月 17 日日记

今日叶大夫来扎第十九针。墨谓喉痛益轻，仅偶有麻辣辣之感觉矣。

1956 年 5 月 18 日日记

今日叶大夫仍来，为墨扎第二十次针。墨自谓意兴渐佳，今日居然"打五关"为遣。

1956 年 5 月 19 日日记

今日墨上午不甚舒适。醒得早，感困倦，腹中感微痛。但午后入睡约半小时，醒来即觉与昨日无异。喉痛轻微，时距长至三四小时亦有之。

1956 年 5 月 20 日日记

今日叶大夫为墨扎第二十一次针。

1956 年 5 月 21 日日记

午后一点，叶大夫来为墨扎第廿二次针。叶谓墨脉象甚好，肝火已戢。墨之喉痛益稀，日来有距离十余小时再痛一次者，且其痛甚微。

1956 年 5 月 23 日日记

今日饭后，叶大夫来扎第二十三次针。渠谓墨不宜进海腥。云以藕煮汤，饮之有益。

1956 年 5 月 25 日日记

午后，叶大夫仍来，为墨扎第二十四次针。余询以是否从事著作，渠谓钻研古籍已足，后人无复能超越古人者。大致中医均如此说法，实亦非确。即如近时中医甚为世所重，而古籍至难通晓，疏解迻译，即颇需要，此亦著述之事也。

1956 年 5 月 26 日日记

陪墨游北海公园

晨七点，陪墨游北海，我妹与至善、永和同往。此为墨病后第二次出游。在桥之北首小坐，观大盆之大型月季。既而坐于双虹榭栏杆边，观海中游船。

1956 年 5 月 27 日日记

叶圣陶、胡墨林1949年7月在北平与友人合影

今日叶大夫来扎第二十五次针。墨喉痛已甚轻微，一昼夜间仅感短暂之痛数次耳。

1956 年 5 月 28 日日记

今日墨又觉喉痛较强较频繁，唯夜眠甚早，眠亦颇安。

1956 年 5 月 29 日日记

今日叶大夫来，为墨扎第二十六次针。叶谓喉痛少已而未巩固，其时气候变化，即能影响使喉痛复转重。必止之而且巩固其效果，乃能不受气候变化影响。

1956 年 5 月 30 日日记

今日叶大夫来为墨扎第二十七次针。今日天雨，雨季已开始，气压颇低。此影响墨之身体，喉痛又稍稍加强。余受天气影响，浑身困倦，夜八点即就寝。

1956 年 6 月 1 日日记

今日仍竟日雨。墨之剖腹之处作痛，腹中亦微有不适，浑身酸痛。余亦浑身疲乏。墨之喉痛，自今晨七点微痛一次之后，迄夜未复作痛。

1956 年 6 月 2 日日记

六点回家，知叶大夫今日约定要来而未来，殆是有紧要事情，此君殊严谨，以前固从未失约也。墨今日喉际仅作轻痛两次。

1956 年 6 月 4 日日记

今日叶大夫来扎第二十八次针。叶闲谈居北京不习惯，颇念四川之蔬菜与其他食品。墨今日仅喉痛一次。日来渠自开汤头，以去体内之湿。

1956 年 6 月 5 日日记

墨今日又全未喉痛。仅偶有不足名为痛之纤细感觉，墨喻之为"蛛丝马迹"。又戏谓可以"袅晴丝"称之。

1956 年 6 月 6 日日记

墨往北京医院作出院后之第一次检查

今日墨往北京医院作出院后之第一次检查。医生谓情况颇好，恢复固当慢慢地来。须注意眠食，随时保养。谓当取血看"血沉"，嘱以明晨空腹时往抽血云。墨回来颇欣慰，余亦欣慰。

1956 年 6 月 7 日日记

今日仍请叶大夫来，为墨扎第二十九次针。叶谓现在喉痛已不作，可不复扎针。如复有不适，可通电话相邀，彼仍当来诊疗。并谓此后不一定扎针，彼亦可开方给药也。此君炉火纯青，技术高明，大可敬佩。以视闫效然君，似远出其上。

1956 年 6 月 8 日日记

回家时，墨方发烧，自下午始，量之将及摄氏卅九度。究其原由，殆由怕热而受凉，总之身体软弱，使余又感愁虑。墨进晚餐焦泡粥一碗有余，如往日。身体酸痛，由满子、阿云为之按摩。八时许出汗，但未退凉。

1956 年 6 月 11 日日记

请孔嗣伯大夫来为墨诊脉

午后请孔嗣伯来为墨诊脉。开方谓脉六部皆匀，且有力，但

散伏，是肺部稍有闭象所致。主以"清芳疏化"治之。总之，此
次发烧，非严重之病。及于夜，屡次为墨量体温，均在卅七度五
分上下。

1956 年 6 月 12 日日记

人教社郭大夫来注射盘尼西林

今日墨热度仍未退，在三十七度八分以下。请社中之郭大夫来，
注射盘尼西林一针。郭大夫言大约是感冒。身体似有转健之象。

1956 年 6 月 13 日日记

今日墨之热度仍未退，饭后仅有三十七度四分，而两点以后
又高至三十八度以上。上午仍由郭大夫来注射盘尼西林。午后请
孔嗣伯。脉案谓"邪居承半表半里之界"，不知何意。墨因发热，
情绪又复不佳。余苦无好语以慰之。上星期渠颇有欣欣之意，突
然发热，情随变迁，思之怅怅。

1956 年 6 月 14 日日记

今日墨之热度仍未退，晨晚俱卅七度八，午后两点高至卅八
度。据墨自称，身体中似比前日松爽些。进粥与挂面，不能纳略
有油腻之品。

1956 年 6 月 15 日日记

回家时，墨方量体温，竟超出卅八度，至八点，又回复卅七

度八。余心愁烦，殊感无可奈何。

1956 年 6 月 16 日日记

墨腹部疼痛甚剧谋重入北京医院

昨夜墨腹部疼痛甚剧。其痛已多日，以为是开刀缝合处因气候转变而然。又常言其处火烫，触手如炽。而昨夕之痛几不可耐，其情状难于描摹。余虽在旁，殊无可以为之稍解。直至倦极，乃入眠。如是者数次。今晨似稍轻，热度仍不退。及余自松竹园洗浴回来，则已发觉伤疤之部分红肿如掌大，据满子言昨日尚无之。所以发烧，所以剧痛，原由在此矣。此为一骤然之震惊，余不能记其时之心情。于是谋重入北京医院，先挂急诊之号。下午二时，由满子、至善、蠖生陪往。

......

回家时知墨以医院无病床，未能留院，院中言一俟有床位，即来通知。院中为注射青霉素一类之针，并携归注射针退热药，按时按法使用。墨往返一次，自甚困乏。又以腹痛，就眠与起坐须人扶持矣。上星期喉痛停止，意兴渐佳，余为心慰。不料此一星期有此转变。

1956 年 6 月 17 日日记

昨夜墨腹部之疼痛较轻于前夜，余晨至社中，请郭大夫为注射北京医院所给之针药。......（午刻）回家，则墨之病况又有变化，腹部红肿之部分有直径二寸许之一块，颜色发黑，表皮离肉，有如烂桃子。余为惴惴，恐其一触即破。及六点后自怀仁堂回家，则其处果以起来小便而破矣，破即出脓，作奇臭。满子一时无办法，再延郭大夫到家。出脓大约一饭碗有余。郭为仔细擦抹洗涤，包上棉花纱布。既而北京医院李大夫至，重行擦抹一番。据云此疮如是，殆出脓已尽，此后可渐求收功。墨亦自觉舒畅，恶脓悉去，疼痛大减。李大夫恐墨夜眠不好，给安眠药三颗。十点时服一颗，竟夜沉睡。

1956 年 6 月 18 日日记

晨为墨量体温，已无热度。唯谓身体疲惫，头脑晕眩。午后询北京医院，仍无空床位。李大夫以下午三点复来，揭开纱布，已无脓水，其创口颇深，李为敷药，重复裹好。墨精神尚好，进食与上星期同。前夕腹泄，昨日竟日未大便，而今日排出久已未有之成形之粪便，实为可记之事。于此足证其肠吸收力颇好也。

1956 年 6 月 19 日日记

墨住入北京医院

（傍晚）到家，知三官自南京归来，谓将有大约两星期之勾留，墨自欣慰。昨夜墨睡甚酣，今日头脑已不大晕眩。腹部创口觉痛，但不剧烈。右股内侧作酸，不知何故。此外则无甚不适，精神亦尚好。下午四点，北京医院言有床位，即由满子、至美、三官送往。出院未足三个月，又入医院，余思之深怅。然住院则洗涤敷药，较为方便。墨亦自欲住院，不如余嫌医院之无聊也。

1956 年 6 月 20 日日记

　　三官与至善以下午往省母，归来言今日墨情形颇好。伤口已无脓，仅略有黄水。医院中外科医生几乎全来看视，苏联之阿教授为换药包扎。除右股内侧作酸外，无甚不适。因是墨之情绪亦尚好。

1956 年 6 月 21 日日记

　　三点，偕满子往医院探墨。墨情况颇好。伤口不作痛。酸痛仍然，坐时起立时往往觉之，仰卧或靠椅背而坐，则几乎无所觉。舌苔几乎无有。昨今两日，俱便烂粪颇多，殊畅。睡眠视在家时为多，且酣。渠自谓唯弱无气力，最为可虑耳。伴渠食昨日所剖之半个西瓜，闲谈种种，至五点一刻乃辞出。

1956 年 6 月 22 日日记

　　今日我妹与满子往医院。归言墨一切如常。王历耕曾言其创口即可结好，下星期可以出院。余闻之欣慰。一场惊恐历时十余日，或者可以从此安心乎。

1956 年 6 月 23 日日记

　　今日至善、三官、蟹生、至美皆往医院探视。墨情形如常。

1956 年 6 月 24 日日记

今日由三官、姚澄往医院。墨谓将以星期五出院。

1956 年 6 月 25 日日记

下午仍请假，不出席人代会。至北京医院探墨。墨之伤口，未结好者仅有米粒大。唯右股间仍作痛，行走须按住其处而行，不知究以何故。饮食尚好，睡眠便溺均无异。墨谓明日拟出院回家矣。四点，余离院。适遇王历耕。王谓情形不错。今后宜多食素，少食荤。又言如行气功疗法，可以有益。

1956 年 6 月 27 日日记

墨出院回家并练习气功

回家则墨已回来。余自心慰，此后日进康佳，弗复往医院。墨晚餐进面一碗，八点听收音机中侯宝林之相声，毕即入睡。

1956 年 6 月 28 日日记

墨以余未归，睡不安。余归而后，始得酣眠，然不逮平日之时间长矣。

1956 年 6 月 29 日日记

墨今日始服胚胎素，恐有反应，为量极少。渠之腹部，左右温度不均，右边热于左边。其处有沉重之感，起立时须以手按之。坐时甚不舒服，卧于床则较好。此不知又是何故，可为愁虑。

1956 年 7 月 2 日日记

1942 年在成都

　　墨自觉今日颇爽健，上午下午俱移藤榻于室门口，纳气迎阳光。渠行气功练法已十余日，日行三次，每次十五分钟。法为仰卧于床，四肢直伸，闭目停思，作深呼吸，吸气之时，舌尖抵上颚。渠信此法行之稍久，于身体当有好处。

1956 年 7 月 7 日日记

　　今日墨觉颇见好转，意兴好，腹部痛处亦见轻减。

1956 年 7 月 9 日日记

墨练气功，希望有人指导。余遂托晓风。晓风商之于白韬。白韬在景山公园练气功半载有余，失眠之病大减，目疾亦有轻减。其所从师名秦重三，与商来我家一观，当承应允即来。八点过，晓风偕秦重三来。其人年七十一，望之似不比余老，练气功已将二十年，在景山公园教人，意在益人，非为图利。视墨而后，谓墨神色颇好，练简单之气功必能复健。侧卧、仰卧，俱无不可。吸气如籋，吐气自口，纯顺自然，不宜着力。每日几次不拘，每次几时亦不拘。总之，无时无刻不存心于此，当有大效。初步有成而后，渠将作进一步之指导，并为行按摩。秦劝余亦练气功，谓届此年龄，不宜迟延。略为余讲站立练气之方，语富于想象，大有妙意，值得欣赏。余能否经常练习，则自己亦不敢断言也。

1956 年 7 月 10 日日记

晨间作书致杭州叶熙春，谢其来为墨诊脉，并告以服其药以后之情形，希望继续赐方。叶固当面答应，以后可以通信求诊也。

1956 年 7 月 11 日日记

今日墨又请叶心清来扎针，间断已月余，合前计之，为第三十次。并非喉际又复作痛，但有毛糙不光润之感觉，恐其渐进于痛，故为之预防。叶按墨之脉，谓较之上月为差。至于喉际之感觉，预为扎针，当不致再成剧痛也。

1956 年 7 月 12 日日记

今夕墨睡两小时而醒，忽胃中不舒，似系食面条稍多稍急之故。为之敲背摩胸，久久未能安舒。余欲闻其鼾声而后入睡，渠欲余早睡，则屏息不敢转侧。结果为余先入睡，已逾十二点，渠入睡殆已一点矣。

1956 年 7 月 13 日日记

墨昨夜胃中不舒，今日已无恙。喉际仍有不舒服之感，于是复延请叶心清，今日为第三十一次扎针矣。

1956 年 7 月 14 日日记

墨今晨腹部胀益甚，不适之感亦增强，又复愁烦。喉痛亦发作数次，其强度亦加甚。午后复延叶大夫来，扎第三十二次之金针。至善往访孔嗣伯，请其介绍中医之外科大夫，希于腹部之胀痛有法消解。总之，全家诸人，今日又复入于心绪紧张之境。

1956 年 7 月 16 日日记

请气功师秦重三按摩

昨夕墨睡不安，腹部作胀作痛较甚，又兼天热，迄不入眠。十二点后，服安眠药一丸，逾半小时乃呼呼入睡。今晨余觉其体较余为热，量之，果为卅七度三分。喉痛连作数次，其强度皆相当利害。于是墨深伤感，不禁泣下。余情绪亦殊不佳。

八点后，晓风为余邀秦重三偕来，试为墨按摩。秦谈人身主要部分，上身为脑，下身为肾。今为墨按摩，先于腰部与膝盖，其目的在使肾部得温，此是健康之要道。秦谓先为余试为之，俟墨旁观，觉其无可虑，乃与按摩。于是余先令按摩。按腰部、背中心及两个膝盖，共约卅分钟。其法手心着所按之处，手与被按者之皮肉一起移动，渠谓其手之热力注入余体，余似觉其良然。继之秦为墨按摩，历一小时，先摩双膝，次摩腰部。墨觉摩膝盖极舒适。摩腰部而后，即朦胧入睡，达一小时，此或是按摩之效，或因昨夜少眠之故。午后请孔嗣伯来诊脉，孔谓脉象尚佳，为开一方，嘱服两帖。四点仍请叶心清来，以针伸入口腔，直刺喉际，此为第卅三次。傍晚，叶熙春老先生复信至，斟酌前方，有所增删，嘱服十帖。

1956 年 7 月 17 日日记

昨夕墨又不能安睡，夜三点服安眠药，乃睡至今晨六点。八点进昨日孔大夫所开药，傍晚进二煎。此次喉痛，较上一次频繁，越数分钟即作痛一次，而且颇强。下午仍请叶大夫扎针，此为第卅四次。腹部右侧有一部分皮肉麻木，据上一次之经验，似又将化脓。热度卅七度五，此或是患处发炎化脓之故。墨语言多愁怨，余与至善、满子皆惘惘。

1956 年 7 月 18 日日记

昨夕墨仍以喉痛频数，不能安睡。服安眠药两次，亦仅得朦胧共四小时。实极困倦，而痛觉时时刺激之，乃仅得朦胧。天明时自思病痛，伤感至多，不禁啼哭。余苦无其言相慰，相慰之语实皆不着边际。至善谓无妨再请秦重三，得其按摩，可以入睡若干时，总有好处。渠遂往景山公园请秦。秦来复为墨按摩一时许，按摩时即就朦胧。下午精神较好。仍请叶大夫，来扎第卅五次针。傍晚至美来，渠依母嘱，于校中请假一日，特来陪侍。墨闲谈各事，心思不专注于痛，乃更不同于晨间之衰惫。六点半孔大夫至，诊脉开方，语多安慰。所开方仍嘱服两帖。留孔小饮，所谈多及中医之问题，此君年轻，医学殆不坏。

1956 年 7 月 19 日日记

昨夕墨仍服安眠药一次，入睡时间稍多，但时时因痛而醒。余倦极，自十点至四点，连续六小时未醒。墨唤余取水解渴，连唤不醒，渠乃自起取水。今日以有至美在旁陪侍，渠意兴颇好。

……中午回家，知秦重三复来按摩，按摩半小时许而墨入睡，乃去。渠言此后将每日以上午八点后来。

今日至美在家陪侍其母。下午，叶大夫仍来，为墨扎第卅六次针。夜间墨上半夜眠尚好，下半夜服安眠药亦不得安睡。

1956 年 7 月 20 日日记

（晚）回家时，墨已准备入睡，而紧张殊甚，恐不能睡，遂真不能安眠。喉痛亦觉加甚，其痛在舌根，岑岑作痛，似非复曩之神经痛。而日间固谈笑甚自适也。今日叶大夫来为墨扎第卅七次针。

1956 年 7 月 21 日日记

昨夜墨睡仍不好。但今晨则精神尚好。至美昨夕仍来，今日陪侍一日，墨为欣慰。元善以上午来访，与墨闲谈。秦重三连日来按摩，未间断。午后孔嗣伯来，又开一方，嘱仍服两剂。墨自觉右腹之硬处范围在缩小。其处发热，亦稍见降低。起立或短时起坐，沉重之感亦稍轻。

1956 年 7 月 22 日日记

昨夕墨未服安眠药，居然睡尚好。晨四时许醒，余为摩其腿部，复入睡约四十分钟。服孔医之药后，觉胃部不甚适。下午秦重三来，即请其按摩胃部。

1956 年 7 月 23 日日记

墨昨夕睡亦尚可。唯今日觉右腹胀感加甚，胃部亦似不太舒适，又复惘怅。下午叶大夫来扎第卅八次针。墨请其观孔之药方，叶谓此中凉药不宜于胃。墨遂欲停服孔之药。

1956 年 7 月 24 日日记

今日墨之病又有转变。口腔作胀，未见消退。腹部肿胀益甚，按之，硬处颇大。上次愈合处发红，此外，腹部别有数处红斑，触之作痛。而不作红处，触之无感觉。墨自觉此殆又将化脓。仰卧，左右侧卧，皆觉不舒，有沉重压迫之感。秦重三来，为按摩后面腰部，觉牵动腹部，不能忍受，遂改摩右臂，则弥觉舒适。下午叶大夫来，为扎第卅九次针。又请社中郭大夫来，注射盘尼

与参加祝寿的全体成员合影留念。叶圣陶夫妇站在前排

西林，意在消口腔之胀。郭谓墨之脉颇见无力云。情形如是，殊增愁闷。墨怕入医院，而又思入医院。余与至善、满子、至美（以傍晚来）共商，亦觉无措。

墨近日常言，醒时此痛彼痛，因而唯冀入梦。梦中不觉痛，身体轻快，梦中虽不自觉，醒后思之，实为至乐。其言弥可悲。

1956 年 7 月 25 日日记

按摩无效婉辞气功师

（上午）秦重三来时，余以墨之意婉谢之，谓日来略发烧，且腹部不适，须暂缓按摩云。晓风与满子通电话商量，共谓最好请北京医院大夫来一看，二人会于医院，与院中接洽，候至十一点半，邀得陶大刚同归。陶诊察后谓腹部要化脓，或否，暂不可断言，且注射针药并用外敷药，看二三日后如何。老田携归北京医院之药剂，下午请社中之助理医生来注射。

1956 年 7 月 26 日日记

墨今日尚可。口腔仍是牙根作胀。腹部发红处不见扩大，其红色似非发炎加甚之象。今日特别可记者，为颇觉需要进食，有饿感。近日天气炎热，经常卧于床上，自是不舒适事。又以腹部胀肿，仰卧与左右侧卧俱不得安适，此更痛苦。安得早日康复，离床起坐，一舒身心乎。今日仍请叶大夫扎第四十次针。

今日至美整日陪其母，夜间未归。余与至美轮流为墨按摩催眠，至十一点，无效，遂令墨服安眠药，然亦仅朦胧三四小时耳。

1956 年 7 月 27 日日记

墨今日大便甚佳，值得一记。成圆形，其色纯正，量亦不少。数月以来，殆未有此也。胃口好，兴致亦好。夜间虽热，能得酣睡（并未进安眠药）。今日叶大夫来扎第四十一次针。

1956 年 7 月 28 日日记

今日竟日在室中，陪墨闲话。

1956 年 7 月 29 日日记

昨夜墨睡又不安，服安眠药，仍不得酣。余思墨自上月 28 日出医院回家，有二事与入院前不同。一为睡眠不能稳妥，即得酣睡，醒恒多次。此殆心系病痛之故，多思即难睡。又一为此次回家以后，偃卧时多，坐起小立时少。此由腹部不舒，唯偃卧于不舒中较舒适之故。墨自己切盼早痊，余亦与之同愿。今日无甚变化，一切如昨。夜间陶大刚大夫来，仍嘱注射药剂，外敷药膏。

1956 年 7 月 30 日日记

今日仍请叶大夫来，为墨扎第四十二次针。所谓喉头之神经痛已微，痛乃在牙根，不知扎针之收效如何。

1956 年 7 月 31 日日记

移莲盆于室前小院中俾墨观玩

今日仍延叶大夫，扎第四十三次针。墨情形颇好，腹部表面之红肿消退，殆不致化脓。

今年余自社中之池内取藕秧，种莲三盆。此莲较之余往年所种之莲为佳，复瓣，色亦红鲜。近日其一盆已有花苞，一个花苞特大，即日开放。今日移此盆于室前小院中，俾墨可暂起一观玩之。永和观此将放之花苞，谓其形如桃子。比拟甚确，此儿聪慧可喜。

1956 年 8 月 1 日日记

今日仍请叶大夫，扎第四十四次针。墨进食情形颇好，通便亦甚佳，此最可慰。唯下午体温仍为卅七度二。

荷花一朵以今晨开。复瓣紧含，花作钵形，花心莲蓬作鹅黄色，黄色之莲子突出，状与一般荷花不同。墨特起床，临室门一观之。

1956 年 8 月 2 日日记

午间回家后，以雨甚，未复外出。陪墨闲话，亦为难得。今日墨尚安适，口腔右侧仍感痛而胀。昨夕睡不安，服药之后，下半夜稍好。今夕睡甚好，打鼾声不息。书此时为十点钟，已安眠一点三刻矣。

1956 年 8 月 3 日日记

今日仍请叶大夫来，扎第四十五次针。

1956 年 8 月 4 日日记

今日至美以清早来，陪侍其母竟日，以明日清晨归校。今日来者有元善、芷芬二人，皆特来探墨。

1956 年 8 月 5 日日记

墨今日体温未超过卅七度，可谓难得。但大便干结，又成问题。余谓此殆是肠的吸收力特强之征。夜间陶大刚大夫来，谓墨一切有进步。腹部表面红肿可消，口腔发炎亦良已。脉搏匀而有

叶圣陶、胡墨林在香港与"北上"同人合影

力。嘱再打盘尼西林针四日，可以停止矣。此青年大夫以业余时间应我人之请而来，良为可感。夜间殆以天酷热，又以陶大夫去已将九点，墨睡不得安，又服安眠药。

1956 年 8 月 6 日日记

今日墨以便闭烦劳，屡便屡不成，疲乏殊甚。至午后二时，始成事，然仍未畅。殆以此故，下午三点体温至卅七度四。叶大夫复来，为扎第四十六次针。

1956 年 8 月 7 日日记

用灌肠器为墨灌肠

墨今日仍便闭，因假社中医疗室之灌肠器，于两点时，余为灌肠，居然得通。担心此事两昼夜，竟得解决，身与心俱舒适。四时许至美来盘桓达夜乃去。

1956 年 8 月 8 日日记

作书与云彬，依墨之意，请云彬以二事询叶熙春，（一）微有热度，其所开方可服否？（二）睡醒辄出汗甚多，遍体沾湿，方中可加药数味照顾此点否？

午饭后墨睡醒，量体温为卅七度三。而今晨量时为卅六度二，墨满怀希望，以为下午可以不出卅七，而今若是，伤怀殊甚，哭出声，谓此病殆无痊可之望。余怅然，无以为慰。伴之约一时许，乃至社中。……四点后即归。归后见墨意兴稍好，为慰。

1956 年 8 月 10 日日记

今日墨之体温，是为卅六度七，午后二时为卅七度一，相距不如昨日之远。午睡醒时，庞京周来访。庞以前日通电话，言以医学界开会来京，即将返沪，老友久未晤，必欲一谈。与谈，则知近已不复看病，专事研究医学史。……告以墨方卧病，渠甚愿一晤。乍见之际，谓状貌殊不似病人。墨与语病况，京周谓勿以微热与出汗自增心理负担，据渠观测，情形非严重，宜安心调养。语多慰勉，墨闻之颇欣然。京周留一时许而去，渠今日即登车返沪矣。

今日叶大夫复来，扎第四十八次针。叶言喉间尚有些微发炎，系因湿热上升，此一事扎针可以降之。

1956 年 8 月 11 日日记

请中医专家徐衡之和章次公来诊视

因彬然之介，今日令至善往迎中央人民医院之中医徐衡之。盖墨颇思易一中医，而彬然因病识徐，谓其人医道似高明，余即托其转恳，居然即承徐允诺。及迎来时，则徐君以外，尚有一中医，名章次公。经说明始知系陈乃乾所介绍。乃乾在沪，闻雪村言墨之病，即函托章君来诊视，章为沪上名医，新近被调来京者。而章与徐为同道至友，徐君知章君有乃乾之嘱托，即邀与偕来。且昨日庞京周亦尝言及章次公，谓尽可请来诊疗。人情如此之厚，处处受友朋之关切，至可感矣。徐章二位察脉后商量甚细，谓墨之病为虚症。可用参芪轻补。解除心理负担，专意调养，诸恙自可渐消。昨京周亦言可用参或鹿茸。于叶熙春老之方，二君颇赞许。二位不赞成孔嗣伯湿热之说，尤不同意其多用凉药，于京派之开药往往二三十味，颇多讽语。二位坐颇久，谈甚畅，余深谢之。其方至轻淡，参芪之量绝少，谅不为害。拟服三五帖再说。

今日墨意颇舒。至美陪侍至夜八点乃去。余下午休卧时为多，看《译文》之短篇小说。

1956 年 8 月 12 日日记

今日叶大夫复来，为墨扎第四十九次针。墨昨今两日服徐章二医之药，不觉饱胀，可见少量之参芪，可以接受。墨以二医之方示叶心清，叶谓稳当可用。

1956 年 8 月 13 日日记

今日墨尚安适，唯喉际仍微肿，仍作痛。叶大夫复来，扎第五十次针。

1956 年 8 月 14 日日记

（午后）伴墨闲谈。墨喉际仍发炎而作痛。叶大夫复来，扎第五十一次针，劝墨服六神丸。

1956 年 8 月 15 日日记

今日叶大夫复来，为墨扎第五十二次针。叶言墨之病为湿热与虚弱。又言身体微有热度而四肢并不热，此点应请开药方之大夫注意云。今日写信与徐衡之大夫，告以服药后虚汗稍减，其他则依然，问何日再临诊脉。

1956 年 8 月 16 日日记

徐衡之大夫以今日六点复来，诊脉甚详。开方略增参芪之分量，且有顾及喉痛之药味。嘱服五帖。

1956 年 8 月 17 日日记

今日叶大夫仍来扎针，此为第五十三次矣。

墨日来夜八点即倦而思眠，夜醒后易于复睡，此亦佳朕。其大便正常，迄今已二十日无间。

1956 年 8 月 18 日日记

为墨庆生日并纪念结婚四十周年

昨为阴历七月十三，为墨生日，今日阴历十四，为我二人结婚之日，且为四十周年，因略添小菜，至美且买一祝寿蛋糕。午刻共饮啤酒，同坐者尚有晓先夫人、夏弘宁（自沪来京开会）、弘琰，尚有弘琰之同学潘君。饮至一点半乃毕。复与伯祥、芷芬闲谈，至三点，二位乃去。……墨今日意兴尚好，唯念及其病未易遽愈，仍多愁语。

1956 年 8 月 19 日日记

日来墨午后二三时之体温升至卅七度而止，视前此稍降。夜醒后出汗仍有，然不如前此之多。此两点可谓微有进步。

1956 年 8 月 20 日日记

昨今两日，墨俱未延请叶大夫，以喉际发炎略见轻减，且其痛非复前之神经性痛，不欲多烦叶君。

接庞京周返沪后来书，另作一书介绍余于章次公，请章为墨看病。

1956 年 8 月 21 日日记

满子与徐衡之通电话，徐嘱以五点后往迎。至则偕章次公同来，可谓热心。仔细斟酌，重开一方，注意于虚汗与喉际发炎，嘱仍服五帖。

1956 年 8 月 22 日日记

今日墨自觉两手不如前此之觉凉，渐有温暖之感，谓是身体转佳之一征。喉际已不复觉痛，仅稍有梗而不润之感。所以致此，或是参芪与乌玄参之功也。

1956 年 8 月 24 日日记

陪墨于室中，墨既无多病苦，余乃感此境之闲适。

1956 年 8 月 26 日日记

五点早归，陪墨闲坐。墨昨夜卧稍不安，今日体温上升之时间提早。昨夜喉际痛稍作，此外如常。与徐衡之通电话，徐谓前此之方，明日可再服一帖，明日傍晚迎彼来诊脉。

1956 年 8 月 27 日日记

今日墨体温上升之时间仍提早，下午且升至卅七度五，因而又复愁虑。六点后迎徐衡之至，徐谓可能系感冒，开一方，嘱明日热如不退，则服一帖。墨惧发汗，徐言此中绝无发汗之药。并言星期四当再来。九点后墨未入眠，因服安眠药。服药而眠仍未能稳，则以汗出甚多，几无间断之故。前数日方庆汗渐少，今若

1949 年初在香港

此，甚伤墨之心。

感冒之故，殆由午夜后受凉。初以惧出汗，覆盖较多，当汗出之际，且尽去其覆盖。迄于深夜，余睡熟，墨自觉需加盖，则已受凉矣。此在常人，亦无所谓，墨以体弱，即不能胜矣。

1956 年 8 月 28 日日记

今晨墨情绪之不甚佳，余因不往办公处，坐于旁陪之，看社中同人交来之中学作文教学初步方案之草稿。昨日徐大夫所开方，今晨即续药服之。墨之体温最高时在下午三四点钟，为三十七度四，夜八点则退至卅六度六。喉间又稍有痛感，亦引愁虑。

1956 年 8 月 29 日日记

北京医院陶大刚大夫前来会诊

今日上午墨体温升至卅八度半。余方在社中，与毕来、超尘、韵漪三人讨论注解，接满子电话，心绪不宁，遂归。到家则满子已往北京医院，约晓风会于医院，志在必得，务欲拉一医生回来。候至十二点半，二人果拉一医生至，仍为陶大刚。陶察墨之心肺俱无恙，谓是右腹部发炎，主用注射法。墨谓惮于注射，陶则谓服青霉素之类亦可，唯奏效之不如注射之速。墨愿服药。取药回来，即服之。余倦甚，又欲陪墨，且天雨，下午遂未外出。

今日徐衡之本定约章次公同来，……诊脉之后，谓今夕专力退热，开一方当夜煎服，如热不退，明日复来，再谋他方。余观二君用心甚殷，以病人之病苦为切念，深可敬佩。

墨夜眠尚好，午夜后热度渐降，汗出甚多。

1956 年 8 月 30 日日记

徐衡之、章次公邀老友王慎轩同来会诊

墨之热度，上午即退卅七度以内，不知西药之功，抑中药之功。打电话告徐，徐谓昨日之方，再服一帖，傍晚当与章再来。

（晚回家）徐章二君已来过，且邀他们之老友王慎轩同来。王在南京江苏中医院，致力于研究工作，自东北南还，在京小住，章徐二君即邀之同来，可感殊甚。王详询墨之病历，皆记于笔记

本，方亦由王下笔，章徐二位表示赞同。其方药味甚多，类于北派，每味之分量亦重，与章徐之种少量轻者不同。又嘱向苏州某药行邮购蜀羊泉、木莲、枸橘三味，买到时可加入于每服之中。

1956 年 8 月 31 日日记

今日墨之体温始终未超出卅七度，为一个月来所未有。王慎轩所开药，服之果觉胃中饱满，不甚觉食味之佳，且时时作饱呃。明日当持方请章次公再斟酌之。

1956 年 9 月 1 日日记

晨间令至善往访章次公，请其修改前夕王慎轩所开之方。章为去数味，其留者亦大多减其分量。

墨之体温仍未超出卅七度，若能常如此，亦甚可慰。其兴致亦较好，大致星期日往往好些。

1956 年 9 月 2 日日记

今日墨仍如昨日，喉际已接近无所患苦，体温亦不超过卅七度，担心者发汗右腹仍不适耳。

夜与至善在余室中饮酒吃蟹，借此陪墨闲话。墨独卧时多，深盼我等之归，坐于其侧也。

1956 年 9 月 3 日日记

今日墨尚好。旧时之口含体温表似有毛病，今日购得一新表，午后睡醒量之，为卅七度一，至四点，退至卅六度九。日来墨睡眠颇好，易于入睡，入睡即鼾声作。唯以右腹不舒，两腿摆不安适，越一小时或两小时必醒一次。醒时或出轻汗，或大出汗，俟汗隐乃复睡。

1956 年 9 月 4 日日记

（晨）致书章次公，以墨近况告之，询其所改王慎轩之方，连服五帖而后是否再服。又请渠与赵炳南大夫研究，赵告陶大刚之茳草，墨是否可试服，如试服，如何服法。赵炳南者，北京著名外科中医，亦在北京医院任事，与章次公同。陶大刚以西医而学中医，即从赵炳南学。赵尝语陶，谓如墨之情形，有一单方，即服用茳草。陶上星期二时携此种植物之叶两片。余托社中治植物之同人检之，于《本草纲目》《植物图鉴》皆见此物，因而详知其形状。至美闻余言，谓其校（马列学院）中即生此种草。前日与至美通电话，谓校中尚多。可见此物不难采集。若医生谓可以试服，自当遵守而行之。

墨今日午后体温升至三十七度二，约逾两小时即下降，夜七点半为卅六度八。

1956 年 9 月 5 日日记

五点早归，缘接家中电话，谓章次公将至。到家则彬然旋至，彬然亦欲请章诊脉，满子告以章将至，故来，既而章至，先答余昨日之问，谓已与赵炳南大夫商量，茳草尽可试服，安稳无弊。

及为墨诊脉，谓些微之热，于脉中不见影响，可以认为无热。此次开方，主要在却汗，将加重黄蓍之分量，今后且将逐步加重，至于一两。又为彬然诊脉，询问甚细，考虑甚周，此君确为可佩。及去，已逾七点矣。

1956 年 9 月 6 日日记

昨今两日，墨皆如常。

1956 年 9 月 8 日日记

晨往迎章徐二大夫，九点后至。仔细斟酌而后开方，注重于止汗，俟明后于日服两剂，视效果如何再说。二君主张荭草可试用，先依赵炳南大夫之说外敷，外敷而无不良影响，再煎而内服之。……至美、蠖生来，携来自其校中采集之荭草。墨性急，立嘱取其茎叶捣碎之，敷于右腹作微热处。

1956 年 9 月 9 日日记

今日墨仍以捣烂之荭草敷患处。昨日自彬然处取得一种黑豆。其豆黑衣而绿肉，曾遍觅之而不得，彬然犹是前数年购于前门某肆。此豆云可以止汗。昨日煮而服其汤，夜间汗似较少出。今日亦仍服之。

1956 年 9 月 10 日日记

今日墨之右腹结疤处，又稍泛红色，因而又引起轻微之顾虑。

捣烂荭草而敷于其处，迄今已三日，或以今日之草水分较多，渍于表皮而至泛红。且看明晨如何，明日停敷一日又如何。其处内部僵硬部分近确稍缩小，表皮本觉麻木，今则有痒感，触觉渐敏锐。如此情形，殆皆属佳况也。

1956 年 9 月 11 日日记

夜七点，章徐二君来。于墨之汗未能止住，二君甚费考虑，决定改用育阴潜阳之法，定方几费半小时。谓墨之脉确有进步，余闻之心慰。留二君小饮，九点乃去。

1956 年 9 月 12 日日记

墨今日服章徐二君昨所开方，汗仍不见止。

1956 年 9 月 13 日日记

上午在室中伴墨。

1956 年 9 月 16 日日记

墨日来尚好。但昨夜睡不安，且胃酸过多，时时作呃。汗尚出，未见有停止之象。其药已停止三日，依章徐二君之嘱也。他们谓试停药不服，且看汗复如何。

1956 年 9 月 18 日日记

昨夜墨睡初不稳。服安眠药后乃酣。所以不稳之故，则以右腹结疤处阵阵作痛也。昨夜汗出颇微，可以特记。

1956 年 9 月 19 日日记

墨昨夜睡不安稳，腹部时时作痛，虚热上冒，心头烦躁，旋出微汗。今日精神遂颇委顿。共究其原由，或因停止服药之故，或因秋分节近，气候影响病体。于是复延请徐章二公来诊。但徐来而章未来，派车去迎，两次空回。于是徐诊脉象而未开方，谓明日与章共商后再着笔。据其所切脉象，谓与前次来时无甚差异。留徐小饮食饺子，闲谈中医界情形。

夜间墨睡尚酣，仅十一点后醒约一小时。

1956 年 9 月 20 日日记

下午不外出，意在伴墨，……傍晚徐衡之复来，渠本约章次公同来，而章有临时要事，不能来。徐开一方，此次注意及于腹部，用参、三七与无花果。仍留徐小饮，复谈医事，颇有味。

1956 年 9 月 21 日日记

回家后知社中郭子衡大夫来过，为墨检查身体。心肺俱无恙，左臂血压稍高，腹部肿硬处稍见缩小，谓不致再如前次之化脓。谓注射葡萄糖可以止汗，将令其助手于日后来注射。今日先配一些消化药与药水。

今日墨除服昨夕徐所开方而外，开始服苷草之煎剂。取花茎叶各少许，煎成一小杯服之，如与腹部有好影响，自是最佳事。

昨夕墨眠尚好，但汗大出，远胜前数日。体温则昨今两日，早晨已为卅七度，下午升至卅七度三分强。

1956 年 9 月 22 日日记

昨夕墨仍大出汗。上午在窗口卧，使阳光射足部，汗亦大出。此或是阳光之热所致，与夜间之汗不同。

1956 年 9 月 23 日日记

今日社中医务人员来为墨注射葡萄糖。夜间眠颇酣，汗亦相当少。不知是否葡萄糖之效。

1956 年 9 月 24 日日记

下午觉身体困倦，未外出，亦不作何事，陪墨闲话而已。傍晚请章徐二位大夫来为墨诊脉。渠等闻葡萄糖止汗有效，为慰。开方用当归六黄汤，加磁石与生首乌，嘱服两剂再看。

前于 7 月下旬记载墨之大便转好，不知以何因缘，肠之功能又较逊也。

1956 年 9 月 25 日日记

日来墨无他，唯胃纳不佳，时作饱呃，为新问题。章徐二君前所开药已服两剂，似无甚好处，中有生地熟地，或使胃更觉滞腻。

1956 年 9 月 27 日日记

今日墨捡出叶熙老自杭州寄来之药方，试服一帖。此方注意肠胃，或适于墨日来身体之情况。捣烂荭草敷于腹部，墨自觉颇有好处，谓硬处颇见转软。煎服荭草，亦每日为之，或于化硬为软亦有益处。

1956 年 9 月 28 日日记

昨夜墨竟夕睡未安。虚热上升，汗虽不盛，而时时出。腹部作痛，辗转反侧，迄未能将身体摆成安稳姿势。胃中觉饱，时时打嗝。余为之按摩各处，才得朦胧，旋复觉醒。今晨至善来言，所以觉饱，殆由注射葡萄糖之故。葡萄糖未能收完全止汗之效，而又碍胃，诚难办矣。

下午到社中。与郭大夫谈，渠谓葡萄糖不致碍胃，胃部不适，当别有故。

今夕墨恐仍不得好睡，于七点半即服安眠药。

1956 年 9 月 29 日日记

昨夕墨睡仍不安。睡四五十分钟辄醒，九点十点十一点以至四点五点，几乎无一点不醒。

今日本拟请徐章二君来为墨诊脉，与徐通电话，屡不得通，只得作罢。明日国庆，恐须俟之后日矣。

1956 年 9 月 30 日日记

昨夕墨睡仍非常不好，痛时时作，热时时上升，汗时时出，稍睡即醒，醒即转侧不能成睡。半夜觉体温升高，以体温计量之，为卅七度四。于是心绪不佳，至于哭泣。余无可慰藉，相对而叹。

（午后）余与至善即驰往章次公家。章亦往（天安门）观礼，未归，坐而候之。后见其卫生部之同人已归，知其转往他所。其夫人料在陈乃乾家，通电话询之，果然。遂先迎徐衡之，次迎次公于乃乾家，同载而归。据谓墨脉象如常。按我人所述，二位仔细商量，开一方嘱取三剂。二位为墨又多方致慰而去。

今夕余早睡，由至善在旁侍墨入睡。大雨过后，天气转秋凉，墨果得好睡。汗出亦颇少。估计竟夜得十小时之睡眠，大是可慰。

1956 年 10 月 1 日日记

今日墨以昨睡甚好，情绪颇佳。余因之亦感颇为安适。伴墨听广播戏剧，并看《莎氏乐府本事》一篇。

1956 年 10 月 2 日日记

昨夕墨睡又不好，揣测之，殆是昨日客来，谈话较多之故。但晨间量体温，仅为卅六度半，下午亦未超出卅七度。

1956 年 10 月 3 日日记

赠针灸叶心清大夫白石老人画

至东安市场附近，于美术供应社购白石老人一画，将以贻叶心清，此墨所嘱也。画作一八哥止于石上，石旁秋海棠一株，花之态颇佳。叶心清每来扎针，辄欣赏余室挂壁之画，墨料其爱画，故购画赠之。

今日墨之体温下午又尝至卅七度二。昨夜汗出甚微，但仍感虚热上升，且屡次而非一次。

1956 年 10 月 4 日日记

昨夕墨睡又不好。其故在肠中作痛加甚，此痛渐见显著已三日，而间歇之时间益稀。痛既难受，又时时想此痛之情形与其可能之演变，自然不能安睡。及余以十一点半醒，墨已醒两小时有余，闻余醒，乃嘱取安眠药服之。然服安眠药亦仅得两小时之入睡，此外则天明时朦胧片刻而已。余以伴墨，竟日未外出。墨今日且特委顿，近日气力益弱，移枕端碗，皆有不胜之感。胃纳亦不佳，稍进饮食，即感饱胀。今日午睡未成眠，亦为向日所无之特例。总之，体内不舒适处至多，故致头脑不能静息也。数处打电话，陶大刚、徐衡之两处皆未通，唯章次公在家，允以夜间来。来时已将八点。据其研究，腹中近日之痛，或是气阻所致。沈思移时，为开一方，脉案书明此方以通气止痛为目的。嘱服两帖。并谓以后当考虑改服膏药，以代汤药。谈至九点乃去。由至善为墨按摩，居然未久即入睡。

1956 年 10 月 5 日日记

昨夕墨睡甚好，殆是前夕失眠，疲乏较甚之故，而昨得次公来诊视，其心安慰，当亦是因素之一。晨起量体温，三十六度五分犹不足。但下午则尝升至卅七度一，入夜量之，降至卅六度八。

下午未外出，留家中伴墨。渠今日腹中作痛颇轻减，然大便弗畅，且所便不正常。

1956 年 10 月 6 日日记

昨夕墨睡又不好，内热时时上升，汗出颇甚，似注射之葡萄糖与煎药中之鳖甲膏俱不复发生作用。渠思量病况，愁思重重，谓余曰："我只想哭。"其言亦殊可伤已。但今日白天则情形颇好。姚韵漪、吴玉琴二位来访，谈甚欢。至美来，更欣愉。中午与晚间，进食均觉有味。遂今日以炕几设于床上，正面进食，与往时侧卧而进食不同，亦为舒适之一因。晚食之时，墨语余此时全身毫无不舒服之感，不痛不痒，竟体安然，实为难得。余深祝其常能如是也。

1956 年 10 月 7 日日记

墨昨夕睡安好。今日亦殊佳。唯夜间临睡，又觉腹痛转甚。今日与章次公通电话，章谓前所开之方，可再服两帖云。

1956 年 10 月 8 日日记

昨夕墨睡又非常不好。初缘腹痛，为之按摩背部，并令服止痛药。及痛渐减，而神经已受影响，并呵欠亦不打。且墨自己亦不自愁虑失眠，而迄不克成眠。两点半以后，乃始成睡，然至晨五点许即醒。近数日来，几乎一夕好睡一夕不安眠，若长此下去，亦为苦事，为唤奈何。

今夕墨殆可得安眠，写此时为八点十分，墨已鼾声大作矣。

1956 年 10 月 9 日日记

昨夕墨睡果然尚好。较久之醒凡两次，皆逾一时许而复睡。今日有一事，宜特记，即晨间、午前、午后、傍晚数次量体温，皆为卅六度八，此为向所未有也。夜七点，陶大刚偕一同事来，渠请示于王历耕，王嘱渠为墨作一次全身检查。血压左臂稍高。心肺俱佳。腹部肿硬确较缩小。抽血少量，谓携归将作各种检验。明日上午还须送大小便去。给开胃与助消化之药。陶大刚言，据赵炳南大夫说，荭草之开白花者尤有效。余家自各处收集荭草，红花白花俱有之，而白花者较少。及二位去。墨自惜其血。余惧其因此而神经紧张，致损睡眠，先提议服安眠药。

近日买一弹簧垫之床，墨睡其上，较得舒适。令木匠制一白木小几，备进食时用，以代较沉重之炕几。

1956 年 10 月 10 日日记

今日墨以大便总不得畅，于傍晚灌肠，排出积垢较多。中午吃汤面饺，觉其可口，但旋即觉饱胀。晚餐仅进粥半碗，食炖鲫鱼半尾耳。近日墨所萦虑者，腹痛而外，为肠胃之弗健。南京《新华日报》载有谈昆曲演技之文。余诵与墨听之，墨为之欣然。

1956 年 10 月 11 日日记

昨夕墨睡尚佳，醒两次，为时约三小时。昨夕全未出汗，并虚热上升亦无之，是可特记。昨日下午体温仍升至卅七度一。今日则仅升至卅七度。

1956 年 10 月 12 日日记

下午未外出。伴墨闲话，作完随笔第四篇。

昨夕墨于十一点腹痛，服止痛药一枚。醒时尚不太久，但总不甚安眠。今日下午，体温曾高至卅七度二。六点后迎徐衡之来，徐诊脉后开方，大体如章次公本月 5 日所开之方而酌改其分量外加全瓜蒌一味，嘱服两帖。

1956 年 10 月 13 日日记

（下午）到家则墨午睡已醒，至美方伴之闲话。今日墨尚好。大便较畅，痛作亦轻。昨夕之睡亦颇安。

1956 年 10 月 14 日日记

中午回家，知墨半天工夫腹痛甚剧，昨夜仅痛一阵，而今日上午连续不已。并枸橘二枚服之，期其通气。但仅能引起向上之呃，而未能通下气，竟绝不放屁。以是之故，中餐进益少，午后之眠且不成睡。

（夜间）墨迄不成睡，至善为之按摩，无济。十点后，余主张服安眠药，服之，至十一时乃始入睡。

1956 年 10 月 15 日日记

昨夕墨服药后睡尚好。清早始放屁，旋即大便，便之较多，或者肠际可得通畅乎。

墨自早上大便而后，午前午后复各大便一次。积溃殆已尽去，而肠中仍复作轻痛，气仅上通而艰于下泄，不知以何故也。

1956 年 10 月 16 日日记

墨今日大便数次，而气仍不通，胸腔腹腔仍不舒，如发胃病时模样。食物无味，所进颇少。到夜由至善按摩许久，十点后勉强成睡。

1956 年 10 月 17 日日记

昨夕墨睡仅三四小时。腹痛虽不强，而时时作，遂妨睡眠。但今日上午则殊好转，痛已不作，气已通，下泄如前。或者肠中之积滞已尽去，故得通畅矣。午后，章次公来，细问近日情形，为开一方。其方与前数日徐衡之之方一致，注意于通气、健胃、润肠。而衡之旋亦来电话，谓今日傍晚可来。告以次公已来，谢其美意。我家得二君如是殷勤，深可感也。今日下午量体温，为卅六度八，此殊可记。若以后长如此，大是佳事。

1956 年 10 月 18 日日记

今日墨颇有好转之象。身体较舒适，上下气已通，进食稍多。唯下午量体温，又为卅七度一。此些微之温度，若能长久除去，则当是恢复健康矣。昨夕睡亦不易，至十点后，服安眠药一粒，始得好睡。余推其故，盖与前夕同。前昨两日皆尝听上海电台之弹词《十五贯》，收听上海广播声音不清，多费神思，遂致损及睡眠。今夕不复听之。

昨夕陶大刚大夫来电话，言检验墨之血液与大小便，俱尚正常。此言大可慰也。

1956 年 10 月 19 日日记

（午后）未复外出。闲看书志，陪墨闲话。今日墨平安，心绪颇佳。夜眠亦酣畅。

1956 年 10 月 20 日日记

今日墨体温未高过三十六度八，可以特记。夜间接章次公来，余不在家，由至善招待。章谓今日脉象极佳，闻之皆心慰。开一方，大致与前一方相似。墨因与章谈话较多，恐不能好睡，先服安眠药。及余归，越一时许，乃入睡，睡尚可。

1956 年 10 月 21 日日记

今日墨颇好，自言荭草消肿，已消者三之二。余以前谓腹部肿胀最甚时兴，今时比，则此言甚确。若以腹内之硬块言，则所消者无如是之多。夜间无甚痛楚或不舒，但睡不宁帖。余为按摩则入睡，停止则旋即醒。今日交霜降节，或者即其故也。

1956 年 10 月 23 日日记

叶圣陶与沈雁冰等合影留念。叶圣陶站于右边，沈雁冰席地而坐于其前，郑振铎坐于中间，旁一少年即沈泽民。

　　墨今日之体温为卅六度九。渠自觉腹部处缩小加快。今日便较畅，始有饿之感觉。凡此皆可喜之事也。昨夕睡尚好，总计入睡在七小时以上。

1956 年 10 月 25 日日记

　　今日墨上午不舒，以上午吃炒麦粉较多之故。下午渐转好。食欲总不大好，便亦总不能畅适。

1956 年 10 月 26 日日记

今日墨尚好。体温为卅六度九，昨日为卅六度八。测验如此，殆决不能谓之有热度矣。近日之问题，为腹部原肿胀而今消肿之肌肉作痛作酸，甚时亦不可耐，致损睡眠。若因时届霜降之故，则再阅数日当可渐止。

1956 年 10 月 27 日日记

今日墨体温三十六度九。腹部肌肉作酸甚，他无所苦。

1956 年 10 月 29 日日记

墨今日上午不甚舒服，有肝阳上升之感觉。午后睡未成，体温至卅七度。余因之亦未成午睡，背部酸甚，精神委顿，遂未外出。作书致章徐二君，请其会商拟一膏方，俾墨常服。并谓如须来诊一次，希预告日时。

1956 年 10 月 30 日日记

（上午）卫生部吴同志来，询问墨服用胚胎素之情形。

昨夕墨兼服止痛药与安眠药，得眠甚酣，为近日所未有。今日精神颇好，进食亦稍多，但体温则曾升至卅七度一。以前不出卅七度，盖已将一周矣。

1956 年 10 月 31 日日记

昨夕墨一种药未服，而睡眠颇好，腹部固仍觉痛，但不至影响睡眠。

（下午）到家则墨今晚腹痛殊甚，致损睡眠，猜甚原因，或由昼间通便不畅之故。已服安眠药，而效不显。余遂为之按摩腿部，后又为之轻轻按摩腹部，渐得徐徐入睡，然睡未久，辄暂醒。

1956 年 11 月 1 日日记

今夕墨服止痛药两片而后睡，一夜睡尚好。日间便数次，皆稀而溏，因而中餐晚餐盖不敢多进。

1956 年 11 月 2 日日记

今日墨尚佳，夜眠亦酣。

1956 年 11 月 3 日日记

今日墨亦平静。所用荭草，可致者已尽设法致之。天气转凉。草已凋枯，鲜叶即将不可得矣。内服固无妨，外敷拟煎而用其汤，未知效力相同否。

1956 年 11 月 4 日日记

昨夕墨睡又不好。自觉腹部酸痛殊甚，胜于以前数夕。……（回家）陪墨闲谈。

1956 年 11 月 5 日日记

昨夕墨睡尚好，略为按摩即可。但不能连续较久，睡一时许必醒一次，幸醒不久即睡。

今日墨尚好。便较畅，身体与精神即见佳。自谓腹中硬块，确觉缩小甚多。又谓迩来心神已无恐惧，唯徐俟身体之复原耳。余闻是言，自觉深慰。

1956 年 11 月 6 日日记

（十二点）忽至善来看余，谓墨发烧，高至卅八度半，要以车迎徐衡之。余闻之心乱，但只得勉事周旋。……

（午后）急归家，则徐衡之已来过，断（胡墨林）为感冒。体温已向下降，头胀、浑身酸痛，并腹部仍作痛而外，他亦如常，余因之稍慰。

（晚）六点，徐衡之复来，章次公亦来，偕其友人夏炎德。二君仔细诊脉，开一方，其中用高丽参一钱，嘱服二剂，后日当再来。于是留徐章夏三位小饮，谈甚洽。八点半，三君去。夜间墨睡尚可。

1956 年 11 月 7 日日记

今日墨上午体温退至卅六度七，午睡醒来，升至卅七度五，傍晚降至卅七度三。与至善共论，渠谓感冒之规律，殆当如是，余则殊未注意及之也。

1956 年 11 月 8 日日记

晨为墨量体温，已为卅七度，知今日仍将发烧。以后果逐渐升高，迄于下午，最高时为卅七度七，有时则降去二分，且升降反复，达夜犹有卅七度五。夜间次公先生至，衡之来时已七点半，二人商量，决致力于退热，酌定一方，明早服之。墨夜眠仍不安，服安眠药二丸，再加按摩，始得徐徐入睡。腹痛几成经常，此殊可虑。其痛似与硬块之渐缩其范围相伴，究不知关系如何也。

餐后回家，知墨尚安，余即浴于松竹园。入夜，至美来视母。章徐二君诊病毕，留饮。谈及现在令西医学中医，须读经典著作，所谓经典著作，即较古之数种医书。余谓是宜经专家研究，编成中医之专著，乃便于学习。古医书只宜为材料，非每个学习者所必读。余又言如能编出详备之辞典，如虚、实、阴、阳、湿、热诸名，于中医各种典籍中究竟表示何种概念，释其会义，辨其异同，亦殊便于学者。于余前一说，章以为然，徐则否。于余后一说，则二君皆首肯。

1956 年 11 月 9 日日记

今日墨之体温，上午未超出卅七度，下午五点量之，为卅七度二。昼间于午后，腹痛较甚者历一小时有半。

今日晨间微雪，为今冬下雪之始。余室以今日始生火炉。但即以是故，墨感室内太暖，虽临睡前服止痛药，仍不能安睡。一夜总计，殆不过得眠三四小时耳。

1956 年 11 月 10 日日记

上午章徐二位同来，并偕一位由西医而学中医之陆君。得医如是，可谓太便。陆君为墨略事检视身体，并解答所提出之问题，墨因而慰悦。章徐详商后再开一方，其中复用高丽参一钱，嘱服三帖。

今日墨之体温未出卅七度。腹痛不剧。情绪亦较好。因而夜间幸得安眠。虽数醒，然一醒即复眠。

1956 年 11 月 11 日日记

（下午）归家时，知墨曾腹痛甚剧，按摩历一时有余，少已。晚餐后，墨感心烦殊甚，胸臆不舒，与至善共为敲背，作呃屡屡。腹又剧痛，为之按摩，久而成睡。一小时许复醒，如是者屡。于是虚汗虚热复作，一夜凡数次。墨心绪自甚不佳。

1956 年 11 月 12 日日记

今日墨上午尚觉心烦，流涕数次。下午渐见佳，痛虽作，不甚厉害。夜以八点入睡，一夜居然可累计至八小时以上，为近日来所难得。

1956 年 11 月 13 日日记

（下午）归后伴墨闲话，念报上较有味之材料令听之，兴致尚不恶。但夜八点以后即觉腹痛加剧，屡为按摩，不得熟眠。至夜一点过后稍减轻，乃勉强成睡。

1956 年 11 月 14 日日记

五点半，至中央医院，迎徐衡之归。次公无暇，只得独迎衡之。开一方，嘱服两剂，此方目的有二，一在止痛，一在使大便畅顺。留徐小饮，八点去。墨夜眠仍不顺利，十二点以后，痛渐轻，入眠较长。

1956 年 11 月 15 日日记

墨今日尚好。唯以重药浓腻，胃口益不好，各物皆无味，所进益少。夜眠前半夜差，后半夜稍好。

1956 年 11 月 16 日日记

"中医为辩证唯心主义，西医为机械唯物主义"

昨日墨中午食自制包子二枚，迄于傍晚，觉胸膈不舒，腹中作痛颇甚，气不通顺，几于无奈何。晚餐当然不复进，敲背摩四肢，亦复不甚见效。情绪不佳，余亦怅惘无措。至十一点以后，始渐得入睡。

今晨八点过，余即往访章次公。章言星期日来其寓求医者颇众，须傍晚乃能来余家。余遂归。陶大刚忽来电话，言接余前日致渠之信，可即来，遂以车往迎。至则偕王历耕主任同来，欣感万分。上星期日在政协礼堂尝与王遇，余告以墨之病况，渠言缓日当来一视，不意其今日竟能惠临也。王为检视墨之腹部，陶为量血压，自耳朵取血少许，携归检视其血常规。结论谓与前无甚差异，二人皆向墨致慰而去。老田送之，携归开胃与止痛之药剂。

下午三点后，雪村与金子敦偕来。金现为苏州副市长。……子敦戏评中西医，谓中医为辩证唯心主义，西医为机械唯物主义。

虽为戏言，颇切其真。二位坐二时许而去。

次公偕陆君以四点半来，仍谓脉颇好，胃肠不甚通畅，主用通气之办法。开二方，一方系吞服之药，一方系煎服之药。留二位小饮，多谈中西医交相学习之事。次公尝受医学于章太炎先生，盛道太炎之渊博与切实。谈至八点乃去。

下午墨腹痛转轻，午餐进二官所制面粒汤，晚餐进小米粥大半碗。

今冬人大代表、政协委员出外视察，将以下星期出发。余已函复不能出外视察。至善选定往四川，拟去两周或二十日即归。若墨身体能渐见好转，则渠当成行。

1956 年 11 月 18 日日记

今日墨较舒适，上下气通顺，腹中作痛不甚剧，进食亦能容纳。然至夜九点，腹痛又甚，服止痛药一粒。气又不舒，胸腔腹腔几乎无一是处。服药后越一小时以上，乃渐获止痛入睡。此睡甚长，历六小时。

1956 年 11 月 19 日日记

晨间墨忽胃中作恶，吐酸水苦水甚多，且吐之屡屡，致喉管作痛。此殆是止痛药之影响，药性较强，适不得法，遂至于此。晨间仅进饼干一小块。

十一点回家，知墨胃之作恶已过去，但仍未敢进食。午后渠睡尚酣。

今日墨腹痛似甚轻，或止痛药之力犹在。胃病一场，饮食几乎未进，当受其损。余请社中之郭大夫来，拟为注射葡萄糖。但针刺两臂，皆未能刺入静脉，遂作罢。瘦弱至此，良可伤叹。

1956 年 11 月 20 日日记

（晚）余到家，章徐二君已为墨诊脉开方毕，至善方陪同饮酒。据谓脉象不坏，所开方主通便润肠止痛。酒次，章徐辩论教人学中医，要否依传统谈五行。章以为不宜谈，徐以为不妨教人，学之者自会反对。八点半，二君去。墨夜眠尚佳，然不甚酣，两种腹痛兼作，虽不太甚，已妨睡眠。

1956 年 11 月 21 日日记

午间回家，墨言身子总不舒服，心头有不易描摹之难受，饮食盖少进，身体益瘦，气力益微，如何是好。余知其言皆实况，然何能改变此实况哉。每餐只两三块饼干，或两三片面包，菜肴几乎色色不欲食，此何以营养乎。墨自谓一周来消瘦加速，已成形销骨立。余亦觉其一周来欢笑益少。念此怅恨无极。

夜间墨甚不适，腔子里作气作痛。睡眠当然仍不得酣适。回思前一二月之夜眠情形，今似不易冀及矣！

1956 年 11 月 22 日日记

墨夜眠仍不安，腹痛，右侧腿臂酸甚，按摩久久，勉强成睡。

1956 年 11 月 23 日日记

驱车迎章徐二君归。……二君为墨按脉，仍言无甚不佳处。决定今后间日服煎药，意在润肠。此外则仍服高丽参、鸡金、沉香三物之末，配一个月之分量。

傍晚章徐二君来看病，墨意兴皆佳。自言恐体内盐分缺少，今后宜多食咸物。又从余之说，不必行三餐制，隔三四小时即进食少许，以养胃力。

墨夜眠稍好，每四时睡一次，较长而酣，为近日所未有。余稍慰。

1956 年 11 月 24 日日记

今日至美来侍墨，探视之客皆坐而闲谈，墨精神尚佳。唯入夜成眠甚晚，且不太安帖。

至善接通知，明日清早乘飞机赴四川视察。余嘱渠此去以半个月为期，望能于下月 10 日回来。

1956 年 11 月 25 日日记

墨今日尚好。于腹部之作痛时作愁叹，谓醒时即与痛为缘，此如何是好。

1956 年 11 月 26 日日记

晓风托人找到一专为人家注射针药之人，今日来为墨注射葡萄糖。针入右臂弯之静脉，不能准对，液体漏出，颇觉其痛，只好仍作罢。试打已三次，俱未成功，注射葡萄糖之举只能不复存想矣。

昨夕余为墨轻摩腹部痛处，只能着皮肤，并不下按，果然易于入睡。入睡后仍不停手，果然可以醋睡历一二小时。此亦催眠之法也。今日渠饮食尚好。下午一段时间，腹部居然不甚觉痛。引镜自照，谓虽瘦而清，聊可慰。

1956 年 11 月 27 日日记

今日墨虽便而未畅，肠中气不顺，腹痛颇甚。情绪不佳。

1956 年 11 月 28 日日记

（午间）回家，则知墨胃病大作，胃中作痛，胸腔腹腔全部不舒。敲之捶之，亦止治标而已。

（晚）回家后，见墨仍困顿感痛。晚餐进稀饭半碗，又痛作甚剧。竟夜得眠仅约四小时，且眠中亦不甚安舒。胸次有无可奈何之感觉，不知究竟是何因。

1956 年 11 月 29 日日记

墨仍感胃不舒，早餐竟未进何物。章徐二位嘱服之高丽参、沉香、鸡金三味之末子，自昨日中午即已停止，墨自谓恐胃中不容，致增痛苦也。即与章次公通电话，章谓下午当来。

（晚）回家，则次公已来过。谓胃中有气，故致不适。所开方注重在通气，嘱服两剂，星期日再来。

1956 年 11 月 30 日日记

昨夕墨睡尚好，今晨仍未进固体食品。

（午间）归则知今日上午墨尚好，视前昨两日略有精神，唯午刻仅进米汤。通便量较多，干而色黝黑。

傍晚回家，则墨腹痛又较甚。今日便已数次，为量较多，是应畅适，不知何以仍复作痛。次公谓是积气，未审然否。今夜至美来家陪母，余与渠为墨摩腿，八点半即入睡。

1956 年 12 月 1 日日记

今日墨上下午均有一段时间大不舒服，其时腹腔胸腔气郁不宣，肠中咕咕作声。为之按摩背脊两侧，得打数嗝，则较好，如得放屁，尤为舒适。其时心绪烦闷，多作颓丧语。余与至美、满子等亦无语以慰之。今日仍只进汤水，食实质物品极少。

（下午）六点，迎章徐二位及陆君至。诊视而后，谓脉颇好，舌苔亦佳。胃肠机能有损，如机器失修，宜予加油，三位再加枸橘一枚，用药简单如是，前所未见。留三君小饮，所谈仍为中医问题。章徐二君为至友，然每见必抬杠，听之亦有味。三君以八点去。

今夕余早睡，以有二官坐床侧为墨按摩故。将十二点余醒，墨亦醒，略为按摩，复入睡。竟夕睡尚好。

1956 年 12 月 2 日日记

今日墨服文火所熬之一钱高丽参，自谓服复颇舒服，体力似亦较好。腹中积气较少，通便且较稀，因而腔子里较舒适，痛亦较轻。昨今相比，今日颇胜。

1956 年 12 月 3 日日记

今日墨进食视昨稍增。竟日平静，为较好之一日。唯晚间入睡以前又以浑身酸楚，腹部疼痛，深感烦愁。竟夜睡尚好，但睡中亦感痛。

1956 年 12 月 4 日日记

今日墨进食仍以汤为主。但上午、午后、晚间凡三次，食后少顷，即觉肠中气不舒，腔子里紧张难受。为捶之按之良久，乃渐平复。此又为新情况，若长如是，实太苦事。

1956 年 12 月 5 日日记

墨竟夕不舒，只成强睡。晨六点半，至诚夫妇至。墨初则感伤，继自欣愉。

今日墨居然较安适。进汤与饼干之类以后，未觉不舒。夜间至诚与余谈所拟电影剧本之梗概，墨听之有味，时露笑容。此近日以来所稀有也。室中热闹，空气异于平日。至美来。夏弘琰来谈其学习情形。三午就余谈诗词。墨因之不能早入睡。十点以后，始以轻轻按摩而成睡。腹痛较轻，殆以日间通便之故。

1956 年 12 月 6 日日记

今日墨视昨日为好，夜眠亦较酣，约两小时醒一次，醒后旋即成睡。

1956 年 12 月 7 日日记

晨间墨一鼻有阻塞之感。因是惴惴，惧又伤风发热。

（下午）到家则墨又腹痛颇剧，气胀难熬。至诚、姚澄来已三日，几乎时在床侧，非敲腿，即摩背，今见不舒加甚，益复为之不辍。十时，他们去，余接班。墨竟夕殆仅得三四小时之睡眠，皆不酣适。于十二点后量体温，为卅七度八，果又发烧。余为按摩，入眠不足两小时。

1956 年 12 月 8 日日记

晨为墨量体温，仍为卅七度八。下午量两次，则为卅八度余，卅九度二。如此高热，为历来所未有。全家俱甚惊惶。食物仍所进甚少，仅吃龙虾片数片与粥汤少许。通便一次，量不多，依然干结。傍晚迎章徐陆三位偕来，商量开一方，当夜服头煎。三位言此次高热能降下则犹可乐观，若不能降，则甚成问题，须视明后日如何再说。并嘱打盘尼西林针。余只能惴惴然听之而已。留三位小饮。

余上下午俱卧床一时许，心不宁，未能酣睡。夜间余先睡，至十二点，至诚睡余榻，余陪墨。墨进安眠药两丸，得睡尚可。口渴，喝水润口，胃中不敢多容水，略润即吐之。

1956 年 12 月 9 日日记

晨量墨体温，为卅七度八。至八点后再量，又升至卅九度四。昨服药无效，念三位医生之言，怅惧弥甚。十点半，社中之郭大夫来，言欲退此热，须同时打盘尼西林之油剂、水剂。水剂见效速，油剂之效为时长。打罢，向墨致慰而出。郭谓如盘尼西林不见效，当另想他法云。郭去后，墨因按摩得入睡，午后又得入睡。再量热度，则降至卅七度六或七，幸得降下，自使全家心慰。

傍晚往迎章徐二君，章以友人至不克来，独徐衡之来。徐按脉谓今日视昨大好，热已下降，自可退净。即据昨夕之方而损益之。立即往买药，当夜服头煎。留徐小饮，八点过乃去。

今夕至美来伴其母，睡于身旁。墨心情比昨日好得多，谓腹部之痛颇微，腹中作气亦不若前数日之甚，因而一夜得睡颇好，醒亦甚暂，为近日难得之事。余因有至美在墨身旁，心定，睡亦大酣。

1956 年 12 月 10 日日记

晨间为墨量体温，为卅七度二。昨午夜以后则为卅七度六，量后出汗较透，宜其更下降。我人进早餐时，墨居然进粥四五调羹，食后亦不觉其不舒服。余有一种无甚根据之感觉，或者此一次发烧为其病体转好之枢纽乎。果得如是，天幸矣。上午医务室同志再来为墨注射盘尼西林。午刻进鸡汤及油酥饼半个，亦能安受。

四点半与家中通电话，则墨之体温又升至卅八度六，闻之复邅邅。昨夕与今日上午大家心头皆一松，至此又紧张矣。六点，余自往迎徐衡之。折至次公家，而次公犹未归，候之至七点乃归。有一女同志在候彼看病，次公、衡之先为之诊脉开方。次公自言日来胃疾作，余言如是则不敢劳驾，次公谓无妨，随余同归，其情可感。二君为墨诊脉后商量，仍酌改昨夕之方。墨惮当夜再服药，决以明晨煎服。今夕之方中又用高丽参一钱，意在引起食欲，墨之不甚思进食，实为严重问题也。

今夕仍由至美伴墨。墨昨夕不甚觉痛，而今夕痛颇甚，至后半夜稍差，得睡较好。

1956 年 12 月 11 日日记

墨晨间之体温卅七度一，午后四点，升至卅八度。较昨日同时为低。几位医生均言，若热度降不下则甚麻烦，今能降，降而又升，或是身体太弱之故。晨间进粥略多，午后食至善自川中携归之银耳，皆尚能容受。入夜，通便一次，不复干结，殆缘药方中有麻仁之故。下午，社中郭大夫来，为注射盘尼西林，并量血压，听察心脏、肺脏、胃脏，据云皆正常，唯胃中有气。与徐衡之通电话，告以今日情状，徐谓昨夕所开方可再服一帖云。

今夕姚澄离京往镇江，渠以剧团在各地循环演出，不能多留。大家俱墨惜别，引起伤感，而事实殊不然。姚于夜餐后仍侍墨旁，见墨有倦意，即退至满子之室，未复进来告辞。十二时光景墨醒时，知姚已去，亦无甚怅怅。竟夕墨睡尚好。

1956 年 12 月 12 日日记

印度之行实为两难

晓风接作家协会来电话，言印度之行（与茅盾，老舍、周扬、萧三、王任叔，余冠英、叶君健、杨朔、白朗，孜亚一同出席亚洲作家代表会议），定于 17 日动身，星期六即当交出大件行李。余心中起异感，原因在墨迹日之发热。去乎不去，实为两难。午刻回家，墨温度尚不高。及余与至诚浴于松竹园归家，则墨之热步步上升，入夜竟达卅九度八。此为最高峰，历来所未有。惊惶惆怅，一时交并，其况味难描。次公时在旁，假作观书，苦思对策。深虑久之开一方，嘱于明日服之。留渠夜餐，因心绪不佳，谈话甚少。

今夕墨烦躁殊甚。呼热，呼痛。诸人轮流为之按摩，后半夜稍得入睡。余入睡时较多，至美、至诚皆仅有二三小时睡眠耳。天气寒甚，我人坐床侧，皆穿大衣。

1956 年 12 月 13 日日记

晨量墨之体温，为卅七度三。但少顷即渐升高。余偕满子至社中，与郭大夫共商。谓盘尼西林不能降热，是否可用绿霉素。郭谓可，但无绿霉素，可用合霉素。即令满子携归供墨服之。

（中午）回家则墨之体温升至卅八度四。午后两点量之，未见升高。

（晚）回家则墨之体温仍与午后同，殆是次公之方与合霉素二物已发生作用。深冀其能从此逐日下降，迄于常温。果尔，则余尚能稍稍放心出门。与至善兄妹及满子谈此事，四人均慰余，谓出去必无虑。余本未能决去与不去，至此则偏向于去矣。今夕墨尚安静。

1956 年 12 月 14 日日记

今日墨最低体温为卅七度二，下午最高时为卅八度。仍服合霉素与次公之方。偶尔有时觉心烦。但亦有含笑说趣语之时，较之前日，自见进步。傍晚章徐二位偕来，按脉谓不复如前日之软。热度渐见降低，亦为佳事。唯近来益见衰弱，不容讳言。每逢小便，由人扶起，于床上行之。大便则仍自下地。

……得作家协会电话，谓动身之期改于 18 日。又得拖延一日，视墨病体如何，亦佳。

1956 年 12 月 15 日日记

今日墨尚好。体温已渐复正常，进食亦稍多。至美、至诚在旁闲话，渠时亦插语，或复发笑。似意兴比以前数日为好。夜眠亦安，腹痛不甚厉害。鼾声颇大，其眠之安否，可于鼾声之大小占之。

1956 年 12 月 16 日日记

晨间量墨体温，为卅六度五。此殊可喜。余为卅六度九，亦佳。

下午陪墨闲话。傍晚，迎章徐二君至。按脉之后，俱言颇平和，章言稍觉其软，此是退烧以后应有之现象（今日下午为卅六度七）。墨自言怕吃汤药，二君乃开膏方，以桑椹为主，皆在润

中国作家代表团在泰妃陵前合影。左起茅盾、×××、×××、杨朔、端木蕻良、孜亚、周扬、叶君健、叶圣陶、老舍、白朗、萧三、王任叔、韩北屏等。

肠通气。此外则服参汤数日，以后则服前此预备之参末（与鸡金、沉香混合者）。二君且与墨说明，当余出门期间，彼等至少每星期来视一次，多则两次。盛意至可感。留二君小饮，八点去。九点后，余就睡。墨由至善、至诚按摩，渐入睡，尚安。

1956 年 12 月 17 日日记

在昆明寄书至善遥念墨甚

晨三时，余以炉火太旺而醒，起来加小煤块。墨以室内太暖而醒，遂不复能好睡。四点半，至诚起来，为墨温参汤进之。五点半，余辞墨出室，私祝于归来时渠佳适，未敢多语。墨则泪下，余冀其少泣即止。……六点五分离家，至善陪行。至社中，晓风候于门首，登车送余，车径驶西郊机场。

（晚在昆明）书一短简寄至善，遥念墨甚，而书之殊简略。估计星期四或星期五可以投递到家。

1956 年 12 月 18 日日记

（自我驻印使馆）寄至善一信于今日交出，不知何日可到。

1956 年 12 月 21 日日记

今日下午接至善打来电报，殊为心慰。电系昨日所发，谓乃母平安，并未伤风。此盖指 17 日之深夜，墨曾觉一鼻孔闭塞，且曾咳嗽数声，彼与余均惧其又染伤风。今知其未也，谅别后数日，必以常态度过。或因高丽参之力，稍进佳健，亦未可知。

1956 年 12 月 23 日日记

顷闻购飞机票不如初料之容易，下月 3 日之班机轮不到，将延至 10 日之一班。如是，在印势必多留一星期，可以略事游览。余只盼家中再来电报，告墨安好，则薄游数日，亦自佳。

1956 年 12 月 27 日日记

今日又甚欣慰，接至善之第二个电报，云母安。

1956 年 12 月 29 日日记

（夜）回旅馆晚餐，以今夕为除夕，自加酒类。余饮不知名之洋酒两种各一杯，并饮啤酒。1956年乃在 Agra 送之，诚非始料。就睡已十一时，遥念家中，不知何如。

1956 年 12 月 31 日日记

今夕接至善第三个电报，报告乃母安好。余方深远念，得之聊可自慰。电以上午发，当日到。

1957 年 1 月 2 日日记

抵仰光之飞机票已订齐，8日可全体飞仰光。自仰光至昆明，则分9日与11日两批。余切念家中，抵昆明后拟先归，不欲在昆明重庆逗留。

1957 年 1 月 5 日日记

余嘱至善以今日来一电，致大使馆，而今日无之，不禁焦急，时时弗克释念。

1957 年 1 月 8 日日记

（我驻缅甸使馆）使馆人员交余至善发来之第四电，云母安，心为稍慰。云昨夜电到已甚晏，故以今晨交余。

（昆明）作家协会送来家中来一电一信。电系三日所发，亦言"母安"。至善接余在印所寄信，以为或早归，故致昆明一电相慰。信系至诚二日所书。一年来余之日记多记墨之病况，此三周出国，缺于记载。因录至诚之信，聊存大概。

"母亲的身体这两个礼拜没有多少变化。12 月 18、19 两日曾有微热，吃了几颗绿霉素就退了，以后一直很正常。睡眠仅仅有一夜，因为腹胀，没有落忽，其余的日子都还睡得不错。每夜醒一次或两次，解小溲，喝开水，吃参汤。饭量和您走的时候相仿，除鸡汤、牛肉汁外，吃一些粥和面条。有几天，母亲想吃广东馒头，谁知吃了以后胀气，听了郭大夫的话不再吃了。章徐二位大夫来过三回，说脉象还不错。这两天，除去有些腹胀外，没有别的问题。前天年夜，昨天元旦，来客比较多，母亲也颇有精神。今天就安静了。"

1957 年 1 月 9 日日记

回北京后知墨转佳

（飞机）四点十分抵北京。下机后，即见安亭、刘子馀、晓风、至善在站相迎。辛刘二位特来迎，盛意可感。急询至善，答谓其母近日尚安善，为之心慰。驰归，晤墨，觉其与上月 18 日相较，似乎精神差胜，面色亦较好。即往见老母，知日来安好，惟其言语前后无序，似益加甚。

详谈而后，乃知墨转佳为近日事，8 日尚觉腹胀无可奈何。章徐二位第言此是气胀而非水胀，亦不知究为何因。至诚为购一玻璃制之大型注射器，以甘油加水，注入肠中。原意在略通大便，俾腹中稍舒。不意经此一灌，果然排出粪便甚多，当夜即得安睡。今日食欲颇增。今日下午复注射甘油，又复排出积粪甚多。乃知连日腹胀不适，皆是积粪所累。惟便后肛门口有仍欲出恭之感觉，且痔疮脱出，必以热水敷之，良久乃入，皆为苦事。（本月5日）曾有一夕墨大发冷，既而发烧，章徐二君亦无措，斟酌良久开一方。此次家中殊惊慌。但阅一二日即复常况，无甚损伤。此与肠中积粪有无关系，不得而知。余又觉墨有一进境，即以前腹中硬处时觉疼痛，今其痛渐轻，有时竟不之觉。又，余离家之时，几乎无时可停按摩，今则惟两腿颇欲按摩或敲打，但停止亦复可耐。又，食量视前有增。此皆可喜之现象也。

晚饭时余饮为别兼旬之绍酒。墨就睡视前容易，余又为之窃喜。

1957 年 1 月 10 日日记

昨夜睡甚酣，离家二十余日，无一夕若此之酣者。固由疲劳已甚，亦缘墨体尚安，心情稍定故也。……（午后）至诚仍以前法为母注射，墨又排泄积粪甚多。便后不舒适之感，历一小时有余而去。八点后又自然入睡。

1957 年 1 月 11 日日记

下午未复出门。今日墨便三次，一次自至，第二次则灌肠而后致之，第三次则其余波。排出又甚多。何来如许积垢，可为疑问。便后不舒适之感，历约两小时而始过去。然渠自谓胸腹之间，以今日为最舒畅。夜眠颇好。

1957 年 1 月 12 日日记

入夜，墨有不舒之预感，似腹胀又将发作。前数日皆未到八点即自然入睡，今夕逾九点仍未成睡。乃服止痛药一片，期其止胀。延至十一点许，乃勉强入睡。

1957 年 1 月 13 日日记

晨五点，墨以不耐胀痛，呼起余与至诚，复呼起至善、满子。此次之胀不在腹部而在胃，胃鼓起，上下俱不泄气。知又是发严重之胃病。为之按摩背部胸部，稍稍好些，但旋复有欲吐之感觉。早餐自然不能进，并茶水亦不敢进，惟以水漱口，漱即吐之。午后，社中之郭大夫来，诊察后谓当是进食稍多，不能消化之故，用药水养胃，以药片止痛而外，尚不须注射针剂。既而呕吐胃液数次，作淡绿色。胃肠俱阵阵作痛，并痛及食道。昨日大家算是注意，勿使墨多进饮食，而注意不够，仍复致此，又多一回波折，真是悔恨无及。

夜间至美来。墨到夜种种不舒稍见轻松，以九时许入睡，日间则上下午俱入睡一时许。

1957 年 1 月 14 日日记

晨间问墨，种种不舒仍未去，然较昨日则轻减矣。惮于进食，并粥汤蜜水亦不敢进，恐再引起胃痛与呕吐。自谓需要进食时自当知之，勿劳劝说。余则甚憾未能先事预防，致多此一甚大之波折也。

午间回家，知墨今日仅进绿茶。大约呕吐之后，体内水分缺少，故甚感口渴。其尿昨日如酱色，今日如红茶，浓浊如是，不知何因。

六点半，迎徐衡之至，诊脉谓脉无恙，开方用和胃之剂。徐并劝墨稍进流质食品。墨从其言，进粥汤半碗。章次公入马列学院学习理论三个月，故未来。留徐小饮，八点乃去。

满子私告余，今日下午量体温，为卅八度二，未以实告，第言有二分耳。胃部经一番挫折，引起虚热，事诚有之。此是徐衡之之言，期其说中实际也。

1957 年 1 月 15 日日记

下午未外出，在家中陪墨。墨今日颇委顿，烦躁竟日，食管气管俱作痛，胃部肠部亦隐隐作痛。体温仍超过常温，下午四时许曾高至卅九度二。有痰，鼻中自觉其热，头胀，或是感冒之故。近日感冒又颇为流行也。今日仅啜粥汤，并饮参汤、牛肉汁、葡萄汁各少许。傍晚复延徐衡之来，徐为开一疏化之方。当夜煎服之。又服合霉素一颗，期其与中药相辅相成，退去热度。上午则服徐昨夕所开和胃之方。

1957 年 1 月 16 日日记

今日下午，至诚动身回南京，墨尚好，未以为愁烦。至诚此次来家一个半月，陪侍乃母，深慰母心。渠谓此去与其友完成电影剧本，完成而后当即再来。今日至美人城侍母。

墨仍有热度，但止有一度，殆是连服合霉素之效，中药当亦有功。今日精神较好，有气力说话。进粥汤、藕粉、牛肉汁、参汤等物。大约此一风波又可以渐渐过去矣。

1957 年 1 月 17 日日记

墨大小便胀急

（午间）回家时知墨又有新问题，欲小便而便不出。昨夕曾便数次，皆颇顺利，而今日自知膀胱中有尿，竟不能出口，试起数回，皆不成功。于是益增愁烦，何以磨折之多，至于此极。家中人亦皆怅惘，然无可为之助。

与晓风通电话，晓风自告奋勇，往北京医院乞援。结果偕一护士至，言医生无暇，且令护士为通小便，并携归其小便检验，再行设法。通小便手续甚繁，约历卅分钟始通出，量尚不少，色亦不浓。便既通出，但身子并不感觉舒适。墨自言浑身不舒，非他人所能了解。于是为之按摩腿部。至善言乃母之肌肉时时紧张，不自松弛，有时紧张而至于发抖。此又是新现象，总之，机能越来越衰退，奈何奈何。夜二点，墨欲小便，余为之料理，居然自由便出，为量不少。此自是可慰。竟夜眠尚好，但醒来时亦不觉其舒服。

1957 年 1 月 18 日日记

晨间外出，偕志公驱车至语言研究所，出席学术委员会扩大会议，讨论构词法之报告稿。……饭后将继续开会，余心念家中，告叔湘容其早退。

到家则墨不能自由小便如昨昼，且大便亦胀急，益觉浑身不好过。晓风为电商北京医院，……（四点后，陶大夫偕一护士已来）。陶大夫私语我人，谓墨之肝前已觉其稍肿大，今日益觉其大，且突兀不平，或是病已染及于肝。余闻之亦深忧急。护士为通出小便如昨日。陶大夫配药为维他命 B 与 D，并有镇定神经之药、通便之药。陶去，徐衡之来，渠来电问询，闻有小便问题，自动欲来一观，乃迎之。按脉言脉尚匀静，惟稍软。至于小便阻梗，乃是气虚之故。为开一方，针对气虚。小饮罢，徐去。（关于肝之问题，余以语徐，徐言且不去管他，病入肝固有可能，而未必然。）

我人又为墨通大便，排出相当多。但仍未觉舒适。至善、至美按摩久之，始入睡。夜一点，余为料理小便，居然便出。日间不能，夜间则能之，莫明其故。余猜想其所以梗阻，殆由脑神经控制局部肌肉，失其平衡。然何以夜间则不失其平衡，殊难测料。

今日报载，雁冰、老舍、周扬与全团同人以昨日回京。

1957 年 1 月 19 日日记

墨仍甚委顿，惮于睁开眼睛，惮于说话。试为小便，又不克自出。念每日请医院护士，总非久计，固令至善出购一通尿之橡皮管。下午三时许，由余动手。此事甚简单，而插入橡皮管后不见尿出，墨又胆怯称痛，乃急拔出，遂告失败。猜其所以，殆是管端尚未入膀胱之故。墨当然不愿再试，而腹部肿胀，至不可耐。满子遂驰往北京医院。结果拖一下班之护士来，为墨通便，及毕事，已夜八点光景矣。

满子在医院遇两位李大夫，皆熟识，告以墨病况。他们解释谓恐是病物生于泌尿通道，橡皮管导过一次，则其物让开，故第二次能自便。而自便一次后，其物又阻塞通道，故又复须开导矣。其说余不甚信之。满子告大夫，我家拟请患者复往住院，缘日来几乎达于不克由家属护理之境地。大夫言日来院中病床无虚位，欲入院而登记候补者已将十人。满子言如是则我家亦当登记候补云。

关于复往医院，墨自己已屡言之，以为入院则便溺凭人工，较为方便，注射针剂，亦较容易。且迩来越来越如船之下沉，总须积极想办法，乃可有望。余今日表示不赞成复往北京医院，墨颇为不愉，几于发怒。余之不赞成，盖以为院中照护，不如家中人之周到，此外余别有故，良不忍言。既若此，余虽不以为然，余不敢复言勿往矣。

今日医院中令一下班之护士来，盖属例外之例外，派出护士，已属例外。医生为满子言，明日宁借与用具，动手则家属自己解决之。

1957 年 1 月 20 日日记

希望北京医院能予墨以入院的方便

墨于昨夜自己便一次，今晨又自己便一次，余以为已可不复阻梗，但第三次试之，又不成功。晓风今日上午到北京医院，向借通尿之橡皮管一支，较昨日购得者细而软。下午由至善为乃母

叶圣陶为茅盾《子夜》题签之一

通尿，居然成功。但承接不慎，沾湿床褥，墨又为之不快。

晓风到医院时，携一教育部之公函，请求登记，俟有空床位，即欲住院。晓风嘱余再致一书与王历耕，余从其言，作书致王并院长计苏华。余亦不表示希望破例照顾，第言希得依次递补，尽可能予以方便耳。医院中大夫面告晓风，谓床位有限，专供治疗之用，不能用于护理，言外似有不纳之意。余思其言亦有理。但从病家方面想，家属几于无法护理，而病人决不能不予护理，苟医院不之纳，将令家属何所措手乎。

日来墨仍只进汤水。殆由营养料缺少，热量不足，自足趾至大腿经常不暖。他人以手暖之，并为之按摩，则稍稍转暖。今夜余与同睡，令其足自余体取暖，墨以为较舒适。但今夕于九时许忽又恶心呕吐，吐出者为胃液与腻水。食道本有痛感，呕吐之后其痛更甚。种种折磨，层出不穷，奈何奈何。

1957 年 1 月 21 日日记

今日余未外出，竟日在室内伴墨。墨之小便已能自通，从昨日迄今夕，凡便七八次，皆颇顺利。因猜前数日机能方面必有何故障，今则故障已自解，故得如常。然今日复因通大便而引起甚重之不适，便后痔疮突出，按之使人，则其处有不适之感，似更欲便，历两三小时乃少已。夜间复恶心呕吐，情形似更重于昨。种种将护，皆莫能见效。直至十一时许，始勉强就睡。余仍暖之如昨夕。

1957 年 1 月 22 日日记

昨夜墨醒时，一次进蜜糖汤，一次进牛肉汁，均觉食道有痛感，而尚好受。今晨则咽茶水亦复作痛，且引起恶心。于是粥汤、牛肉汁之类亦不敢复进。势成滴水不纳，是恶乎可！磨折愈深，思之心伤。

北京医院来电话，谓已容许住院，令家属与住院处接洽。满子往，归来时言接洽之结果，明日或可有空床位。携归止呕吐之针药一支，嘱今日且注射之。满子与数位大夫晤面，述墨病况。他们猜测为病物或已阻塞于肠故致胃部不适，引起呕吐。果如是乎，余不忍思之，不忍信之。

社中乔大夫来，为墨注射。注射后呕吐似渐已，然食道仍复感痛，胸腹间之气仍复不舒。屡屡坐起，大家为之敲背摩腿，及坐不动，乃俯卧下。竟日惟入夜以后稍好，得进粥汤小半碗。今夕至善侍于室中，余与渠交替为墨催眠。夜间小溲两次。近又转变情形，前数日便不出，今则思便即急不及待。夜间进蜜汤一次，进牛肉汁一次。

1957 年 1 月 23 日日记

墨最后一次住入北京医院

晨间墨似稍稍好些。医院来电话，谓床位有空，即可入院。于是穿着衣裤，料理出门。医院来病车，二人异担架，墨裹于被中，徐徐而出，徐徐入车，由至善、满子随往。墨不露伤感之色，余为之私慰。及病车开走，余反身入屋，心中觉一空，其况难描。旋即作书，以日来之情形告至诚。

至善、满子于十二点后回来，言乃母独居一小房间，护士长为熟识，墨自己吩咐可进何种饮食，情绪尚好。

至美以七点来，渠已往医院视母，谓曾吃咸饼干一块。或者胃部之病已过去，今后有一段时间稍可进食乎。下午余与至善、满子俱未往，墨颇失望。余深悔之。

昨夕墨与大家谈幼年时过阴历年之种种情景，一时似颇忘其痛苦。此殆借以自宽之意。而日间尝谓余言，四十年来，皆在家中过年，今年乃于医院过，言时泣下。又，以压岁钱予三午，即言以后能否再予,复泣下。余无以慰之,亦暗自心伤。

墨言此次入院,不复如前急欲归家休养,须待能吃半碗饭,乃欲出院。深冀忽发奇迹,能如其言,则天幸矣。

至美侍余于室中,恐余怅恨愁苦。渠以明日再去。

1957 年 1 月 24 日日记

十二点归。往日每逢出外回家,必急急趋室中,问墨安否。今墨居医院,辄觉回家亦复无聊。

下午两点半,偕满子往医院探墨。先于隆福寺街购苍兰四枝,备供于墨病床之侧。及入病室,墨见而流泪。言昨夕至美走后,即觉胃肠不舒,痛楚时作。今日进水冲鸡蛋一碗,粥汤一盏,饼干两枚。小便虽不至不能出,但每试未必成功。大便则昨已颇急,而至今犹未解。院中医生以手术忙碌,尚未来仔细看过。满子往办公室询问,则答言墨之血尚佳,未臻必须注射葡萄糖之程度。小便中亦无甚问题。病不算严重,不能给予家属随时入视之证书云云。

墨于末一点觉怅然。渠之意思,若能有家属一人于日间陪侍在侧,则弥觉舒适矣。到此地步,实觉两难,居家中不好,居医院亦不见太好。惟院中较为清静,且有暖气,不须时时搞火炉,则为长处。余与满子为墨料理,居然自己小便一次,又为之敲腿,闲谈种种。所恨时间甚快,两小时瞬即过去。又拖延二十分而后出。墨须独处二十一小时有余,乃得复与家属晤面也!

1957 年 1 月 25 日日记

下午三点，独往医院。至门口而至美与宁宁先在，遂入病室。见墨时墨又流泪言不舒，且言自知有热度。时方量体温，余先看体温计，量腋下为卅八度有余，诡言卅七度半，急私语护士，请渠如余之言以对。

本月已发高热三次，一次为5日，又一次为15日，今日26日，为第三次矣。每十日即发高热一次，消耗太甚，如何是好。今日上午，王历耕与另一位大夫来室看过，语皆不着边际，墨又感不满。入院三日，尚未给药。于大便之不能自通，亦未有何措施。自星期三人工大便一次之后，尚未再便也。

至美往办公室问询，邀来陶大刚大夫。于退热，于通便，陶皆允即给药。大夫之为难，我人固知之，然不能径以语墨也。

墨渴甚，余酌清茶饮之，凡数次，我人不在侧，则食蜜橘。右腿酸甚，余与至美轮流为之敲打按摩。恶心，口吐腻液，则以纸承之。凡此琐事，在家则随时可为护持，今则仅能为之服务两小时。墨自言太苦，诚哉太苦！

墨昨夜眠尚多，靠安眠药之力。上午亦曾朦胧。

墨言苟能病愈，则想及一切，样样都好。又言病愈而后，将住于至美所。又谓余明日可再来，多见几次，见面恐无多矣。余答以"勿瞎说"，而心中未尝不哀酸。至五点半，不得不辞出。

余有如此之感觉，送墨入院，几同置之不顾。余与至善、满子辈固省事不少，而墨则更苦。于病情严重之际，不能得较适而得更苦，我人太对不起她矣。医院方面诚不能怪，彼辈亦殊无办法。于无办法之中，而表现极好，能使病人怡悦，非甚有修养之人，不能为也。我人不宜以此责备甚为忙碌之大夫与护士也。

心中甚为难过，头脑岑岑作胀。到家以所见所感告至善、满子，他们亦说不出什么。

1957 年 1 月 26 日日记

三点，偕至善到医院。刚到时墨似颇愉适。谓热已退。今日上午灌肠，便出积垢甚多，便后且不如在家时之肛口不适。缘大便畅利，小便亦复顺当，欲便即便。第言此时惟胃部略有不舒而已。余闻之极慰。以为当可舒服数日矣。

至善即为敲背摩胸。既而言似有饥饿感觉，固调牛肉汁与鸡汤进之。不意未久即恶心呕吐，吐相当厉害。所吐者始为鸡汤，继为腻唾液，其中有鼻烟色之物。余见之暗惊。墨见之亦注意，令护士示医生。护士进止吐药两次，前一次服下即吐出，第二次为另一种药，殆有麻醉性，服后即渐渐安定，闭目似欲睡。我人于此时退出，时已五点半，不得不退出矣。

此鼻烟色之物不知为何。至善猜详，谓或者胃中有破碎处，此是宿血。或竟是鲜血，遇胃酸而变如此颜色。归语满子，满子言数日前呕吐时亦曾见此物，未敢声言。

磨折层出不穷，真令人愁恨。

1957 年 1 月 27 日日记

今日到医院者为我妹、阿珍、至美、蟪生、满子，凡五人。我妹与满子归来言，今日墨尚好，情绪安定。腋下量体温为卅七度二，护士言此不算有热度，实则亦不能谓之无。昨夕余离院后，墨复呕吐一次，此后乃真停止。今日并未再吐，小便甚通畅。与满子言过春节应如何安排，宜款客，不必节省太甚。此等事其实尽可不管，若在家，管之必更甚。从此着想，则住医院较安静矣。

满子向医生接洽，言患者欲打葡萄糖，医生允之。又言欲移住外科病房（今暂借住五官科病房），医生言此当照办，外科病房即可有空位，空即迁入。与人接洽事情，满子较有办法。余与至善、至美皆失之呆板，不欲与人多说话。墨亦深知此情，故特令护士打电话回来，务令满子到院。今日上午，两位护士为墨整理洗濯甚勤，墨于她们亦渐生好感。

我妹曾透露医院照料似未周，宜谋迁回家中。既而墨私语满子，我妹思想单纯，竟劝渠便即回家。渠自言入院旨在治疗，非渐见好转，能进相当分量之食物，不急回家。余固亦盼渠回家，可以由余照料，今若此，亦不敢复露此意矣。

1957 年 1 月 28 日日记

三点，偕至善到医院。初时墨尚好，言今日上午，以王历耕之处置，注射葡萄糖 40cc。护士注射于静脉，并不困难。不知以前数次注射未成功，是否全由于医师之技术较差也。次言大便甚急，不必灌肠。灌肠而后，坐便两次，气力用得极多，疲困殊甚。所便为深色之胶黏物质，其臭殊烈，不知究是何物，决非所进食物所化。此举历半小时而始已。于是墨深愁叹，谓如是痛苦，实难忍受，何时方能吃穿，言次泣下。迄五点而后，又觉恶心，胃中作酸，所吐仍为腻水。稍进汤水，似渐安定，而时间已六点，我父子二人不得不辞出。七点许以电话问护士，答言病人未复呕吐，为之稍慰。

出医院时遇王历耕，王言无能为力，心实难过。复言三五日后，可移往外科病房，照料应可稍周。余谢之。

1957 年 1 月 29 日日记

午后三点独至医院。少顷而至美到。墨今日上午尚好，虽恶心，忍住未吐。及我们至，呕吐发作，所吐者皆极腻之唾液。历三小时，未见停止，仅有强弱之差耳。连橘子亦惮于入口，以茶润口，少顷吐之。仅为纳鸡汤约二十茶匙。于是墨复伤感流泪，自分病难转好，并谓我父女："你们亦知我病越见沉重否？"我父女无索，含糊应之。及六点余退时，按其额，觉有热度。夜八点，以电话询护士，则谓病人尚安，刻已入睡云。

今日为阴历除夕，夜间吃年夜饭，独墨卧病医院。

1957 年 1 月 30 日日记

三点仍至医院。余留三小时，蘩生、至美、满子则轮流出入。今日墨恶心稍轻，呕吐不多，进蛋汤、番茄汤、粥汤，皆仅少量。饮茶稍多，食叶橘两枚。情绪视昨日为好，未说懊丧语。我人见此，已稍感安慰，亦可叹矣。惟其不能进食，辄思何者可食，何者有美味，犹冀一朝病愈，务必遍尝。此等情景，皆可哀。

1957 年 1 月 31 日日记

1935 年秋，叶圣陶（靠前穿长衫者）与沈从文（后穿深色衣者）、张兆和及张允和（穿黑裙者）同游天平山。

（下午三点）余径往医院，至善已先到。

今日墨尚好，恶心极少，进鸡汤及茶。试自为大便，未成，而门口胀急。大约明日又须一灌。闲谈母家之几家亲戚，论其奢俭。余亦谈幼年见闻。其意无非在排遣。及我人将出，墨又感不甚舒适，似呕吐又将发作。嘱余明日必往，余安肯不往乎！渠忍泪回头，余怅然而出。

1957 年 2 月 1 日日记

（下午）余偕至美到医院。墨见我人即愁叹，谓越来越委顿，如何是好。又言此苦难吃，谁复知之。今日上午灌肠，而无物排出，渠自己仍觉胀急。小便亦两次不成，幸于四时许再试，居然解出，似觉稍松。腿酸，为之轻敲。足冷，为以手暖之。

满子来而至美去。满子与医生并院部交涉，得特别探视证一纸，可以随时入院，不拘于下午三点至五点。此事墨所切望，当可稍慰。渠言每日盼下午我人到院，其情至难堪也。满子又知下星期初，即可迁入外科病房，如王历耕所言。余在院三小时，墨进米汤、蛋汤、番茄汤共五十余小茶匙。此亦勉强而行之，非真欲纳。渠自谓日来最喜者为绿茶。橘子素所喜，迩日不甚欲食。今日恶心尚稀，偶尔觉胃中作酸。

今日上午注射葡萄糖，此为入院而后第二次。

1957 年 2 月 2 日日记

上午九时，余到医院。此不同于往日，墨自觉宽慰。余计陪伴三小时，为之洗面、梳发、捏腿，并为授食料茶水。半天间共进米汤五茶匙，冲蛋汤二十五茶匙，番茄汤二十茶匙，又叶橘两枚。迄十二点，墨自言欲午睡，余乃为掩窗帘而后出。

（下午三点过）余遂往访章次公，自去印度之后，尚未与晤面也。到其家，则徐衡之之医院方以车来迎章，请会诊。章即去，其友陆君（即前曾同来为墨看病者）陪余小坐。余本欲访徐衡之，今知徐在医院有医务，即不往。

至善以六点五十分归，言其母自入医院，当以今日情况为最好。胃中作酸，恶心，皆未发作，进汤水如上午。墨且自言，连日傍晚俱不能进汤水，而今日居然进番茄汤。食罢令至善预备茶水，便遣回家。余至此私心祝祷，明日为立春节，日来病体不佳，或由节气所致，过此节气，其可好转几时乎。

1957 年 2 月 3 日日记

今日上午，由满子往医院。余以下午两点半往接替。知墨今日复灌肠，排出颇不少。久已不进固体物质，不知何来此粪便也。大便几历半日，自甚疲困。又注射第三次之葡萄糖。既而我妹与阿珍亦至，为按摩臀部与两腿。既而院中为墨移居。迁至二楼 229 号病室。此室前所曾住过，较宽敞明亮。墨心绪为之稍慰。下午由余照料，进鸡汤三十五茶匙，傍晚进鸡汤与番茄汤共二十五茶匙。进龙井茶亦不少。未作恶心，吐口水亦无多，此为日来所少见。综言之，今日似可谓尚好。及我人离院时，墨又小便一次。本以不获解出为虑，及解出，共言"恭喜"。惟小便之色甚深，乃如状元红，不知何也。为下帘掩被而后辞出，度今宵睡眠当可安舒。

1957 年 2 月 4 日日记

下午两点半乃至医院，接替阿珍。三点半而至美来。今日墨尚好，惟上午七点小便而后，迄下午六点未复小便，试起数次，俱未成功，为今日之懊恼事。由余喂食两次，共进汤水一百零八小茶匙，较往日为多。进汤可以稍快，可见积气较少，不致拂逆。胃酸不作，因而未吐腻唾沫。上午曾进淡咖啡少量，不加糖而加蜂蜜，墨以其有香味，谓甚感佳适。余与至美为捏腿臂，中窍要时，云略觉舒服。及六点一刻，余与至美同辞出。墨促我人离去，实则雅不愿我人离去也。

墨夜梦身体无何疾病，剥花生食之。渠言颇愿常在如是之梦中。境况如此，深可怅恨。

1957 年 2 月 5 日日记

今日上午满子侍墨。下午至善往接班。余于浴罢复往，到已四点一刻。到时至美亦在。墨谓真喜欢自己人到院陪她。如今日余与子女媳妇咸往，彼甚欣慰，虽不明言，而可于此语知之。

今日上午，墨因便急，灌肠亦无济，护士为以手指挖之，出干粪甚多，状如栗子，色黑。为量之多，出乎意料。医生复以手指探之，言其处已空，且并无生有什么东西。经此劳累，墨自觉其疲。又苦小便不能自解。然于六点钟时，余与至美促渠试之，居然解出，且为量不少。至此墨颇慰。

今日又注射葡萄糖，此为第四次。至于所进汤水，亦不少于昨日。情绪亦稍好，仍闲谈母家情形，及其幼年生活。

1957 年 2 月 6 日日记

满子以上午往医院陪伴。余以下午两点半往，四点而至美至。墨今日无特别不舒服处，小便数次，皆自出，并未试解而不成功。有欲进食之感觉，究是腹饥抑"心巢"（此是苏州语，写不出正字），不得而知。护士来请自想汤水名色，苦于想不出，所计及者无非日来习惯之数种。墨闲谈时有伤感语，主要为去年暑中进食吃西瓜皆很好，不知何以忽而消瘦，竟至于此。又言如将好转，不知何由而得好转，如将变坏，不知何由而致变坏。余于此等话皆不能作答，默然而已。

六点过，待渠进晚餐之汤水而后出，如往日。至美言今夕不出城而宿于家中，明日上午将复往陪侍，墨为之欣喜，谓何不早说。于此可见其欲得儿女之陪侍，心至切也。

1957 年 2 月 7 日日记

今日上午由至美往医院陪母。下午由余往。今日尚平安，似尤胜于昨日。三点时进藕粉二十五小调羹，六点时进米汤、菜汤、鸡汤共六十小调羹。上午复由护士人工挖出少许粪便，余临走时助墨自解小便一次。注射第五次之葡萄糖。墨连日欲听毛主席之旧体诗词，今日携往，为诵三首，墨略有评骘，自谓今日总算动了脑筋。余又随口为诵苏东坡及其他作家诗句，墨听之，谓我国此类作品，确属传世之佳什。除此而外，亦复有懊丧之语，谓："如此人生，了无意趣。"余仅能言此想不好，不应如是说而已。

1957 年 2 月 8 日日记

今日上午，阿珍往医院侍墨，既而由满子往接替。阿珍归来言墨如常，余心慰。但下午三点余到医院时，则墨方甚不舒。盖中午进汤水而后，即觉胃中不适，胃酸颇作，胃部腹部俱作胀。看护为插通气管于肛门，泄气殊多，然仍不见舒适。因此见余又复皱眉摇首，状极不愉。请值日医生来看，医言多作转侧，当可较好。此医私下向满子言，腔中除气而外，尚略有腹水，惟腹水非主要问题云。余亦知此是腹中硬块既占右侧，即将肠子挤向左侧，肠失其常，机能自损，运化不畅，气遂受阻，影响乃及于胃。然此不可向墨明言。墨今日颇憾章徐二君，谓服药至百余帖，毫无成效，且屡言脉象甚好，而弗睹消瘦至此，令人气愤。此又不能向墨明言者，只得任其埋怨，医生固时受此等冤枉也。然墨于气愤之际，犹略谈无关紧要之儿时情事，期稍忘其难过，此情尤可感伤。至五点后，不舒似稍松。六点时一顿，勉进米汤与番茄汤共五十小茶匙。余与满子遂辞出，前数日辞出意较舒，今日复如有所失。

今日墨小便数次，皆一解即出，尚为佳事。其色仍如状元红酒。

1957 年 2 月 9 日日记

今日早晨，至善往视其母于医院。……十二点余归。至善已回，言今日其母颇好，挖大便注射葡萄糖如常，不舒服轻减，故情绪平静。余闻之深慰。

饭后与蠖生至美闲谈。……两点半，他们先往医院，余候至四点半乃往。

余询墨昨日感胃部腹部胀甚，今日较好，于何转变。墨自言昨夜小便两次，其一次为量颇多，乃觉较舒。昨夜内科医生来为诊视，谓胃部或稍发炎，可以服药，而病之主要方面系属外科云。六点时墨食汤水凡一杯有半，为量较多。汤系米汤与挂面汤两种。自言稍后数日，拟吃馄饨。又言此次如得痊愈，将细细"打食品"

矣。"打食品"为苏州习用语，专务讲究吃食之谓也。余默祷果能有此一日，则亦余之至乐矣。

1957 年 2 月 10 日日记

　　我妹以上午往医院，归言墨尚好，惟胃与腹胀，小便屡试不成。余以两点半往，满子稍迟亦到。入室则墨情绪极不佳，胃胀几及胸，非常难受。自谓深悔去春开刀，一着之错，全局尽非。苟不开刀，所吃之苦应亦无过于此，或且情形大不同。余殊无可以慰之。肛门插通气之管，而屁出极少。既而恶心作吐，所吐皆为液体，到后作咖啡色，其中有凝成痰状者，为量将近十茶杯。意者连日进汤水稍多，其大部分未下降入肠而积滞于胃，遂引起肿胀，致感极度难受。此想如确，则日来之略感心慰，皆属幻想矣。王主任嘱护士为注射一针，针入皮下，药水注入感甚痛。护士言此药固如是，盖刺激性大，针拔出即可不痛。余问其作用，则谓并非麻醉，作用在扩大肌理之组织，使阻滞者稍稍畅通。呕吐未能遽止。而食道因呕吐而作痛——此痛不作已十数日矣。墨伤颓殊甚，余恨略无可为效力。满子自言将留侍至夜八九点钟，促余先归，余忍心而归。

　　回家时知满子来电话，遵墨之嘱，今夜留住医院，要余以明早往。至于墨之病况，但言稍好，未有详述。不知明日变化如何！又不知此后日子如何过，惟觉昏昏！

1957 年 2 月 11 日日记

　　晨起甚早，八点过即往医院，接替满子。昨夜七至八点，墨又大吐一次，总计昨日所吐之液体，可为一痰盂，为历次呕吐之分量最多者。吐出如许分量之液体，而胀仍不消，腹部左侧固饱满，腹部右侧亦然，自背面观之，腰部亦复作胀。口渴甚，余为喂茶水，每次一二小茶匙，或橘子一二片。又甚想吃东西，今晨想起百合汤与煮荸荠，令满子回家办之。时时自语，无非云此苦吃不消，或云我完矣，余闻之凄伤。

　　右侧有硬块处，多日已不觉痛，日来又复作痛，似颇不轻。胃中则云有火辣辣的感觉。

　　今日又值注射葡萄糖，臂弯注射未成功，则自右手背之静脉注入。既而通大便，仍由护士挖之，得四五颗，其状虽如干粪，殆非食物所化。第二次自己便出，为量较多。小便昨夜曾导过，导出极少。墨于几位护士之勤快体贴，颇表满意，并示感激，惟言若辈之辛劳，殊未能有裨于病人。

　　墨言余往探视，如能随便闲谈，是何等佳事。今则自己说不动，听余闲谈亦心烦，只能默默相对。余恐即此默默相对，他日亦将为弥可珍念之情景也。渠经昨日一吐，气力益弱。前此在床上大小便，坐起可以自支，今日则须余与护士在旁扶持矣。

　　十一点半，至美来接替，余乃归。满子语余，昨遇王历耕，王言必体内一个病物已经崩溃，吐出咖啡色之水可证。王又云必胃内肠内乃至膀胱内俱已生若干病物，故机能受阻至此。王之言苟确，则此后更将有厉害之痛苦，而医院则无法减轻其痛苦，诚属不堪设想。

在胡墨林墓前

　　至善于三点后到医院，侍其母至夜九点乃归。言墨下午时时入睡，殆是昨夕少睡之故。曾小便一次，自通，为量不少。

1957 年 2 月 12 日日记

　　（上午）十一时许，满子自医院来电话，言墨今日又有热度，高出常温一度有余，精神极委顿，脸呈黄色。而满子之堂姊与墨同病，今日病故，满子将往黄家相助，固招至善往医院代其陪侍。余闻此，知脸色转黄必系肝脏受侵害，又发烧，当已臻危境。遂致一电与至诚，告以此况。……

下午三点余至医院，则墨方在注射盐水针与葡萄糖，玻瓶高挂，针插入右手之静脉。墨入睡，鼾声极大。至善谓余，渠来时即未闻母多说话，仅于插针之前言不必打针为好，若任渠于沉睡中逝去，最为幸福。医生则不作如是想，注射盐水之前，并为注射强心针。余陪伴三小时有余，但为喂茶少许，按摩腿部，墨未与余有所言谈。四点后，盐水注射毕，墨颜色较润。其腹部隆起，自外面即可见。若注入之盐水亦将积滞于腹部，致增益其肿胀，则良为不仁之举。六点后余离医院，由至美来院，陪侍过夜。怅怅而归，饮酒为遣，不知是何滋味。

墨之目光，今日已无神，睁开时极少，即睁开亦复暗然。据医生言，其病物多起疙瘩，手按即可觉察。又言其痛苦后将更甚。闻之凄伤。

余离院时，膳食员送来食品，其中有两个饺子。墨闻饺子，意欲尝尝，请护士为去其馅，第食其皮。

1957 年 2 月 13 日日记

晨八点二十分到医院，接替至美，……墨极委顿，目不睁开，亦无气力说话。自谓自入院以来，今日之不舒服最甚，所谓不舒，即腹部益胀，胀而至于作痛，左右侧卧痛更甚，仰卧则其痛较轻。腹中时时咕咕作响，墨言其作响处自下而上移，初仅在腹部，今乃达于胸膈。口渴甚，时时欲漱口饮茶，但又不敢多饮，以一二小茶匙之茶聊资沾润而已。昨日余为舂杏仁汁，今日煮而饮之，凡二十余小茶匙，居然以为有味。但询以是否再治此味，则谓可不必矣。今日又思及煮嫩豌豆，饮其清汤。明日苟可致豌豆，自当供渠一尝。余为按摩臂及腿，苟可令渠稍舒，自必尽力为之。有热度，不复能如昨日之沉睡，自谓昨睡至佳，深以不得睡为憾。昨夕小便两次，今日试便数次，皆未成功。今日仍注射葡萄糖。又曾抽血两次，谓将以化验。墨珍惜其血。余亦以为此时化验，大可不必，西医出此，实太机械。余陪至下午两点半而出，缘满子到来接替。出院时遇王历耕，与谈。余言到此地步，以减轻病者之痛苦为上，葡萄糖与盐水，究宜用否，为一问题。王亦谓此可考虑。今夕即由满子陪侍过夜。下午往探视者，尚有我妹与阿珍。

四点许回家。家犹是家，而事事处处皆若有异。

今日墨言及身后事，余亟阻之，谓皆心知其意，不必多说，多说则彼此伤怀，殊无好处。入夜饮酒时，至善与余言此后种种，余忍泪勉与对答。

接至诚回电，言定于 16 日晨自南京动身。

1957 年 2 月 14 日日记

今日上午，至善在医院陪侍。午刻至美来接班。余（下午三点）入室，墨方入睡。既而醒来，亦不张目，不说话。目偶张时，余察其益无神。口渴，屡漱口饮茶，又时欲以湿手巾擦面，亦可见其干枯。言胀痛殊甚，系注射止痛针，余以告护士，护士谓当与医生言之。既而计苏华院长来，余复以患者之愿望告。院长谓自无不可，事已至今，当以减轻痛苦为主。今日未小便，昨夕曾通导二次，导出亦不多。余为墨按摩其左手，墨握余手，旋入睡，余思如是握手盖弥可珍念矣，渠虽入睡，不忍遽释。

至美以五点后离院。余则以六点一刻出，出时墨尚未醒。今夜由至善陪侍竟夜。

墨近日痛苦益甚，而已无力自言其痛苦，我人观之，乃觉不如前此之烦躁。今日觅新鲜豌豆不得，未能如墨之嘱，良为怅怅。今日渠仅进米汤三数茶匙耳。

1957 年 2 月 15 日日记

晨间至善来电话，言母夜睡尚多，足有些浮肿，自己至敏感，便已觉得。满子往接替。

下午三点，余偕妹往医院，携三种食品：冰柿二枚、番茄二枚、酱瓜少许——皆墨今日想起者。冰柿仅食二三茶匙，番茄则谓留至明日再吃，酱瓜居然尝二三小块。饮茶分量加多，渴极，不顾胸腹之胀，多饮为快，仰卧觉累，则令我人助之向右侧卧，但少顷即觉不舒。尻骨部分红而欲破、觉痛，则以橡皮气垫垫之。足确颇肿，本已干枯，今乃厚实。余为捏其足。

今日仍注射葡萄糖，墨自言可以不注射，请医生再考虑。王历耕允打止痛药针，墨于傍晚催之，护士即为注射一针。六点后，进米汤约二十余茶匙。

今日未与余多说话，仅自言其痛楚，言之亦甚简。其目无神，似有一层翳障，观之凄然。陪伴三点半钟，渠入睡约一时。

余与妹以六点半离院。至美昨今两次约定，七点即可到院。

但以电话询之，渠到院已在七点半后，余深为不快。其母纵以衰疲无力，口不多言，而其神思至清，苟渠想若辈已弃我如遗，宁不大伤其心。

1957 年 2 月 16 日日记

为墨定葬身之所

清早至诚到。渠南下正一个月，当其去时，墨尚可，今则临危矣（癌细胞已扩散，医院再次发了"病危"通知）。恐墨起疑念，共谋说谎，谓渠之电影剧本已完成，往上海交与制片厂，暂无其他写作计划，故来探母云云。

余与至善偕芷芬、晓风驰车至西山下，观福田公墓，为墨定葬身之所。出西郊已不知其几何次，无聊殆无甚于今日者。择定一穴，在伯祥夫人之西侧。北临一沟，沟上有杨树，东近围墙，墙内亦有杨树。政府近有规定，一人只能占一穴，不可多占。种树由公家统一规划，不能擅自为谋。故亦无甚可以设计，仅能于砖工石工略为讲究耳。余与至善拟定圹为砖砌，上复整块石板，即题字其上，不复立碑。余心思殊矛盾，一面亦思较为讲究，一面复觉其无甚意思。芷芬、晓风本欲为余预购一穴，他日与墨并居。余谓此可不必，他日是否死于北京，殊难逆料。形骸同穴，亦了无意义也。十点半归。

元善、晓先、周勖成、张贡三，先后来探问，余皆感其好意。余身子疲甚，作冷，浑身酸痛，似欲生病。午后入睡一时许。

今日上午，由满子往医院代至美。饭后至诚往代满子，即令陪侍过夜。余与至善以三点往，至则雪舟夫妇在病室探视，情意可感。今日墨益觉胀肿，饮水益少，谓饮即惧其吐。小腿亦复作胀，时欲撑起两腿，而自力不胜，须助之支起，且以手扶之。说话益少，时闭目入睡，吹唇吐气。然并非酣睡，我人说话，略有所闻。余与至善陪伴至六点二十分而归，而今少见一刻，即不可补偿矣，思之痛心。

1957 年 2 月 17 日日记

骤括其言得二十字

余与我妹以三点往。墨仍如昨。口渴甚，时时欲喝水或以水棉花润口腔。头脑清明，而无力说话，我人附耳于其口边，乃能察其简短之言辞，犹常常生误会。其心甚悲苦，所思种种，皆不能达，念之凄恻。与我妹言，有一毛线背心，制而未御，相赠以为纪念。言时流泪，又言其泪已干，此真伤心语也！余与我妹不禁泫然。既而努力说数语，至可感动，余立骤括其言得二十字如下：

人情实太好，与我大有缘。一切皆可舍，人情良难捐。

墨具此襟怀，可见其乐生之趣，然竟不可久留矣！来时见晴光明耀，春意已萌，而我墨林即将离此而去，殆无此理。然理智相告，渠非去不可，诚人生之至哀矣。

1957 年 2 月 20 日日记

叮嘱儿女移动墨遗体 "务必轻轻"

墨颇信净土宗之说，今日尝艰难语满子，一切如夏（丏尊）先生模样，惟不赞成火葬。火葬固非我人所想，所谓如夏先生模样者，即气绝时勿遽搬动，勿扰其垂泯之脑筋。余因嘱至善辈，移动务必轻轻，大家须忍住，勿号哭出声，苟不可忍，则宁离去云云。净土宗此说，有生理学心理学之基础，可信从也。

1957 年 2 月 21 日日记

永不忘此惨痛之日

墨以今日逝世，悲痛之极，1957 年 3 月 2 日，永不忘此惨痛之日。……自午刻始，墨呼吸益艰，目更不能大张开，吐痰亦渐少。……余按其脉益微。……至五点三十七分而墨气绝。仅张目一次，作甚艰之呼吸约四五次，脉搏即停止跳动。余四十年来相依为命之人至此舍我而去矣。……墨患恶病三年，我人竭力隐瞒"癌"之一字，始终未扰其神思。

1957 年 3 月 2 日日记

昨夕睡不能安。明知墨之逝世已为必然，心理上早有准备，而及事到眼前，复觉非常难安。于是思虑近日屡经想及而未完之一首词，调用《扬州慢》，系略叙四十年来与墨之游踪者。及乎全首想定，已将明之时矣。

1957 年 3 月 3 日日记

附录:《扬州慢——略叙偕墨同游踪迹,伤怀曷已》以同一字为韵,称"独木桥"体,词云:

山翠联肩,湖光并影,游踪初印杭州。怅江声岸火,记惜别通州。惯来去淞波卅六,篷窗双倚,甫里苏州。蓦胡尘纷扑,西趋廛寄渝州。 丹崖碧巇,共登临、差喜嘉州。又买棹还乡,歇风宿雨,东出夔州。乐赞旧邦新命,图南复北道青州。坐南山冬旭,终缘仍在杭州[①]。

伯祥首先来相慰,继则雪村、元善、晓先、文叔、白韬、纯才、刘子馀、薰宇、仲仁诸君俱来。诸君皆不以姑作达观相劝,盖深知余之脾气者。诸君至十一点许乃渐渐去。午后则奚老亦至,坐少顷即去。

下午一点前,至善、满子与芷芬、晓风以卡车往医院,迎墨之尸。院中剖开检视,已于午前毕事,为洗净缝好,如平时行手

---

① 叶圣陶笔下的"游踪",是他和胡墨林共同生活的记录。"山翠"三句说婚后同游杭州。"怅江声"二句,是说婚后胡墨林到南通执教,逢假期才能回苏州。假期结束,叶圣陶总是送胡墨林到南通,依依惜别。1918年春,胡墨林辞了南通的教职,回到苏州时,叶圣陶执教于水乡角直(甫里)。1919年夏,胡墨林应聘也到角直执教,他们经常往返于苏城与角直,两地相距三十六里,乘船走水路比较方便。"惯来去"二句便写实。"蓦胡尘"三句,指日寇入侵,寄居重庆。"丹崖"二句中写在嘉州教书时,赏乌尤、凌云等蜀中佳景。"又买棹"三句,说抗战胜利后,乘木船东归。"乐赞"二句,述1949年年初,离上海至香港,又乘船北上,在烟台登陆,进入解放区。最后二句叙1954年10月杭州之行,为最后一次偕同出游,故云"终缘"。

术模样，并为穿好内衣。迎至嘉兴寺，陈于中堂，随即为穿好外服，最外面裹红色缎绣花之衾，其制如"一口钟"。墨形容枯瘦，抚之冰冷，余不禁号哭。

友好陆续至，皆二三十年老友。如振铎、雁冰、秀峰，皆夫妇并至，他则开明旧好，昌群夫妇、芝九夫妇，不能尽记，总之，他们之来，悉出深情，足以证实墨之所谓"人情实太好"者。墨说此语，可见其情系此世，而竟孑然孤往，伤哉。

晓先为我妹、元善及他家写挽联，芝九亦写一二件。其联语大部出雪村之手。

三点入殓，一棺居中，墨尸舁入，一盖而后，从此不睹其容，余复号哭。……

1957 年 3 月 3 日日记

作五律《墨亡》"自抒其哀"：

> 同命四十载，此别乃无期。永劫君孤往，余年我独支。出门唯怅怅，入室故迟迟。历历良非梦，犹希梦醒时。[1]

整理书桌之抽斗，将一年以来中医为墨所开药方，按时日排

---

[1] 俞平伯读此诗时写评语云："一屏浮词，独见至性，不仅如古人所谓情文相生。览之凄然增伉俪之重者。诗中五六句，淡而愈悲，复出之自然，殆必传之名隽也。"

列，汇集一起。又检有关墨之相片，他日拟按次黏贴，以为纪念。……

（午后）至嘉兴寺。至善与芷芬、晓先、晓风等方在指挥张挂挽联、祭幛等件。其事颇周折，至六点方毕事，计收祭幛十余件，花圈二十余个，虽于人皆为破费，而亦可于此见人情。

入夜，洛峰、克寒、灿然来致唁，坐谈颇久。既而韦老来，虽匆匆即去，而其情真切，不作一般劝慰语。此等日子而承他们惠临，余皆深感之，永不敢忘。

1957 年 3 月 4 日日记

晨清早至嘉兴寺，看相助诸君布置灵堂。鲜花圈花束环于灵前，纸花圈列中庭两旁遍满。陈叔老首先来，慰问殷勤，可感无极。吴玉老、叶遐老亦莅，殊不敢当。部中社中诸君皆到。人教社之工作同志到最多，其他则中国青年出版社、人民文学出版社之同志亦不少。老友大多来。而向余致慰最关切者，为许广平大姐、杨之华大姐。

十点，到场诸人集体向墨之照片行礼，余见堕泪者颇有其人，固言深感"人情"，墨能得诸君之泪，大非容易，言次，泪夺眶而出。

午后一点举殡。此时在场并相送至墓地者犹有八十余人。柩装于一汽车中，外以蓝布幔之，略有装饰，颇大方。此车系向国务院借来。相送者分乘两辆大客车，借自部中与青年出版社。出西直门一路向西山。晴光殊好，已有春意。不意此来乃为墨下葬，并非结伴郊游。"古来相送者，各自归其家"，送葬者均将回去，而墨则从此长眠于西山下矣，伤哉！

入福田公墓，视砖砌之圹，深约七八尺，工程可满意。于是舁柩下葬。柩四不着壁，上盖石板六块，五块宽，一块窄。石版距棺盖殆有四尺许。石板之间，以三合土涂之，板面亦涂三合土。于是复土于其上。此是临时办法，俟天暖开冻，再作墓面之石工程。余忽想，既承大家厚情相送，与其鞠躬行礼，不如各在墨之墓上盖一勺土之为有意义。此意大家赞同。余首先执铲，以一铲土加于靠北之正中。一时心伤泪落，几不自持。诸亲友亦各累土毕，则由工人为之。下葬至此已毕，余仅能向送葬诸人说"永不敢忘"四字。于是"各自归其家"。

去年墨在北京医院第二次开刀，亦为3月5日。去年此日开刀，今年此日下葬，3月5日，永为纪念。……

昨夕余首次梦见墨。不知在何处，有客来访，亦不记是何人，墨迎出。旋即醒来，不记其曾作何语。

1957年3月5日日记

竟日不出门。自晨至下午三点，写墓石题字。计惟"我妻胡墨林墓"六字，篆书，先打草稿，继作双钩，复印再三，视之已可乃停手。墓石上尚拟刻墨谈人情之二十字，余加数句短跋，俟他日为之。待字样写就，即可命石工矣。

今日三八妇女节，至美得半日之假，便来看余。看余亦无足为余慰。傍晚饮茅台两杯。余言今日之事，早已预料，而亲历之后，况味乃不堪耐，言次泣下。余殆将长此郁郁寡欢乎。

1957 年 3 月 8 日日记

上午复写墨墓碑题字。即以墨谈人情之二十字题其上，自为墓铭，尤见亲切。先楷书此二十字，然后为双钩。半日工夫，居然毕事。余书仅能工整而已，谈不到好。欲求其好，亦非仓卒可办。且亦未必真能写好。总之，是余亲笔所书，即为尽其心矣。

午后与至诚同浴于松竹园。余谓至诚，迩来惟洗澡较有兴致，其言亦蕴深悲。晚间复观川剧于北京剧场，剧名《穆桂英》。戏大致不错，然余殊无佳兴，坐在场中，惟感困惫。同观者至诚、满子与孙儿女三人，复有至美、蟪生、宁宁。依旧时见解，方有丧事，不宜作乐。此自教条主义言，固属无须拘拘。而旧时之义，亦本人情，逝者如斯，存者念之不暇，复何心娱乐耶。设墨健在，今夕必同观，而乃独缺此人，奈何不深感怅恻也。支持至十点二十分，乃得散场。

1957 年 3 月 9 日日记

休息时间晤白韬，白韬相告，谓纯才之意，余心绪不佳，可以休假名义，往他地一行，借醒神思。此说言之者颇有人，余亦不反对。芷芬他们并谓可偕伯祥同行，有谈说之伴，并携晓风，则一切事务可由晓风料理。若其事果能实现，则出门一个月，亦未始非排遣愁烦之一道也。容徐徐谋之。

回家午饭后，继写墓碑题字，今日写二十字后之跋语。其语如下：

> 墨以 1957 年 3 月 2 日谢世。先十日为余说此意。呜呼！心系人间，骨归泉壤，用铭其墓，来者鉴之。

辞甚简约，观之者或恐不晓余之深悲也。仍以工楷书之，每字方寸有余。写约三小时乃毕，缘修改补缀，亦甚费工夫。至此，墓石之字已完全写就，可以找石工矣。

伯祥来谈，既而元善、文叔、芷芬、郑缤相继至，皆恐余伤感，特来慰藉，情实可感。所谈多及各种戏剧。余以白兰地请诸君小酌，入夜，复留诸君共饮，惟元善先去。谈至八点三刻，乃皆去。

1957 年 3 月 10 日日记

芷芬来告，石工应招来，可同往看预备作墓上复面之大石。遂驱车出广安门，于石工合作社观一石碑，系房山之汉白玉石，长两公尺，宽一公尺，厚三十公分，其料甚不坏，余即决意用之。碑面有汉文满文，周围有龙纹浮雕，皆可磨而去之，成一平滑之面，刻字其上。今时北京作墓碑，多用旧碑改作，若自房山凿新石，其工费与运费殊巨矣。余计用此白石盖于面，下层镶边，最好亦用汉白玉石，宽与厚亦须三十公分。苟汉白玉石不可得，则用房山之青石。据云琢磨加工并刻字，须一个月之时间。则清明而后，墨之墓可以完工矣。

至诚自照相馆取得放大之墨之相片归。前已放一帧，嫌其小，故重放一帧。装入镜框，悬于室内之西壁。往隆福寺买花二盆，一为白碧桃，一为白蔷薇，供于墨相片之前。余拟其处四时必供鲜花，桌上务求整洁。

坐室中看书报，心不宁定，稍看即放下。阳光满室，春光已浓，而此心不春，殊觉难以安静。起立徘徊，从复坐下，坐下又无聊，奈何奈何。

至诚已往买车票，预备返南京。余固不宜留彼，而雅不愿渠离我而去。往时渠数次来京，于其将去之时，殊未有如是怅惘之感也。

夜间愈之兹九伉俪来访，亦劝余决心外出休息。余深感之。

1957 年 3 月 11 日日记

今日自晨间迄下午三点，只作一件事，即将前此写就之墓石字样，比准距离，粘贴在一张大纸上，以便石工照样钩摹上石，不出错误。用尺、用剪、用浆糊工作，一连五六小时，颇感劳累。日来背酸特别厉害，大约缘春分将近之故。

1957 年 3 月 12 日日记

傍晚，伯祥、芷芬、晓风来，共商出外旅行之事。晓风已与刘子馀多次商量，决以休假旅行之名义外出。由部中通知所到之地之教育部门，请为照料，同时并请统战部出介绍书信，通知各地统战部亦与照顾。至于旅行路线，拟由京汉路而粤汉路，达于广州，回程则由粤汉路转浙赣路，而沪杭路、京沪路。于武汉、衡山、广州、庐山、杭州、上海、南京诸地，均作数日之留。偕行者伯祥与晓风。如此周游，若在平时，则亦甚有兴致。而余此日则心绪怅惘，徒以从他人之说，无可奈何有此一行，取何路，临何地，皆属无可无不可。固亦弥可哀矣。

1957 年 3 月 13 日日记

（中午）饭后复小睡。伯祥偕倪农祥来，邀往陶然亭公园。记前度来此，系偕墨与我妹，今再来而墨已去矣。树木未芽，水面犹冻，游人寥寥，略有凄寂之感。……

六点归。酒后困倦，以至诚将去，心绪不好。至美来，来送其弟，亦来慰余。余偃卧，徐乃入睡。醒来已十点半，至诚遂去。余怅然，闭门复睡。

1957 年 3 月 14 日日记

昨夜醒来，完成近日构思之《鹧鸪天》一首。录之。

暝色无端侵小斋。是耶非耶起徘徊：迟归行附三轮至[1]，暂别将驰一简回。　徒设想，更伤怀。往时相候候终来。如今已作西山土，暮暮朝朝有独哀。

---

[1] 胡墨林生前任职于人民文学出版社，早出晚归，以三轮车代步。

其第三四句盖写实况。迟归盼归，暂别盼书，候望之切，四十年如一。近日设想，苟亦若是，岂不善欤。然此只痴想而已。

1957 年 3 月 18 日日记

朝朝暮暮有独哀

近日读贺方回之《鹧鸪天》一首，弥感亲切，日必背诵一二遍。录之。

重过阊门万事非，同来何事不同归？梧桐半死清霜后，头白鸳鸯失伴飞。　原上草，露初晞，旧栖新垄两依依。空床卧听南窗雨，谁复挑灯夜补衣？

（"梧桐半死"用李义山语。李义山《上河东公启·柳仲郢》中有云："某悼伤以来，光阴未几，梧桐半死，方有述哀。"）

1957 年 4 月 1 日日记

数日来未完成之《水调歌头》以今晨完成，记从化温泉之游，悉系实录也。

山叠黛深浅，新绿判浓鲜。朱英高树初试，今始识红棉。弥望荔枝嫩蕊，想象遍山丹实，累累压枝圆。径畔野花发，香袭冀腮边。　众峰云，一宵雨，百重泉。涧流忽变激怒，幽谷响訇然。派遣哀愁无计，故作南州游旅，愁尚损春眠。灯灭帘栊黑，听水复听鹃①。

1957 年 4 月 7 日日记

1957 年日记摘抄

（5 月 2 日）今晨大约在三四时作一梦。梦见朱佩弦夫人来访，墨先已接谈，然后来谓我，朱太太携来义务戏券，我人宜买两张。于是余晤朱太太，与谈其治愈胃病之经过。其时余心中自忖，何言墨已永不得复见，今明明在此也。下文即模糊矣，梦中是何地点，想不清楚，总之非我家曾居之所。自墨去世迄今日，已历二月，偶尔得梦，皆极模糊，惟此一梦最清晰。

（5 月 17 日）往日外出到家，墨之语声必首入于耳，此次乃无闻，怅怅。

（6 月 2 日）午间留（伯祥、雪村）二位小饮，蟪生、至美、龙文同座，今日端午，也算过节。庭间榴树二盆，缀株红蕊已绽。而墨谢世已三个月矣

（6 月 5 日）满子来捡衣橱，得墨之相片若干帧，自订婚之照片始，以至初婚时所摄，墨四十岁时所摄。往时影事，一一如在目前，而斯人已往，永不复见，凄然忍涕。

（6 月 11 日）午饭之顷，余语至善、满子，乃母逝世，已逾

---

① 杜鹃啼叫声："归去！归去！"在叶圣陶听来肯定是别一番滋味。可见，在"南州游旅"的朝朝暮暮，他那破碎了的心从未有过片刻的安宁。

百日矣。言时心酸，忍泪不复语。

（6月14日）写信复三官（叶至诚），念及墨，暗自感伤。余为三官言，余四十年来为人作事，尚算不错，皆与墨有关。墨并未主张什么，亦未鼓励我什么，然余在渠之爱护下，自觉事事有兴，到处可乐，即在避寇四川非常困苦之际，余亦殊无所谓。今墨已去，余失所依傍，遂不免颓唐矣。

（6月24日）至善今日得消息，渠将往苏联参加7月下旬举行之世界青年联欢节，以7月16日乘火车前往。此自是佳事，余为之欣然。念墨若在，亦必为之高兴。

（6月29日）竟日未外出。缘昨夕看戏，今日上下午均酣睡较久。余则徘徊斗室中，时时望墨之遗像，瓶中插苍兰数枝，炉中熏奇南香一盘。鳏夫之心情，余猜殆与寡妇之心情无异也。

（7月3日）昨日始买西瓜。云是广东货，尚可。墨弥留之时，欲吃西瓜，仅得已结成冰之两枚，尝其汁数匙而止。而去年夏令，每次食瓜，渠意兴甚好。今余复食瓜，而渠已作西山土矣。

（7月7日）今日为七七事变之二十周年纪念日。此二十年间，世界之变革，我国之变革，诚可谓其大无比。自今日而言，中华人民共和国成立已逾八载，社会已入于社会主义，是岂当时所能料耶。自余一家言，七七事变而后，举家西迁，历尽艰辛，为时将近十载。至于今日，则中心人物之墨已舍我而去，思之惨伤。

（7月17日）孤独之感时时袭来，并不特别难受，而总觉无可奈何。饮食睡起，谈话游乐，皆感其无可无不可。甚望作事为遣，而作事又提不起劲，才开头便盼其完毕。心情若此，如何是好。

（8月31日）8月已尽。念墨舍我而去，已半载矣。

（9月8日）嘱至美往照相馆翻印墨之照片两帧，今日取得。余意欲放大之，悬之室中，时时瞻视。再思之，此亦有何意义，人去影留，徒令神伤而已。其一帧摄于1916年夏，时我二人方结婚。又一帧为墨四十岁时所摄，按之当在1932年。

（9月9日）昨日我妹谈起，去冬墨曾语彼，老母之侍奉，只得由妹担承矣。妹言记嫂此言，彼必侍奉老母，永不离去，言之泣下。余凄然无语。念墨实早已自知不起，于家事色色想到，而从未与余言及身后事。此殆恐余伤怀，故自隐忍不说也。

（10月20日）今日假社中之轿车出城。以八点半出发。至善满子及四个小孩，至美蝶生及宁宁，三午邀两个同学，小沫邀一个同学，老田则携其女，余则邀伯祥，尚有司机潘同志，凡十七人。先至福田公墓，此为余第三次瞻墨之墓。携菊花二盆，一陈墨墓前，一陈伯祥夫人墓前。至美带照相机，拍墓石之文字，拍今日来者全体围墓而立之像。于墓前伫立约半小时，于是驱车至香山静宜园。

（11月24日）今日雪已停止，泥泞满途。上午十点许，偕至善到王府井，

余买美术镜框一个，渠买皮帽。午饭后，以镜框装墨之早年照片。此照片摄于1926年夏，时新结婚，我二人与铮子内姑母、圣南、圣夏同摄。近日余取此照放大，单放大墨之半身像，今日遂装入镜框，悬于室中。此照甚丰腴端丽，仪态绝佳。今相去四十一年，已归西山之土壤矣，伤哉！

（12月3日）回家时经过王府井，买大镜框一个，金边，拟将悬于室中之墨之半身像移装其中。原来之一个镜框，余嫌其难看，故易之。于买镜框时，参观其制作过程。框以木条为骨干，上加浮雕装饰，系石膏粉加骨胶，按入模型而成。装饰钉于木框上，胶粘在一起，然后涂上各种色料，即为成品。此种镜框，销路颇广，凡美术展览，几乎必须购此种镜框。其形制确很不坏。

午饭后即为移装照片之工作，工作一小时有余而毕。挂新框于墙上，观之移时。

（12月31日）夜间听音乐戏曲节目为遣。报告员作除夕谈话，列举第一个五年计划期间之成绩，无不可兴奋。余之怅恨，惟为墨之先我而去。去年除夕，墨在病榻，余在印度。今年除夕，墨在泉下，余居室中独坐。以前之年月，自结婚而后，无论阳历阴历之除夕，无不与墨在一起也（凭记忆，似从无一次分处两地）。

1958 年日记摘抄

（1月2日）墨之离去，迄今日已十个月矣。

（3月2日）今日为墨去世一周年纪念日。亲友早有于今日出城扫墓之议，余自当赞同，假社中之中型汽车往。到者有元善、伯祥、晓先夫妇、郑缤、龙文夫妇、祖璋夫妇，外则我家与至美两家，连司机同志凡大小二十九人。墨既去世，而人情尚不衰，可感。墓上无恙，碑石上尘沙，韩祖琦为刷而去之。郑缤携奇南香三支，燃之而插于墓前。徘徊约一刻钟而出。生人所可为者，仅此而已。不知余有生之年，再当来此几度。

（4月22日）昨夜梦见墨，醒时尚记忆清楚，旋即糊涂。亦不知在何地，总之墨神态如常。余念早知渠已死，而乃复生，真是大幸。余此时有欲泣之感觉。满子在旁，似亦欲泣。余执满子手，谓得非梦乎。满子谓非梦，彼此紧执手，余有痛感。旋即醒，梦中似未与墨攀谈。

（6月20日）理发时默念，墨离余而去，迄今已将十六个月。又念两人相处四十年有余，四十一年不足，以日计之，盖一万四千七百余日。此一时期中，无论悲欢，自今思之，皆为至乐，不可复得矣。

（7月2日）今日姚澄团中放假，白天可自由活动，渠尚未到过福田公墓，固请余偕往。午饭罢，即驱车出城，有满子、三官、姚澄及其妹（妹十六岁，在团习艺，为学生，亦已登台表演）。姚以鲜花一束供墨墓前，大家默立约十余分钟。余今年以3月2日来扫墓，距今恰为四个月。人已逝去，形神俱杳，每年来立墓前一二回，不过如此而已！

（8月27日）梅圣俞有"悼亡"三首，情意真切。录之：

结发为夫妇，于今十七年。相看犹不足，何况是长捐。
我鬓已多白，此身宁久全，终当与同穴，未死泪涟涟。

每出身如梦，逢人强意多。归来仍寂寞，欲语向谁何。
窗冷孤萤入，宵长一雁过。世间无最苦，精爽此消磨。

从来有修短，岂敢问苍天。见尽人间妇，无如美且贤。
譬令愚者寿，何不假其年。忍此连城宝，沉埋向九泉。

1959 至 1987 年日记摘抄

（1959 年 3 月 1 日）墨以前年 3 月 2 日逝世，两周年矣。今日星期，出城扫墓。驱车至北京展览馆，至美等已停车相候，遂同驶。郊外积雪尚未化，西山上则或化或未化。到福田公墓，踏雪趋墨墓，墓碑上雪寸许，遂共扫之。底层已结成冰，则轻轻敲而去之。到者大小共九人，人人动手，历半时有余，积雪悉去，全墓光洁。明知无甚意义，亦各表其虔敬之心耳。偶亦念及，不知今后再来几度，亦无所谓悲感也。

（3 月 18 日）1949 年以 3 月 18 日到北京，迄今日居北京满十载矣。当时与墨偕来，而今墨离我而去，已两载有余。贺方回词句云，"同来何事不同归"，其言虽淡，而有深哀焉。

（1960 年 3 月 2 日，时在洛阳视察）今日为 3 月 2 日，墨舍我而去已三周年矣！因为没能去扫墓，想得也就特别多。

（6 月 16 日）昨夜梦极多，殆在十次以上，大多有墨出场，杂奇惝恍，不可悉记。有时确知其已死，而又确信其实未死。有时余涕泣而告之，谓君已死，宁不悟耶。

（1961 年 2 月 9 日，叶圣陶为安排母亲的墓地来到福田公墓，又郑重其事地看了胡墨林的墓。是日记）午后，偕我妹及至善、满子驰车出城，抵福田公墓。我母之墓穴在墓地走道之东，就全体而言，居于中央部分。墨之墓则在其北靠东，将近围墙矣。……遂往视墨之墓。余去年未尝一至。徘徊有顷，凄怅于心。墓无损坏，唯石与石之接缝略宽少许，不知十年百年而后，又将如何。

（3 月 2 日）今日为墨之去世纪念日，渠去世四周岁矣。

（4月7日）余常作梦，梦与墨远别，彼此均非家居。忽念何以不作书寄与，又念墨何以迄无书来，于是作书之想至切，而又不遽执笔。昨夕又是如是之梦，因记之。醒来辄怅然，此书将何自致耶！

（1962年2月3日）老母去世，至今日已一周年。而墨之逝，则将五周年矣。思之深怅，然未与儿孙言之。默察彼辈，似皆淡然。

（3月2日）今日为墨之忌辰，渠卒世五周年矣，伤哉。

（3月4日）今晨出门扫墓。偕我妹、至善、满子、大奎、永和，先到至美处，会合他们三人，联乘而往。几个孩子取柏枝，拂去我母与墨之墓碑上之尘土。汉白玉石并不坚实，细视之皆有少数损坏处。徘徊半时许，胸中怅怅然。不知再当几回来视福田也。四望柳枝，已有绿意，天气温煦，身上觉热。

（3月18日）今日3月18日，1949年以此日到京，余来京十三周年矣。当时与墨同来，而今墨逝世已五年。贺方回悼亡之词有云，"同来何事不同归"，反复诵之，深为怅怅。

……

（1973年9月23日）昨夜醒来得诗思，思之不已，历二小时许而复入睡。今日下午足成全首（《从未》），书之于左。此是十数年间梦中常有情形，唯为诸种情形之一。昨夕忽然闯入意识界，自当勉而成之。诗云：

从未寄书回，梦中常疑猜：何因竟诀绝，弃我知遗迹？

而我亦太痴，胡为不先施？邮址何从写，电话何号码？念此怅百端，醒时始恍然。原来是永别，万古阻消息。

（1974年3月2日）今日为墨逝世十七周年。十七年矣，而余犹能支持，未知此后尚复几时。

（1975年3月2日）墨之逝世至今日已十八周年，至善于晨间早出，独乘地铁车与公路车往福田公墓看望。归来已过十二点，言其母之墓尚完好。墓地今为果园，仅于出门之时遇见一园中人。余闻之亦无深怅，余今生殆不复往福田看望矣。

（1976年3月2日）墨之逝世，至今日为十九周年矣。

（1977年3月2日）墨之逝世，到今日为二十周年。当时似觉得将无法过下去，不意二十年居然过下来矣。此简单之想头盖超于悲哀之外，亦不知应如何说也。

（1978年3月2日）今日为墨逝世之二十一周年纪念日。

（1979年3月2日）墨逝世二十二周年。年年此日记之，不知尚复记几次。

（1980年3月2日）今日为墨逝世之二十三周年。

（1981年3月2日）今日为墨逝世二十四周年之日。

（1982年3月2日）今日为墨逝世二十五周年之日。

（1983年3月2日）今日为墨逝世二十六周年纪念日。

（1984年3月2日）墨之逝世，至今日已二十七周年矣。

（1985年3月2日，因病住院，未记。）

（1986年3月2日，因病住院，未记。）

（1987年3月2日）昨夜未睡好，思绪万千，今天是墨去世纪念日。时光快矣，我独自又走了卅年。午后史晓风来，……后听兀真告知，晓风给兀真背诵卅年前悼念墨的诗，没料到他竟然还记得，令我感动。

我惠　胡墨　林慕

人情實太好
與我大有緣
一切皆可舍
人情良難捐

墨以一九五七年三月二日謝世先十
日為余說此意寫于心繫人開骨歸泉
壤用銘其墓來者鑒之　葉聖陶

叶圣陶为胡墨林写的碑文

父与子

为父母就得兼充"教育专家"

做了父母就注定应该负教育子女的责任

做了父母就注定应该负教育子女的责任，在生物进化的途径上显示得很明白，但是除了本能以外，还需要知识技术等帮助。……父母爱自己的子女，喜欢给他们吃肥美的食物，穿温厚的衣服，这固然不错；子女身体上的要求，父母能使他们满足，不能说这并不是爱。但是能够给子女以教育，更是深浓强烈的爱，因为饱了他们心灵的饥饿，暖了他们心灵的寒冷了。若能适宜地生育子女，——予以教育，当然是父母的深爱；倘若自知不能教育而不生子女，也见得对于未生者的无穷的爱。

《父母的责任》

倘若没有儿女也许会感到寂寞和惆怅

假若至今还没有儿女，是不是要与有些人一样，感到是人生的缺憾，心头总有这么一个失望牵萦着呢？

我与妻都说不至于吧。一些人为没有儿女感到缺憾，因为他们认儿女是他们份所应得的，应得而不得，当然要失望。也许有人说没有儿女就是没有给社会尽力，对于种族的绵延没有尽责任，那是颇为冠冕堂皇的话，是随后找来给自己解释的理由，查问到根柢，还是个得不到应得的不满足之感而已。我们以为人生的权利固有多端，而儿女似乎不在多端之内，所以说不至于。

但是儿女早已出生了，这个设想无从证实。在有了儿女的今日，设想没有儿女，自然觉得可以不感缺憾；倘若今日真还没有儿女，也许会感到非常寂寞，非常惆怅吧。这是说不定的。

《做了父亲》

一为父母就得兼充"教育专家"

"教育是专家的事业"，这句话近来几乎成了口号，但是这意义仿佛向来被承认的。然而一为父母就得兼充专家也是事实。非专家的专家担起教育的责任来，大概走两条路：一是尽许多不必要的心，结果是"非徒无益，而又害之"；一是给了个"无所有"，本应在儿女的生活中给充实些什么，可是并没有把该给充实付与儿女。

自家反省，非意识地走的是后一条路。虽然也像一般父亲一样，被一家人用作镇压孩子的偶像，在没法对付时，就"爹爹，你看某某！"这样喊出来；有时被引动了感情，骂一顿甚至打一顿的事也有。但是收场往往像两个孩子争闹似的，说着"你不那样，我也就不这样"的话，其意若曰彼此再别说这些，重复和好了吧。这中间积极的教训之类是没有的。

不自命为"名父"的，大多走与我同样的路。

自家就没有什么把握，一切都在学习试验之中，怎么能给后一代人预先把立身处世的道理规定好了教给他们呢？

《做了父亲》

"学校好坏"与儿女的程度并没有什么了不起的关系

学校，我想也不是与儿女有什么了不起的关系的。学习一些符号，懂得一些常识，结交若干朋友，度过若干岁月，如是而已。

以前曾经担过忧虑，因为自家是小学教员出身，知道小学的情形比较清楚，以为像个模样的小学太少了，儿女达到入学年龄的时候也将无处可送。现在儿女三个都进了学校，学校也见见特别好，但是我毫不存勉强迁就的意思。

一定要有理想的小学才把儿女送去，这无异看儿女作特别珍贵特别柔弱的花草，所以要保藏在装着暖气管的玻璃花房里。特别珍贵么，除了有些国家的华胄贵族，谁也不肯对儿女作这样的夸大口吻。特别柔弱么，那又是心所不甘，要抵挡得风雨，经历得霜雪，这才可喜。——我现在作这样想，自笑以前的忧虑殊属无谓。

何况世间为生活所限制，连小学都不得进的多得很，他们一样要挺直身躯立定脚跟做人。学校好坏于人究竟有何等程度的关系呢？——这样想时，以前的忧虑尤见得我的浅陋了。

《做了父亲》

父亲的真欲帮助儿女仅有一途，就是诱导他们

我这方面既然给了个"无所有"，学校方面又没有什么了不起的关系，这就拦到了角落里，儿女的生长只有在环境的限制之内，凭他们自己的心思能力去应付一切。这里所谓环境，包括他们所有遭值的事和人物，一饮一啄、一猫一狗、父母教师、街市田野，都在里头。

父亲的真欲帮助儿女仅有一途，就是诱导他们，让他们锻炼这种心思能力。若去请教专门的教育者，当然，他将说出许多微妙的理论，但是要义大致也不外乎此。

可是，怎样诱导呢？我就茫然了。虽然知道应该往哪一方向走，但是没有往前走的实力，只得站在这里，搓着空空的一双手，与不曾知道方向的并无两样。我很明白，对儿女最抱歉的就是这一点，将来送不送他们进大学倒没有多大关系。因为适宜的诱导是在他们生命的机械里加添燃料，而送进大学仅是给他们文凭、地位，以便剥削他人而已。（有人说起振兴大学教育可以救国，不知如何，我总不甚相信，却往往想到这样不体面的结论上去。）

他们应付环境不得其当甚至应付不了的时候，一定会怅然自失，心里想，如果父亲早给点儿帮助，或者不至于这样无措吧。这种归咎，我不想躲避，也没法躲避。

《做了父亲》

希望儿女胜似我

对于儿女有我的希望。

一句话而已，希望他们胜似我。

所谓人间所谓社会虽然很广漠，总直觉地希望它有进步。而人是构成人间社会的。如果后代无异前代，那就是站在老地方没有前进，徒然送去了一代的时光，已属不妙。或者更甚一点，竟然"一代不如一代"，试问人间社会经得起几回这样的七折八扣呢！凭这么想，我希望儿女必须胜似我。

爬上西湖葛岭那样的山就会气喘，提十斤左右重的东西走一两里胳膊就会酸好几天，我这种身体是完全不行的。我希望他们有强壮的身体。

人前问一句话一时会答不上来，事务当前会十分茫然，不知怎样处置或判断，我这种心灵是完全不行的。我希望他们有明澈的心灵。

说到职业，现在干的是笔墨的事，要说那干系之大，当然可以戴上文化或教育的高帽子，于是仿佛觉得并非无聊。但是能够像工人农人一样，拿出一件供人家切实应用的东西来么？没有！自家却使用了人家生产的切实应用的东西，岂非也成了可羞的剥削阶级？文化或教育的高帽子只能掩饰丑脸，聊自解嘲而已，别无意义。这样想时，更菲薄自己，达于极点。我希望他们与我不一样：至少要能够站在人前宣告道，"凭我们的劳力，产生了切实应用的东西，这里就是！"其时手里拿的是布匹米麦之类；即使他们中间有一个成为玄学家，也希望他同时铸成一些齿轮或螺丝钉。

《做了父亲》

为兄妹弟三人已成之作再加修改

晚饭后，与小墨、三官闲谈。他们谓兄妹弟三人所作随笔，将来可出一集子。余言且将已成之作再加修改，并俟篇数多时，从中选择，再谋出版未迟。

1942 年 8 月 23 日日记

三儿之集子《花萼》，由桂文光书店印行，出版已数月，今日始取到赠书十册。分赠佩弦、叔湘、朝相、剑波、文珍、圣南、师尚诸人。

1944 年 2 月 5 日日记

附录：叶至善《〈花萼〉自序》

今年一年间，我们兄弟三个对于写作练习非常热心。这因为父亲肯给我们修改，我们在旁边看他修改是一种快乐。

吃罢晚饭，碗筷收拾过了，植物油灯移到了桌子的中央。父亲戴起老花眼镜，坐下来改我们的文章。我们各据桌子的一边，眼睛盯住了父亲手里的笔尖儿，你一句，我一句，互相指摘，争论。有时候，让父亲指出可笑的谬误，我们就尽情地笑起来。每改罢一段，父亲朗诵一遍，看语气是否顺适，我们就跟着他默诵。我们的原稿好像从乡间采回来的野花，蓬蓬松松的一大把，经过了父亲的选剔跟修剪，插在瓶子里才像个样儿。我们的原稿写得非常潦草，经父亲一改，圈掉的圈掉，添上的添上，连我们自己都不容易念下去。母亲可有这一份耐性，她替我们整理、誊写，像收拾我们脱下来的衣衫一样。誊写好了，少数投到杂志社去，多数收藏起来。

最近有几位父执从杂志上看到我们的文章，怂恿我们说："你们兄弟三个何妨合起来出一本集子。"我们想，我们写这些文章，原为练习，合将起来，岂不成了作文本儿？我们又想，学校里同学间欢喜调看作文本儿，或者有人想看看我们的。就把存稿编排一下，请父亲复看一遍，剔去若干篇，成为这本集子。

父亲替这本集子题了个名字，叫做"花萼"。

民国三十一年（1942年）岁尽日，至善

附录：叶至善《〈三叶〉自序》[①]

"花萼"，辑成的时候，我们就有个愿望，把以后的习作，按着年份，每年选辑成一个集子，作为我们练习写作的纪程碑，一方面也借此鼓励自己。谁知道事实并没有所想的那么如意。我们的文字愈写愈少了，写成的又很难教自己满意。因此，直到满了两年才选成这个集子。

这两年来，我们觉得文字愈写愈难了。动笔之前，煞费心思，总想把他写得好些，这也就是写得少的缘故。父亲说，想写得好

---

① 《三叶》，文光书局1949年版。

些，正是我们进步的动力，时常不满意自己所写的，也证明我们确实有些儿进步了。我们真个有些儿进步了吗？父亲的话也许是为了疼爱我们。才给我们这个鼓励。可是，尽管我们这样的惶恐，这些文字总是我们花了一番心力的成绩，因此仍旧选辑成这个集子。正像我们手摘的花草，总舍不得随手抛弃，不免捡出几枝来，插成一瓶，并且希望旁人看一眼我们这一瓶野花。

怀着这样的心理，我们就把这个集子原稿先请朱佩弦先生看一遍，却博得朱先生着实称赞了一番。我们很知道，朱先生的称赞，和他在我们父母亲面前赞叹我们的长成，是同样的意味。而我们也正和听到他当着父母亲的面称赞我们，有同样的高兴。

这个集子叫做"三叶"，表明是姓叶的兄弟三个的集子，并没有其他的意义。

民国三十四年（1945年）元旦，叶至善

附录：叶至善《〈三叶与花萼〉重印后记》[1]（摘录）

在《花萼》的"自序"里，我记下了当时我们三个围着桌子看父亲改我们的习作的情形。说是看父亲改，实际是商量着共同改。父亲一边看我们的习作一边问：这儿多了些什么？这儿少了些什么？能不能换一个比较恰当的词儿？把词儿调动一下，把句式改变一下，是不是稍好些？……遇到他看不明白的地方，还要问我们原本是怎么想的，究竟想清楚了没有，为什么表达不出来，

---

[1] 《三叶与花萼》，三联书店1983年版。

全家照

怎样才能把要说的意思说明白……多么严格的考试呀,同时也是生动活泼的训练,要求我们笔下写出来的,能毫不走样地表达自己的所感所思。

我们三个都乐意参加这样的训练,因而每个星期要交一篇习作给父亲。写什么由自己定,父亲从来不出题目。父亲一向主张即使是练习,也应该写自己的话,表达自己的真情实感。我们照父亲的主张做去,觉得可写的东西确实很多,用不着胡编,也用不着硬套,只要多多感受多多思索,生活中到处都是可写的东西,而且写出来决不会雷同;幼稚自然难免,但是多少总有些新意。

我们的习作所以能赚得宋（云彬）先生和朱（自清）先生的喜欢，原因大概就在这儿。

附录：朱自清《〈花萼〉序》（摘录）

圣陶兄是我的老朋友。我佩服他和夫人能够让至善兄弟三个成长在爱的氛围里，却不沉溺在爱的氛围里。他们不但看到自己的一家，还看到别的种种人；所以虽然年轻，已经多少认识了社会的大处和人生的深处。而又没有那玩世不恭，满不在乎的习气。

犹有童心兄与妹

由与至善至美陪同游青岛

（夜）十点一刻，（教育）部中之车来，即与至善、至美同载到车站，家中诸人送于家门口。登软卧车（去青岛），房间空者多，我三人占一间。十一点十五分开车，即就寝，竟夜朦胧而已。

1975 年 5 月 4 日日记

今日天晴，有风。在车中进晨午两餐，皆嫌量多，不能尽。午后两点廿二分到青岛，据云近因三令五申之效，故行车能准时刻。有市办公室副主任于同志、市委郭同志、交际处李同志来接，即到疗养院对门之小型别墅式房屋居焉。诸同志略为叙谈即去。

晚餐后出门散步，两旁林中，碧桃已谢，海棠与樱花有未阑者。复瓣樱花密甚，可谓浓艳。他则丁香紫荆方盛，紫藤花尚未开。于此可见青岛之气候花信，较北京较迟。步行至第二游泳场望海，时方落潮，海面澄平，想起曹孟德"水何澹澹"之句。回旅舍时为七点一刻。大家昨夜少睡，于是特早就寝。

1975 年 5 月 5 日日记

晨八点，交际处有一老汪同志来，并来汽车，言拟陪我人外参观。于是至水族馆。馆方修理房屋，仅开水族动物标本之部门。即依序参观，自低等动物而至于高等动物。接洽一位馆中青年同志，云活动物移养于室内水池中，可一观。乃至其处。各类动物共居于若干水泥所构之水池中，观之亦有味，惟无灯光照明与文字说明而已。若非老汪同志陪往，自不能得此观也。

继之至站桥。至善、至美前进至堤岸之端，余与老汪少行即止，觅石凳而坐之。时未上潮，波面镜平。既而登车观市容，先至商业区而转至工业区。乃返旅舍，时为十一点。

下午两点老汪再来。往参观贝雕厂。此厂出工艺美术品二种，一以贝壳为材料，构成图画；一以羽毛为材料。厂长导往观各间工作室，工人女多于男。工作皆手工。以钳夹羽毛或预制成各种形状之贝片，依图样而粘之。既而至成品展览室，观各种成品皆颇可喜。厂长为谈自 1961 年建厂以来之发展过程，言此品外销甚好，而以其为艺术品，即有两条路线之问题，正确掌握颇非易。厂长谈之极有条理，历时颇长，似招待正式参观人然。余深谢之。

次则游中山公园，汽车开入园，省得步行，实为特殊化。观其花圃，与种花工人交谈，至善、至美大有味。余觉青岛之种种花木，皆比北京有生气，殆是气候土壤咸宜之故。

往访方宗熙，适往北京开会。江乃萼亦不在家，留字条而归。

夜七点许，江乃萼来访。谈青岛秩序，近日开始好转。然真作到团结奋斗，尚须时日。江于八点去。

1975 年 5 月 6 日日记

晨八点汪同志来。即往载江乃萼而同去参观青岛啤酒厂。此厂至善前曾来过，近来颇为发展，厂房设备，皆有增益颇多。参观小部分，即坐于休憩室共饮啤酒。其味至美，为他种啤酒所不及。听厂长谈，其厂产品百分之九十销于国外，所至之国家与地区计二十有余，总之供不应求。所谈各种数字记不住，总之逐年增高。十点辞出，而往参观刺绣厂。

此刺绣厂全部用机器绣花，与苏州刺绣研究所之大部分以手工刺绣不同。此厂所绣大部分为床单、桌单、枕头之类日用品，皆供外销，小部分绣花卉禽鸟之类美术画，此亦与苏州不同，苏州盖专绣赠送国外之礼品，不以外贸为目的也。厂之书记颇殷勤，导往参观各车间，而其成品展览室在四楼，余上四楼复下楼，乃感疲累。

送江乃萼归其寓。与汪同志言下午拟不复参观，托汪同志联系购明日开往上海之轮船票。

午后睡起，至善入市购酒与罐头食品。余与至美散步于附近地区。此区为疗养区，花木至茂密。沿路观玩，随处得佳趣。遇见尚未衰谢之樱花与白碧桃若干株。又见两处牡丹，尚未盛开。遇见一种花工人言，此牡丹非观赏，乃资药用，种四五年后取其根，即丹皮也。闲步一小时有余而归。

1975 年 5 月 7 日日记

由青岛乘"长绣"轮赴上海

晨餐后出游附近。此疗养区花木至盛，行道树亦种碧桃、海棠、银杏、枫树之类。且每一段皆种同类之花木。行至第二浴场，至善至美下至滩石间觅贝类生物，余则步行于浴场边之石岸上。潮尚未起，风来不厉，清气入怀，良为舒适。

十点回旅舍，老汪同志以船票至，云下午三点开船，我人于下午一点前往，先于旅客，以免拥挤。二等票 12.9 元。轮上有两间"备用室"，实为特等，一般不售票，而可以照顾特殊旅客，其价 19.1 元。今供余居其一室。于是我三人之票价共为 44.9 元。犹不及自京到青一人之软卧票价也。

午饭罢，少顷，交际处李处长与老汪偕来，送我至码头登轮船。入舱坐谈有顷，二位即去，余深谢之。

轮名"长绣"，载重 7500 吨，以五个多月造成，去年 12 月 26 日开始载客航行。余所居一间宽敞甚，一切设备皆讲究，不能细记。得此享受，自然心喜，然未免"特殊化"矣。

同型之船凡五艘，以"锦绣河山"各加一"长"字命名，名其四，其又一艘为"长征"。

三点准时启锚。于是余与至善周行船之三层，观二等三等四等房间，又观其餐厅及阅览室。回余室，则船长与政委方来访晤，与至美闲谈。此二人皆海军出身，退伍而后从事航运工作。二人皆健谈,意颇亲切。

1975 年 5 月 8 日日记

上午,程政委邀我人登其驾驶楼,观各种仪表与机器,皆新品种,且为国产。盘桓一小时许,与正在值班之三数青年交谈。余归室后复入睡约一小时许。

轮于五点半停泊于提蓝桥码头。见码头上无人来接,稍慌张,程政委亦为我人着急。于是与上海市革委办公室通电话,则言接我人者已到码头。后始见一女同志正在盼视,至善与接话,果为来迎者。其人姓应,以码头不让汽车驶入,故汽车候于外。经程政委代为说明,汽车乃得入。程之殷勤关切,至可感也。

应同志导我人留宿于南京路口和平饭店,此为旧时英国人所建之饭店,老式而极讲究,余初到上海时即见此屋矣。居于四楼。应同志说明如何联系即去,无领导同志来虚文款叙,此最可取,余觉此乃至为自由。

1975 年 5 月 9 日日记

观上海浦江隧道、豫园商场

晨餐后出门步行于南京路,至河南路附近之大楼,访夏弘宁于蔬菜公司。夏方下乡至干校学习,而其同事甚殷勤,为打电话通知王洁,令王洁自工作单位回其家,且以汽车送我人至王洁家。既晤王洁,而司机同志谓彼有执照,可以通过浦江下之隧道,邀我人去参观一次。于是通过隧道,在浦东眺望有顷,再回浦西,驶至南京路中百公司而入观焉。余觉中百公司较北京之百货大楼为宽敞，然徘徊观看，且购杂物，为时稍久，亦复头脑昏昏。于是赶紧离去，至广州饭店进午餐。余久思从前所食之广东菜，今日所食之炒虾仁与蚝油牛肉，皆满意。食罢，与王洁别，步行向东，观看各店，回旅馆午休。

午后两点半往观豫园商场，即从前之城隍庙，各店皆看之，且购杂物。复购票入豫园游览。四点后出园，回至旅舍。今日颇疲矣。

1975 年 5 月 10 日日记

游观外滩公园、虹口公园

晨间于餐厅遇夏景凡，殊为意外。彼久住此和平饭店，盖为编印新疆画册，在沪印刷方便之故。

购票入外滩公园游观。花木假山，布置颇不俗。游人极众，多老年男女，大多为退休人员。打拳、练气功，或诸人共同操练，或单人独为之。且见一人于石条凳上打坐，如菩萨模样，我人坐于凉椅上约二十分钟，然后出园。

乘公共汽车到章秋凡家。秋凡殷勤款待。其女往迎其外祖父母章守宪夫妇至。守宪渐见其老，不如前年会面时。共谈至十点，乃辞去。

于是步行市街，一路闲观，购杂物。见一家西餐馆，入而进食，食品殊可。且坐待稍久，正可休息。见一家理发馆，则入而理发，消磨时间。女理发员问余年岁，告以八十一，则皆以为出乎意料。

于是往访刘仰之夫妇。相见欣然。仰之见得瘦削苍老。彼夫妇管理孙女、外孙女三人，仰之谓竟如三条绳索，使彼夫妇不得自由。坐约一小时许而归旅舍。至美则往访其同事之调回上海改任教师者。

夜间来客七人，致旅舍嫌客人太多，不拟放令登楼（四楼）。后有人言，此431房间经过关照，来客不受限制，乃任登楼。究不知翳谁曾为此关照也。来者为王知伊、王洁及其次子，欧阳文彬、王漱华（伯祥之第七女）、陈礼生及其邻居中学老师漆一中。一时笑语纷纭，室中极为热闹。漆一中任班主任，与余谈教育方法问题，而王洁之次子任中学体育教师，王漱华则为某中学之书记，对此各有所见，皆直抒其意，颇有兴致。王漱华之经验颇可取，凡三点，一为引导学生自动组织马列小组，二为开门办学，三为教师必须以身作则。余极赞赏之。共谈至九点半，诸人乃去。今日疲矣，而颇欢畅。

1975 年 5 月 11 日日记

早餐后乘车至北四川路底，参观虹口公园。此园扩展至广，树木高大茂密，游人众多，亦以老年男妇为最，打拳舞剑者纷纷。增凿河道，可以划船。观鲁迅墓，又周行几遍全园，乃出。步行至横浜路，访景云里旧居。门巷依然，而似觉较往时为窄，仿佛四十年前不若是也。孰为我家之居，孰为雁冰、鲁迅、周建老之居，皆一一指认之。于是乘车经宝山路、河南路而于延安东路下车，反身行福州路，自东而西，一一指认此为往时之某店。而绍酒店止见一家，只有零沽，不设座供客坐饮。入而询问，则遇一好事之客，谓南京路有一家，即从前之王××，可以坐饮。于是自浙江路往南，至南京路折而东，行不久，果见某某酒店，忘其名。此店设座位，售绍酒、啤酒，有冷菜，亦有热菜，并卖饭。楼下座客挤满，登楼与人家拼桌，居然得座。于是购冷菜四色，饮绍酒二斤。已不设烫酒之炉，惟冷饮耳。酒止一种，每斤值5角。余颇欣然于重温曩时绍酒店之气氛。前此屡来上海，有所拘牵，皆未酬愿。此次之游为最自由称心矣。饮罢步行返旅舍，午睡颇酣。

俞钧硕邀我人聚于扬州餐厅，此系新近开设者，地点在南京路北侧，河南路之西。钧硕邀二人来共叙，一为元善之子阿鼎，又一为程建中，近方与钧硕之次女方方交朋友，将来可能成为对象者。五点许到餐厅，已挤满，方方先到占座位，居然得一小圆桌，七人围而坐焉。此处菜尚可。余与至善饮钧硕携来之香雪酒。全堂人声至沸，候座站于旁侧者颇众，因而坐食者亦难安然饮啖。匆匆食罢，共返旅舍闲谈，乃觉颇为舒适。至八点，四客皆去。

1975 年 5 月 12 日日记

到华东医院探望陈望道，访郭绍虞夫妇

夜间有雨，晨而雨止。不欲食食堂之早餐，则沿南京路西行，未久至沙市路，其处有专供各种小吃之合作食堂，凡各种点心，分门另类列肆设座，俾顾客坐而进食。我人占得一小桌，各吃面

一碗。历次到沪，从未有身临此等处所之机会，此所以尤满意于今番也。

返旅舍，夏景凡来谈新疆情况，坐半小时许而去，又交来画册数册，供余消遣。至善、至美又外出购物，余乃展观画册。

午后，应同志以车来，陪余与至善到华东医院探望陈望老。陈以气管炎住院已数月，人大开会时盖自医院暂出，会毕仍居医院。其病似不重，方在看新出版之《商君书注译》。叙谈约四十分钟辞出，而往访绍虞夫妇，请应同志乘车自归。

绍虞夫妇见余至甚欢。绍虞似较前年尤清健，日事撰写，一则写关于语法之文章，又一则修改其旧作文学批评史。如此精勤，余闻而愧矣。询其兄际唐先生，则已于今年 1 月间逝世。吃购来之生煎馒头二枚，此物久已不尝矣。叙谈约一小时半，互道珍重而别。乘电车返旅舍。

不拟入餐厅进晚餐，则购油爆虾下酒，吃面包少许。明日往杭州，应同志已为购得火车票，软席座每张 6.5 元。至善去算旅宿之账，我三人各以 5 元一日计算，五日共付 75 元。此房间颇宽敞，其价不能算贵，然为余生平付出最大旅宿费矣。

俞钧硕来访，托带杂物交圣南妹。

1975 年 5 月 13 日日记

游"柳浪闻莺"公园、平湖秋月，观灵隐寺、植物园

电梯于六点半开始上下，而我人于五点须下楼，则循扶梯而下。至善下而复上，乃将九件行李搬下。五点一刻，应同志以车

至，即载往车站，登火车，与应小坐，乃致谢而为别。

软席座客颇稀。车以六点六分开。天气晴朗，四望绿满，其黄者则为已熟之菜荚。九点一刻到杭州，有专司接待之王行之同志与其属下王姓女同志在站相候。即驰车至湖滨，宿大华旅馆。所居在包纳入大华旅馆之一座楼中，原为某资本家所建，建筑极讲究，而颇俗气。余与至善居一室，至美另居一室。此处可以凭栏看西湖，殊为适愿。

午后醒来，圣南妹已应电话而至。遂共同步行于湖滨，且观湖滨向东之几条市街。四点半回旅舍，圣南归去，约明日同游。

晚餐后早睡。余殆以疲劳之故，睡不甚稳。

数日间仅得一绝句，叙 8 日之晨游海滨，今日定稿，记于左方。

　　　青岛海滨晨眺

　　　　至善至美从

不观沧海十年久[1]，复犯风涛五月晨。

犹有童心兄与妹，履滩检贝折腰频。

1975 年 5 月 14 日日记

天雨，虽不大，而时时洒洒一阵，殊不凑巧。

王姓女同志来为我人代定游观日程。我人拟于 19 日乘内河小轮往苏州，托彼接洽船票。轮行一天，可观运河沿岸诸市镇，

---

[1]　圣陶先生曾于 1965 年 5 月 18 日到青岛视察教育工作，6 月 12 日返京。

想当别有风味。

携伞而出，入"柳浪闻莺"公园。此园颇宽广，树木茂密，亦至可取。于沿湖小坐，张伞而望雨湖。旋即归。

圣南妹及其女思齐于十一点来，携来香雪酒两瓶。遂共进午餐。

本拟取消下午之出游，及余午睡醒来而雨止，遂雇汽车出游，思齐则自去上班。先至平湖秋月，次观灵隐，至大殿而止。次入植物园，而雨又下，乃小休于工人之舍。旋往观尼克松所赠之红松，英国女皇所赠之大朵有香月季。此植物园游之可竟日，而我人一以遇雨，二则余走不动，仅经过其至小之一部分，良可惜矣。又至玉泉，于鱼池旁小坐，即出。乃至浙大圣南妹之寄居处，晤夏勇，茗饮有顷，即归旅舍，雨犹未止也。

1975 年 5 月 15 日日记

游孤山，访西泠印社，观三潭印月、花港公园

至善于八点后离去，将乘火车到白马湖探望满子之大嫂，于明日即回来。

已购得 19 日到苏州之小火轮票，每票 2 元。苏杭来回，每日有昼夜轮船各一班。趁夜班一宿而达，睡眠于旅程中，可节省时间。而我人欲观沿路各乡镇，故趁日班。据云此较为吃力。

圣南妹与思齐来共午餐，携来自煮之鳝丝。

午后余睡起，即共乘摩托小划子出游。夏勇与其子亦来，一船载六客。司机者为一中年妇女，似即时往划游艇者。如今游客往来，已不用划桨之船，皆于划子之尾装一摩托开动之。

先到孤山，转而出西泠印社，继之至三潭印月，最后到花港公园。占用划子两小时有余，每小时 3 元，较之到苏轮船票价尚多 1 元也。

思齐介绍其所识之朱祖尧来访。朱在航运局任事，云可与小轮上关照，俾我人坐于船员之室，不与他客杂坐于统舱中。此当较为舒适，可减少疲劳。

1975 年 5 月 16 日日记

观洪春桥花圃，游虎跑

圣南妹早来。八点过，驶车往洪春桥花圃。夏勇夫妇携其小孩并偕其同事王敏在彼相候。玫瑰、月季连畦接垅，诸色纷纭，嗅之大部有香气。其他花木，难以悉记。参观其盆景室，又观露天盆景场，树姿皆可爱，衬托之山石大多颇佳，真是洋洋大观。既而观其兰蕙室，点缀以杜鹃。亦有露天培养棚。此花圃占地四百亩，工人一百八十余人，分为八个小队，分门别类管理各种花木，但未知其分类之名目。如此大规模栽培花木，他处殆无有也。十点半返旅舍。

午睡起来，偕圣南、至美游虎跑。前年来杭参观，余未到虎跑。虎跑之幽深，胜于灵隐。坐而品茗品泉。圣南、至美皆吃藕粉。此处真可盘桓竟日，我人尚难免去来匆匆，四点即归。

六点过，至善自白马湖回来。

1975 年 5 月 17 日日记

访龙井、九溪，观六和塔，登吴山

王雪珎同志来言，今日下午有雨，因改于上午出游。驶车至龙井，观览一周。乃往九溪，一路溪流截道，林木苍郁，极有幽趣。此二处似皆为余前所未经。于是至钱江滨。余未下车。至善、至美则行至六和塔下。继之登吴山，而雨已至，两侧江与湖皆颇模糊。此山布置亦佳，远非从前所见之杂乱矣。遂回旅舍，时为十一点。圣南与思齐已先来，乃共午餐。

午睡醒来，圣南思齐别去，几日相叙，至此乃言"再见"。至美则随彼母女出购杂物。

入夜整理行李，准备明日清早出发。

1975 年 5 月 18 日日记

乘内河小轮往苏州

付住宿费，两间房每日以 8 元计算，可云甚廉。此盖是所谓"内部"之标准。若外国人或华侨居之，其价即不止此。

晨四点即起。五点离旅舍，王雪珎送我人到轮船码头，其处曰买鱼桥。朱祖尧夫妇已先到，为我人介绍于船上人员。五点半准时开船，与王雪珎、朱夫妇道感谢而别。

轮船颇不错，全船可坐一百五十二客，较之火车软席宽敞，惟为硬席而已。舱中亦颇整洁。开行至下午五点到苏州，为时十一点半。中间上客下客装货卸货停顿时间有长有短，装卸则极为敏捷。沿路多见桑树。田亩殊无空隙处。石铺驳岸有坍塌处，观其情形，似将全补砌成斜驳岸。所经各码头记之如下：武林头、塘栖、陈家堰、韶村、新市、蔡家、含山、九里桥、练市、乌镇、担溪、平望、八圻、吴江，次即到苏州。轮船上对旅客仅供干点心，特为我人做菜做饭，一尾鲫鱼新鲜可口，他则肉丝与蛋汤。又为我人泡茶。午后余于船员之卧处睡约一小时。过宝带桥时，则招余坐驾驶台观之。此亦颇为特殊化矣。

席培元、张玉熙二位在码头相迎。驱车至南林饭店，此处余曾住数次，极清净。

1975 年 5 月 19 日日记

至诚应招来苏同游网师园、观前街、沧浪亭

晨发电报致兆言，令告剧团人员让至诚自江阴来苏。于是游网师园，观其布置房舍回廊与树林皆具匠心，总之使有画意，四望皆景。茗坐半小时，则乘公共汽车到观前街东口下。闲步观前街，自东向西，至察院场。乃乘公共汽车到三元坊口下。步行而归。

午睡起来时韩惠沅偕其女四人，刘秉祥携其子来访。遂同游沧浪亭，啜茗于树下，坐约一小时许。乃周行全园，景皆如旧。五百名贤祠不开放，窗上糊以纸，据知石刻皆无损。五点许归。忽至诚到来，其速如此，喜出望外。彼自江阴乘汽车到无锡，然后坐火车而来。遂共晚餐。入夜纵谈稍久。

1975 年 5 月 20 日日记

游留园，观乐益女中，访草桥小学

晨八点后乘汽车到留园，周行全园，亦赏其布局结构。园中

盆栽极多，大部为枯株老根发新枝，衬以山石，乃多趣致。游约一小时有半，乃至刺绣研究所参观。顾文霞方往桂林开会，由一女同志陪我人周行各室。此处与青岛刺绣厂绝不同，青岛全用机器，此处全为手绣，静不闻声。而窗外树林茂密，工作环境亦大异。十一点回旅舍。

午睡起来，余往理发。

至美欲往观乐益女中旧址，于是四人同出步行。先过平直小学，此至诚曾入学之校。至乐益女中旧址，今为专区所属若干局之办公地。于是入公园一观，布置管理皆平常，无甚可取。行至草桥，则为余与至善幼时就读之校。方徘徊于门首，而已有教师来探问，一知为余，则校中负责人遽来招邀，必欲令入内一坐。遂入，坐其办公室中。诸人询余初建校时之情形。今其校大为扩展，最初所建之课堂走廊亦将拆除，改建新屋矣。坐约半小时许而出。

1975 年 5 月 21 日日记

参观工艺美术厂，游拙政园，到书场听书

晨八点许，乘汽车到平江路北头，参观刘秉祥主持之工艺美术厂。到达时秉祥已上班，为我人泡茶。观其厂所出之通草画幅，有小品，有巨幅，花卉人物俱有，其画之颇精细。继之乃观其各工作室。石雕则有碑帖与大小立体雕品。出其所藏碑帖数十种相示，中有宋拓本，并有清代书家之题跋。牙雕各品，皆工笔细刻，亦有细刻长篇文字者。仿古铜器部分，观其已成未完成之数件，

不识者自不知其为赝品也。此种仿古青铜器须经腐蚀，成一件须历二三年，皆供外销者。有老艺人二位，年皆七十光景。次则观其首饰之部分。镶嵌珠宝，多数为戒指，他则备悬挂之饰品。其厂产品，以此项为大宗也。参观二小时有余，甚感兴味。

乃往游拙政园。自东侧入，周游全园，摄影若干张。随处憩坐，回念幼时游踪。十一点半回旅舍。

至善于凤凰街南口酒店中发现绍酒"竹叶青"，自往沽之，于进餐时饮之。久已不饮此种绍酒矣。据酒店中人言，售此之店无多，知之者亦少。

下午余留居室中。兄弟三人出外闲游。及回来，谓去狮子林一观。

五点半，苏州市委书记曲文同志来访。同来者有市革委办公室主任与统战部门负责人，二位皆闻其姓名而未听清（后知前者为赵宝康，后者为李崇远）。尚有席培元、张玉熙二位。谈有顷，知前年来参观时，曾与曲文同志晤见。诸位邀我人共晚餐。余以私人旅行，而受款待，彼此均非宜，然其势不可却，则亦随之。菜肴颇丰美，惜余食量小，不能多进。聚餐一小时有余而毕。

曲文同志先去。余四人则陪我人至北局某书场听书。书场有六七百座，全场坐满。节目凡三。弹词两段，系《红色娘子军》与《海港》之改编。评书一段，系《平原作战》之改编，余虽苏人，而听苏州话已觉"陌生"，说唱之语言，余只能悟其一半而已。两者相比，则听说评书似较为清楚。节目三段共二小时，九点过散场，驱车而归，稍疲惫矣。

晚餐毕回宿舍时，有二女客在相候，一为我妹之同学龚遂云，一为昔居青石弄时所雇陈妈之媳妇。龚来问我妹近况。陈妈之媳妇今为居民革委会之治保委员，来问青石弄余屋所遗杂用器物之事。大约今居该屋之住户与居民革委会有争执，故闻余之来，特来询问原主。不意来此啰嗦，殊觉无聊，至善云当与市革委方面商酌而后答之。

1975 年 5 月 22 日日记

游虎丘、西园

晨八时乘汽车出城游虎丘。周游各处，偶或摄影。冷香阁与致爽阁皆不开放，专以延纳贵宾。冷香阁之旁新建一茶室，我人乃于此中茗憩。游观约二小时，乃至西园，自罗汉堂穿出，而至池塘亭子之园中。西园之胜，全在池水之宽敞，与夫亭子之雅致。徘徊久之。出园，观大殿之塑像。驱车而归，时为十一点半。

下午未外出。至善、至诚往访韩惠沅之家。

已购得 26 日到南京之软席车票，每张 7 元 4 角。

1975 年 5 月 23 日日记

游天平山

晨八时许出发，往游天平。有毛毛雨，既而即止。车行卅五分钟而达。枫树参天，满空荫绿，别成境界。履石磴而上，子女扶之，至钵盂泉而憩焉。旧时之见山阁已无有，改建宽阔之新阁，供游客茗憩，据云建于 1968 年。见山阁为白蚁蛀蚀而坍塌。此间树木，亦多为白蚁所损。云已注射喷洒药剂以制白蚁，当可奏效。此间之枫树，最早者之年龄达四百矣，自是可贵。余独坐啜茗，兄弟三人则稍爬山而上，然后来共坐啜茗。坐约一小时有余，乃下山观池塘曲桥。高义园方修葺，不得入观。观乾隆诗亭。遂驱车而归，到旅舍亦十一点半。

午后睡起，张玉熙与邹君方与至善谈话。至善告张君以余青石弄旧居交公之经过。邹君则1971年陪余游苏州各处者也。既而二位皆去。

至美、至诚姊弟二人说得有兴，决以明日一日工夫往无锡一游，当日回来。遂以今日之余暇往观前街购杂物。

至善往访龚遂云，获知居民委员会之意，在探问余当时以青石弄之房屋交公，是否有所保留。盖居其中之陈姓借口余有所保留而彼占得便宜。余乃知此事尚简单，只须说明绝无保留，托市之机关转管之即可。

夜间，惠沅夫妇携其长女次婿来访，闲谈一小时许。遂与为别，云下次来时再见。

1975 年 5 月 24 日日记

重游网师园

至美至诚以晨六点后赶往车站，准备到无锡游观太湖之滨。今日星期，游人拥挤自所难免。

与至善重游网师园，各处皆细细观玩之，赏其设计之匠心。面积究不大，亦不过一小时即已周遍，遂归。

下午四点许，韩惠元携第三第六女来访。既而苏地负责外事工作之朱中浩来访。

五点以后姊弟二人自无锡回来，兴致甚高，然不免疲劳。

至善往付旅宿费，每人以3元一日计，共付81元（至诚少住一宿）。此亦是"内部价格"也。

1975年5月25日日记

由苏州乘火车到南京

晨七点离南林饭店，席培元、张玉熙二位送我人到车站。自上海到合肥之火车以七点半到苏，即登车，谢席张二位之接待。火车开行四小时到南京，一路晴光田亩，望而爽心。南京有二位同志相候，听而未听清其姓名（后知一位姓许系省统战组之人，一位姓李，系市统战组之人），姚澄、兆言亦在。遂驱车到新街口胜利饭店，此是电话联系时至善兄弟提出之要求，取其距至诚、姚澄之居处较近。然其地靠近市廛，车声几乎不断，较之南林饭店之幽静，且树木四绕，可谓另一天地。

午睡未稳，四点许到延龄巷至诚姚澄之居。同居之人与剧团中人多来看望，谈笑不绝。姚澄令其所雇扬州阿姨做菜，品多量丰。姚澄之妹与妹婿来共餐。余力言少吃，仍不免过饱。食罢，复有客人来闲谈。将九点，我人返旅舍。竟夜未得好睡。

已订购卅一日回京之飞机票，每张57元。

1975年5月26日日记

游玄武湖，观新街口一带之市肆

晨间姚澄、至诚、兆言来。驱车游玄武湖。于数个洲随处停留，偶或拍照。此公园之胜在湖面敞，异于一般园林。而雪杉之高大苍翠，亦为可观。栽种花卉则不逮苏杭，而月季亦复足取，盘桓到十一点半归。

下午，至美随苏州来宁之参观团往观长江大桥，由苏州之张玉熙同志以车来接去。余俟姚澄、至诚再来，则与至善偕彼等出观新街口一带之市肆。据至诚言，南京市内近时正在注意社会秩序，警察与民兵对于不正之风，随时随处取缔之。出行历一小时有余而归。至美自大桥回来，则在五点半矣。

1975 年 5 月 27 日日记

观中山陵、明孝陵、无梁殿及廖仲恺、何香凝墓

姚澄、至诚于七点半来，即偕同驱车出中山门。城外回望一绿，最为可爱。到中山陵下，至美、至诚爬登四百有余石级。余与姚澄、至善则徘徊旁侧之林间，或则休坐于石椅以待之。姊弟约经四十分钟而下。遂往观灵谷寺。其处不甚整洁，似较 1971 年来游时为差。又观无梁殿。次至廖仲恺、何香凝墓。此墓之设计似颇庸俗。最后至明孝陵之墓道。至善拍石兽之照数张。回到旅舍，尚未及十一点也。

原江苏省长惠浴宇今方闲居，常与至诚、姚澄晤见，向至诚借翻译作品观之。近闻余将到宁，谓至诚彼于"文化大革命"中无问题，如有兴致，希获一晤。彼既有此言，似以一往访问为宜。

下午四点后，偕至美、姚澄、至诚驱车访惠于其宁夏路寓所。夫妇二人欢颜相款。惠言曾患肺癌，已切去其肺之一叶。越二年，"文化大革命"起，彼被指为走资本主义道路之当权派，稍受冲击，阅数载而后被认为无甚问题。惠叙往事，每以诙谐出之，哈哈之声甚洪。询其年，六十六岁。坐约一小时有余而辞出。

1975 年 5 月 28 日日记

参观南京博物院

在南京尚有两日，须有以遣之，因定今日上午参观南京博物院。本欲随意入观，而招待人员先通知院中，遂有一位女同志曰黄平者候于门首，为之导引讲解。于是须联合聆听，须接话，不免疲惫。参观历两小时，全观其通史展览，凡七室。此院建筑合度，光线柔和，展览多本地之品，陈列宽展、题字及说明之书法皆优秀，使观者颇为悦心。

出博物院，回到至诚、姚澄之家午餐。特备虾仁田鸡与螺蛳。食罢，至诚陪余回旅舍午睡。至善、至美、兆言则往游雨花台。

省革委办公室主任兼统战组负责人陈良前年曾相识，约余全家共晚餐。六点半，陈偕其同僚三位同志到来，稍谈之后即会餐。所备菜相当好，惜余食量小，不敢多吃。饮啖一小时有余而毕。忽惠浴宇夫妇来访，遂共笑谈。客去归室，时已八点半。

1975 年 5 月 29 日日记

参观太平天国展览馆

上午八点半后，偕至善、至美、至诚、姚澄往观太平天国展览馆。此馆前曾到过一次，不记何年，今则重行布置，增加太平天国贬孔之内容。有馆中人员三位陪同走遍各室，其中一位女同志逐处讲解，因而亦非用心听看不可。此馆址原为东王府，东王居此仅三日，别居他处。其西侧有瞻园，假山树木，布置大类苏州园林，观其刻石题记，此园明代已有之，而葺成今貌，则在光绪年间，其时余十一岁，则不过七十年耳。

于馆中遇周村同志及赵源夫妇。盖闻余到馆参观，特来一晤。周村前为江苏省文化局长，数次晤叙。赵源为至诚戏剧学校之同学，1954 年陪余与墨自无锡到杭州者。赵源今为响水县文教局长，响水系江苏新建之县，此名余为初闻也。周村屡嘱明年再来，谓彼与他人近方考查太平天国遗迹，续有发见，尤以建筑物为多。明年当可定其大概矣。珍重握手而别。

晚餐时全家六人共聚餐。姚澄于餐后大谈其历年演剧之情形，听之有味。至八点半，三人乃去。

至善与旅馆算账，我三人每人每日以 4 元计宿费。而所乘多次汽车则不计，各地招待所之办法不一律，杭州、苏州于汽车皆收费。但汽车之费亦悬殊，杭州每公里 4 角，苏州每公里仅 2 角 8 分也。

1975 年 5 月 30 日日记

胜利完成"出游"的夙愿

姚澄、至诚、兆言以八点过到来，……闲谈到十点半，乃携行李往机场，统战组之许同志、杜同志以及旅舍中之小马同志伴同相送。机场距市区不远，车行约十五分钟而达。坐候至十一点三十余分，乃与相送诸同志告别，登入机舱。此机仅有四十八座，全舱满座。中有墨西哥来我国访问之代表团，殆有二十人光景。

午后一点五十余分降落北京机场，则闫忠尧同志以车相候。取得寄存之行李，即驱车到家。全家欢颜候于门首。宁宁、筠嘉皆来迎至美，至美于四点后回去。父子女四人共同游叙，此次之经历实为难得。今游罢归来，亦可谓"胜利完成其夙愿"矣。

1975 年 5 月 31 日日记

叶圣陶指导至善、至美、至诚写的散文集《花萼》

叶至善

与长子至善

"爬凳子"的启示

儿欲爬上凳子，

玩弄桌上摆着的

积木、摇鼓、小锡船、耍孩儿。

他右膝支着凳面，耸身屡屡，

可是力量不济，

不能成就他的尝试。

老太太看见了，

把他抱起来，让他坐上凳子。

伊的动作十分轻易。

但是，这使他十分失意，

啼声乍发，身子一溜，

两脚又站在地。

为什么哭泣？

要发展你独创的天才？

要锻炼你奋发的潜力？

要祈求你意志的自由？

要享受你成功的喜悦？

他不作什么说明，

只是继续他的尝试。

忽然身子一耸，两脚离地，

他又坐上了凳子。

玩具在他的手里，

笑容浮上他的两颐。

《成功的喜悦》①

"媒妁之言"

十六岁的儿子将要与一个十五岁的少女订婚了。是同住了一年光景的邻居，彼此都还不脱孩子气，谈笑嬉游，似乎不很意识到男女的界限。但是看两个孩子无邪地站在一块，又见到他们两个的天真和忠厚正复半斤八两，旁人就会想道："如果结为配偶倒是相当的呢。"一天，S夫人忽然向邻居夫人和我妻提议道：

---

① 这首新诗写在 1921 年 1 月，那时长子至善还没满三岁，爬上凳子，对他来说确实不是件容易的事儿。抱他上凳子的老太太应该是他的祖母或外祖母。做父亲的一连提出四个问题，并不是要儿子回答，而是他自己在思索。

"我替你们的女儿、儿子作媒吧。"两个母亲几乎同时说"好的"，笑容浮现在脸上，表示这个提议正中下怀。几天之后，两个父亲对面谈起这事来了，一个说"好的呀"，一个用他的苏州土白说"呒啥"，足见彼此都合了意。可是两个孩子的意如何是顶要紧的，就分头探询。探询的结果是这个也不开口，那个也不回答。少年对于这个问题的羞惭心理，我们很能够了解，要他们像父母那样若无其事地说一声"好的"或者"呒啥"，那是万万不肯的。我们只须看他们的脸色，那种似乎不爱听而实际很关心的神气，那种故意抑制欢悦而眼光低垂下来的姿态，就是无声的"好的"或者"呒啥"呀。于是事情决定，只待商定一个日期，交换一份帖子，请亲友们喝一杯酒，两个孩子就订婚了。

有"媒妁之言"，而媒妁只不过揭开各人含意未伸的意想。也可以说是"父母之命"，而实际上父母并没有强制他们什么。照现在两个孩子共同做一件琐事以及彼此关顾的情形看来，只要长此不变，他们就将是美满的一对。

这样的婚姻当然很寻常，并不足以做人家的模范。然而比较有些方式却自然得多了。近来大家知道让绝不相识的一男一女骤然在一起生活不很妥当，于是发明了先结识后结婚的方式。介绍人把一男一女牵到一处地方，或者是公园，或者菜馆的雅座，"这位是某君，这位是某女士"，一副尴尬的面孔，这样替他们"接线"。而某君和某女士各自胸中雪亮，所为何事而来，还不是与"送入洞房"殊途同归？觌面的羞惭渐渐消散了，这是想出话来对谈，寻出题目来约定往后的会晤，这无非为了对象既被指定，

"五高"全体教师合影（二排左二为叶圣陶）

不得不用人工把交情制造起来，两个男女结婚以后如何且不说，单说这制造交情的一步功夫，多么牵强不自然啊。

又有一种方式是由交际而恋爱，由恋爱而结婚。交际是广交甲、乙、丙、丁乃至庚、辛、壬、癸，这不过是朋友的相与。恋爱是一支内发的箭，什么时候射出去是不自知的。一朝射出去而对方接受了，方才谈得到结婚。这种说法颇为一部分青年男女所喜爱。但是，我国知识男女共同做一种事业的很少，所谓交际，差不多只限于饮食游戏那些事。若不是有闲阶级，试问哪里有专门去干饮食游戏那些事的份儿？并且，交际只限于饮食游戏那些事，谨愿的人因而往往向隅，而浮滑的人才是交际场中的骄子。我们曾经看见许多青年男女瞩望着交际场，苦于无由投身进去，而青春已渐渐地离开他们，他们于是忧伤、颓丧、歇斯底里。这是很痛苦的。再说一部分青年心目中的恋爱境界，差不多是一幅美丽而朦胧的图画。那是诗词和小说教给他们的，此外电影也是有力的启示。这美丽而朦胧的图画实在只是瞬间的感觉，如果憧憬着这个，认为终极的目的，那么恋爱成功以后，一转眼就将惊诧于完全不是那么回事，这时候是很无聊的。

伴侣婚姻是美国的产品，而且在美国也未见怎样通行。我国如果仿行起来，将会感到"此路不通"吧。

青年男女能从恋爱呀结婚呀这些问题上节省许多精神和时间，移用到别的事情上去，他们是幸福的。若把这些问题看作整个的人生，或者认作先于一切的大前提，那么苦恼就伺候在他们背后了。

《儿子的订婚》

喜结良缘于乐山

（1939 年 6 月 3 日）（午）饭后，郑若川、吴安贞来，助满子理妆。三时半，全家至土桥街大世界照相馆，小墨、满子合摄一影，全家合摄一影。遂至红十字会。徐伯麟等及方欣安、高晋生、吴子馨诸位皆助我们招待宾客。六时之后，客尽集，遂开宴，凡六席。客酾酒，新郎新娘而外，兼及墨与余。余饮颇不少。席散时，正下雨，于诸客殊抱歉也。

十时返寓，灯烛齐明，徐伯麟、黄幼卿等闹新房，欢笑颇盛，客散已十一时矣。开明同人来一贺电。

1939 年 6 月 3 日日记

沪嘉第九号书上月 28 日即收到，预备婚事不免忙碌，遂迟作复。承殷勤致贺，感激而外，他无可言。……善、满婚期此间颇热闹。地点曰红十字会，会所列筑于城上，凭阑则岷江浩浩，凌云、乌尤如列翠屏。客凡六席，弟之同事二席，学生一席，小墨之同学一席，二官之同学一席，此外一席，袁昌英、苏雪林几位女太太。刘南陔、朱孟实、方新安、贺昌群、李儒勉、陈通伯几位先生皆闹酒，新郎、新娘向不吃酒，居然各吃五六杯。并且闹到我们老夫妇头上，墨林亦饮二三十杯，弟则四十杯以上，醺然矣。晚间，小墨之同学来闹新房，唱歌、说笑，直到十一时始散，大家颇疲倦矣。前请弘一法师书"善满居"三字未带来，而马湛翁欲送礼，弟即请书此三字。湛翁以湖色蜡笺书之，作篆书，颇为难得。新房中又挂子恺之《春院小景》一轴，弘一之联一副，颇为雅致。写字桌系楠木独幅面，在下江为名贵之品，此间值仅8 元耳。外则衣柜一具，床一架，皆杂木。又有藤椅二，圆凳四。新房陈设如是而已。是日照相两张，一为新夫妇俪影，一为弟全家合影，并几个随往照相馆之男女同学。据说本星期六可以取得，俟取得时即日飞航寄上。上海宴客热闹何似，亦盼琐琐告之。

1939 年 6 月 6 日致上海诸翁

7日手书于16日夜接到，以欲知上海4日之宴，盛况何似，全家抢着看。诸亲友高兴如此，深可感激。翁竟大醉，足见喜不常，尤所私慰。特醉后往往累日不舒，今已完全康复否，遥为无已。四绝句为翁年来仅有之作，从头历叙，终以戒勉，极有法度，似无所谓"格调生硬"之嫌。昨日星期，暂置作文本不改，奉和雅作，别纸录呈，敬乞教正。第二第三首自谓是老实话，翁或将笑而颔之。宴客所费既无多，尊命谓不须对分，敢不遵从。

1939 年 6 月 19 日致丐翁

附录：夏丐尊《女儿满子与叶君小墨在四川乐山结婚，感赋四绝》：

叶夏从来文字侣，三年傀屋隔楼居。
两家儿女称桃李，为系红丝顾与徐。

文心合写费研磋，敢以雕龙拟彦和？
属稿未成先戏许，愿将墨沈灌丝萝。

添妆本乏珠千斛，贻子何须金满籝？
却藉一编谋嫁娶，两翁毕竟是书生。

此是艰贞报国时，漫矜比翼与齐眉。
青庐窗外峨嵋在，雄峻能湔儿女私。

附录：叶圣陶《至善满子结婚于乐山得丏翁寄诗四绝依韵和之》：

艰屯翁叹淹孤岛，飘泊我怜尚蜀居。①
善满姻缘殊一喜，遥酬杯勺肯徐徐。②

合并何年重切磋，中原佳气见时和？③
两翁窥镜朱颜在，未欲岩阿披薜萝。④

儿贤女好家之富，不数豪华金满籯。⑤
忠厚宅心⑥翁与我，倘酬此愿慰平生。

---

① "艰屯"二句——即"叹翁艰屯淹孤岛，怜我飘泊尚蜀居"，因平仄规律要求而倒装。艰屯，艰难困顿。淹，淹留。孤岛，时上海已沦陷，而法租界及苏州河以南之公共租界尚未被日寇占领，犹如海中之孤岛。
② "遥酬"句——大意为：遥相祝酒，哪肯怠慢？杯勺，酒具。肯，此处作"哪肯"意。徐徐，缓慢。
③ "合并"二句——切磋，将骨角玉石等材料切刻打磨，制成器具，引申为商讨研究学问。佳气，祥和之气，亦泛指美好时光。时和，天下太平，政治清明。二句大意为：哪一年抗战才能胜利，政治才得清明，再在一起互相切磋，合写文章。
④ "两翁"二句——岩阿，山的曲处。薜萝，指薜荔和女萝两种植物。《楚辞·九歌·山鬼》："若有人兮山之阿，被薜荔兮带女萝。"后来便把薜萝一词代指隐者的衣服或住处。两句大意为：料想那时两人还不算老，还不想隐居，要做一番事业。
⑤ "不数"句——不数，不计算、不希罕之意；籯，竹制箱笼之类；《汉书·韦贤传》："遗子黄金满籯，不如一经。"
⑥ 宅心——居心，存心。

叶至善在干校

为道今春四月时，未婚小耦①上峨眉。

荡胸云气没腰雪②，避地犹承造物私③。

---

① 小耦——犹口语"小两口"。
② 荡胸云气——言山顶云雾足以涤荡心胸。杜甫《望岳》："荡胸生层云，决眦入归鸟。"没腰雪——至善满子游峨眉山为4月初，洗象池以上雪尚没腰。
③ "避地"句——避地，避乱寄迹他乡。造物，指创造万物的真宰，即大自然。私，此处作"偏爱"讲，此句大意为：虽避地西川，小耦于婚前能受到如此磅礴的自然景色的洗礼，还应该感谢大自然的偏爱。

午刻祀先，叫和菜两桌，徐伯麟等六人来，即留他们午饭。付酒席账（至善与满子的喜宴），共 92 元。

1939 年 6 月 4 日日记

今日为善满结婚之"七朝"，由墨制"狮子头"，徐伯麟、李国安、刘师尚均来吃夜饭。

1939 年 6 月 10 日日记

昨日深夜，邮差送到上海航信，今晨阅之。丏（夏丏尊）、伯（王伯祥）、村（章雪村）、调（徐调孚）俱执笔。4 日之宴，丏翁大高兴，饮酒大醉，醉卧四五时不省人事。并抄示其所作四绝，颇以《文心》版税饷善满为言。余当和之，以助其兴。村公言是日为战事以来最甚之狂欢也。附来硕丈一书，亦致贺之意。

1939 年 6 月 17 日日记

从技业专科学校毕业

小墨自昨日起，应毕业考试，后日可以毕事。其就业问题，现尚未决。可往者有三处：一为四川省农改所，元羲所介绍；一为雅安某厂，技专前校长今西康建设厅长刘君指名招往；一为经济部化工实验所，在重庆，该所向学校要人，由学校介往。究以何往为妥，小墨自己不能决，墨与余亦不能决也。

1941 年 1 月 5 日日记

接（贺）昌群信，竭力招小墨往马边中学教书。其意甚殷勤，而不知小墨之意，欲于理化方面谋长进，制造方面求经验，不甘为教师以遣岁月也。

1941 年 1 月 17 日日记

作书复昌群，言小墨不能往马边。

1941 年 1 月 18 日日记

就业于中央工业社制造酒精

小墨、满子自城中归，得元羲致余书。言将往巫山第五战区工作。并附书致韩竹坪，嘱为小墨道地。小墨之师林君在此办中央工业社，制造酒精，招之往。农改所方面既不甚着拍，彼意欲即往该社。余无可无不可，任其自择而已。

1941 年 2 月 16 日日记

小墨以今日入中央工业社，算是就业的开始。携铺盖而往。社中供膳宿外，与以 60 元之薪金。此社现方砌锅炉，尚未出货。据云将来拟扩充，不仅制酒精已也。

1941 年 2 月 19 日日记

……又作书致子杰，请其为小墨及郑若川留意，有无相当职务。

小墨服务之中央工业社，酒精尚未能出货。据称其毛病在蒸馏塔，塔系铜匠所制，选铜不佳，焊合复劣，蒸馏时遂有漏渗之病。而资本已尽，改造更无力量，殆将倒闭矣。自营小工业，在今日本属要图；然如是草草从事，工厂虽多，亦复何益。不用现成机械，自为制造，亦今日必循之径。而事前设计，弗能周密，发见弊病，又无法补救，实人力未尽之咎。若多数工厂皆如是，大可悲观也。

1941 年 6 月 8 日日记

入华西坝中大医学院任助理员

小墨以今日入华西坝中大医学院就事，据云从营养化学教授郑集为助理员，其工作为分析若干种食品，测知其营养分之种类及其多寡。此后须每星期六始可回家一宿。此事余以为颇相宜，从教授学习，可得实际本领。而其余暇，又可听该院之几门功课。虽不习医，总是有益也。

1941 年 9 月 15 日日记

赴雅安建农产制造厂

小墨携行李自中大医学院归来，于今日解职。渠与同学储君等设小规模之农产制造厂于雅安，本拟 2 月间即去雅，后因教授郑君不允即离职，几经商谈，始言定以今日离职。下星期中，渠即将乘车赴雅矣。

1943 年 4 月 30 日日记

清早起来，看小墨携行李离家而去。此是渠离开家庭所在地，到他处去就事的开始，亦可纪念。据云汽车以九时开行，烧酒精，下午三时可达雅安，尚称便捷。

1943 年 5 月 8 日日记

小墨已有信来，略叙雅安景物，云酱油及麦片生意有希望，自是可慰。

1943 年 5 月 14 日日记

小墨忙甚，独管一酱油厂，并将在酒精厂兼事。寄来文稿一篇（题曰《画展》）。

1943 年 7 月 2 日日记

清早起身，小墨动身赴雅。渠此去约两月而归，归后即在蓉办新厂，殆可不再赴雅矣。

1943 年 9 月 21 日日记

小墨之厂近颇困难，缘有全华酱油厂欲压倒雅安各小厂家，定价特低，小厂家因而不能涨价，亏本发售，然非可久支也。

1943 年 11 月 4 日日记

小墨来信，言其厂前途殊无望，渠拟于下月归来，另谋他事。

1943 年 11 月 21 日日记

"五高"四面厅

　　小墨言在雅安如守孤岛，公家之厂中情形皆不好，人多不致力办事，难与为伍。又言下月 10 日左右将回来一行。余即嘱其携铺盖回来不必再去，谋他事虽未必即得，亦无妨在家闲住些时。

1943 年 12 月 29 日日记

　　小墨归来，大家甚欢。据言其友储君不放离去，在家休息一个月后，仍将返雅。携回煎鱼，晚间以佐酒。雅安多鱼，今值冬令，水清见底，游鳞可数。本地人不甚嗜鱼，价遂甚廉，每斤才40 元耳。

1944 年 1 月 6 日日记

应聘赴广汉县中任教

胡赞平来,以广汉县中之聘书交小墨。小墨即填应聘书,此事即算说定。

1944 年 1 月 18 日日记

明日小墨即动身,往广汉任教去矣。广汉距成都四十五公里。

1944 年 2 月 10 日日记

小墨信来,言同事及学生皆未到,开学尚须迟一星期。学校破败零落,殊无佳象。尚缺几科之教师,戴校长拟随便拉人凑数。闻校工言,学生甚不驯,须用体罚,方可制服,小墨甚以为惧。学校之实况大致如是,距改进教育云云极远,思之可叹。

1944 年 2 月 14 日日记

今日小墨自广汉归来,谓休息二三日即去。观其兴致尚好,似教师可以做下去也。

1944 年 3 月 31 日日记

改任蜀华中学初中部导师

赞平偕戴小江来。戴今后不复任广汉中学校长,因而小墨之教职成问题。戴拟介之于蜀华中学。而小墨适外出,未能说定。

1944 年 7 月 30 日日记

宝带桥老照片

周子龙君来访。周为蜀华中学校长，戴小江介小墨于渠，故来访。谈次，说定聘小墨为初中部导师，教课不过十余时，较诸广汉中学，殊见轻松。

1944 年 8 月 3 日日记

小墨在蜀华任课，每周十七时，兼任导师，颇为忙碌。

1944 年 9 月 30 日日记

课余编撰《代数》课本

午后，看小墨所撰《代数》教本缮抄本，校正其错字与句读。

此稿小墨以一暑假编成，俟余看毕，即送部审查。半日仅看六十余页。

1944 年 10 月 6 日日记

午后，达君来，承法来。承法见小墨所编《代数》教本，愿为审阅一过。又愿与小墨合编《算术》教本，赶于年内送审。

1944 年 10 月 7 日日记

续看小墨《代数》教本稿。……二时归，续看《代数》稿。

1944 年 10 月 9 日日记

上午续看《代数》教本稿。……归家，续看《代数》稿，至晚而毕。此稿将请承法审阅一过，然后寄往重庆，送部审查。

1944 年 10 月 11 日日记

小墨之《代数》教本稿由夏承法校阅完毕。今晨为订入目录及编辑要旨，即封寄重庆，嘱送部审查。

1944 年 10 月 28 日日记

小墨与承法合编之《初中算术》教本，今日始抄齐，灯下为之装钉，明日寄渝，送往教部审查。

1944 年 12 月 13 日日记

任《开明少年》助理编辑[①]

《开明少年》创刊号今日寄到，印刷尚可，颇费心力，成此一编，把玩亦复欣然。

1945 年 7 月 14 日日记

烛下写信致调孚，预备于明日寄《少年》第七期第二批稿。小墨、三官皆作夜工，至十一时。

1945 年 12 月 12 日日记

共评小学语文本之图画稿样

晚饭后，与至善共评小学语文本之图画稿样，画共二十余幅，为美术学院诸学生所绘。彼辈亦颇用心，而生活不熟悉，基本训

[①] 叶至善在《父亲长长的一生》中说："《开明少年》月刊于 1945 年 7 月 15 日创刊，筹备工作始于 4 月中。那时我在中学教化学，课余正好当父亲的帮手。大到跟父亲一同制定每一期的选题，小到绘各个专栏的题花，我都放大了胆子干，好在有先前的《新少年》作蓝本。我还不肯亦步亦趋地跟着学，下定决心要在半年之内超过它。使内容更驳杂，文字更活泼，形式更新鲜，总之要尽可能符合我父亲对儿童教育的种种设想。父亲很满意我的工作。在重庆的范老太公他们看到创刊号确实不同于市面上的少年刊物，在信上跟我父亲说，他们都知道他（至善）实在太忙，是否让我正式进了开明吧？母亲同意。父亲问我，我说这样最好，就把中学下一年的聘书退了。"《开明少年》创刊号，署叶圣陶主编。自第八期起，叶圣陶、叶至善、贾祖璋、唐锡光列名主编，实际的编辑工作由叶圣陶和叶至善担任。1947 年下半年起，叶圣陶因工作太忙，《开明少年》由叶至善一人编辑。自四十六期（1949 年 4 月）起，叶圣陶不再列名主编。

练不充分，几乎幅幅有可议处。然亦有佳者，人物神情绝妙。至善眼光颇敏锐，佐余提出许多意见。余一一书之，准备交回美术学院诸生，请彼辈据以修改其稿样。稿样为铅笔画，铅笔画较易见好，俟用墨笔勾勒，恐尚须打个折扣也。至于十点，二十余幅看毕。

1952 年 4 月 20 日日记

开明书店和青年出版社合并为中国青年出版社

今日开明与青年出版社举行合并联欢会，借地点在青年宫。余与墨偕往参加。四点开会，彬然报告合并之筹备情形。继之余讲话，一部分谓勖勉之意，一部分谓出版物之质量必求其佳。讲一点钟有余。今日不甚舒适，内部觉冷，头脑昏沉，似有病作之意。讲话一阵之后，反而较觉松爽。继之，青年团中央某君讲话。继之，李庚宣布合并后之组织机构及人员名单。合并之局，至此乃定（叶至善入中国青年出版社，参加过《中学生》《旅行家》等期刊和一些书籍的编辑工作）。

1952 年 12 月 5 日日记

结伴出外视察

至善今日归来，缘将与出版社领导人商量，可否容渠暂缓编课本，先往外地观察。至善为政协全国委员，昨日接到通知，人大代表与政协全国委员均可以此时出外视察。余昨日接此通知，已答复人大常委会，谓可以出外视察，地点为江苏苏锡一带。前数日彬然相告，谓伯昕、振铎与渠均拟出外，可以结伴。余既有此数友同行，自然乐往。视察而外，兼可游散，亦难得之机缘也。

1955 年 11 月 10 日日记

贺《小布头奇遇记》[①]出版

1960 年以来，儿童文学方面的争鸣很是热烈，可是作品"歉收"，童话尤其如此。争鸣的集中点之一是童话与现实生活的关系问题，包括童话要不要反映现实生活，能不能反映现实生活，该怎么样反映现实生活，等等。去年年底出版了《小布头奇遇记》，是一部九万字左右的容纳现实生活题材的童话，作者孙幼军同志又是个新人：这是很值得欢迎的。

听好些老师说，《小布头奇遇记》受到小学二、三、四年级的孩子的欢迎。中央人民广播电台在"小喇叭"节目里广播这部童话，据说事后调查，幼儿园的小听众也喜欢听。童话既然是为孩子写的，写得成功不成功自当以孩子爱不爱看、是不是受到教育为标准。听老师们和广播电台的同志那样说，我祝贺作者的成功。

---

① 1961 年，儿童文学作家孙幼军，把他的被一家出版社退回的第一部童话书稿《小布头奇遇记》，投到了中国少年儿童出版社。他说自己不抱出版希望，只求编辑看一看，帮着提提意见。时任社长兼总编辑的叶至善看后觉得很好，就列为"重点的图书"，由他亲自修改润色，并请名画家配上插图，于当年年底出版。叶圣陶在向作者祝贺的同时，也表彰叶至善的"编辑眼光"。可参见叶至善 1985 年写的《跟〈小布头奇遇记〉的奇遇》，详见《叶至善集》(编辑卷)。

……

沈培同志为这部童话画的插图，值得称赞。粗线条，粗中有细，能传出"人"和"物"的心情神态，能跟文中的叙写配合，启发孩子们的想像。……咱们出版界一向提出要求，要插图不要作为书籍的装饰品而存在，要成为书籍的有机部分，跟本文密切配合，使读者得到更多的理解，更深的感受，而儿童读物尤其应当如此。各个出版社向这方面努力，年来很有些成绩，最近北京举办的"儿童读物美术展览"，大家看了，都说可观之作很不少。这部童话的插图也是在展览会里得到好评的。我乐意在这里告诉读者。

《谈谈〈小布头奇遇记〉》

1972 年父子诗词 "对话" ①

【父致子】（2 月 4 日下午三点廿分写完）

至善：我作了题永和（在延安插队并当上赤脚医生的小孙子）

---

① 1969 年 4 月至 1972 年 12 月，叶至善在河南潢川黄湖团中央"五七"干校；此时圣陶先生已被免去教育部副部长职务，赋闲在北京家中。叶至善在干校期间，是他与父亲分别最久的一段日子。为了排遣圣陶先生的孤寂，叶至善在繁重的劳动之余，尽可能把自己的所见所闻所想所感，写信告诉父亲。圣陶先生也逢信必复，往来的信件常常会在邮路上擦肩而过，合起来将近五百封，是那个特殊年代极其珍贵的史料。现将他们信件中交流探讨诗词的文字择要摘出来，叶至善的认真学习和圣陶先生的认真批改讲解，让我们看到了父子俩的亲密无间，父亲谆谆教导，儿子好学不倦。

相片的诗两首，抄给你看看，有什么修改意见？

题抱着村中小孩的两张，其一张用听诊器听小孩的胸部。

小毛小病良方便，赤脚医生在本村。

可贵研修基实践，高风追蹑白求恩。

题运谷子往场上的两张。

谷子登场届圪垎，抱持荷负去还来。

食其自力今三载，能勿笑颜花似开？

【父致子】（2月15日下午八点半写完）

至善：又作了一首《醉太平》，题永和的四张花丛、雪花丛中的照片，也抄给你。

菊科野花，缀枝雪花，何输烂漫春花？赛桃花李花。

古人插花，今人佩花，永和别样怜花，竟藏身入花。

【子致父】（2月19日）

爹爹：爹爹填的《醉太平》，第一句："菊科野花"，这种花四周的唇形花冠为紫色，中间管状花冠为黄色，名叫"紫菀"，根可入药。在诗词中，不知可以简称为"菀花"否？如果简称为"菀花"，可否把这一句改一下，最好能表示地点是陕北，如用

"原""梁""沟"等字眼作这一句的第二个字，第一个字用个适当的动词。

【父致子】（2月23日上午十点写完）

至善：来信中提及小词的第一句，我知道你辨出一、二两句不对称，所以要我改。三午（长孙）永和他们就不懂了。不过我问永和，他说照片里的花确是菊花模样，不是中间有管状花冠，四周为骨形花冠的，那就不是"紫菀"了。若确是"紫菀"，第一句不妨改为"连坡菀花"，与第二句对称。若确是菊科花，那就把第二句改为"琼枝雪花"也对称了。你看如何？

【子致父】（2月25日夜）

爹爹：今晚收到23日上午的信。关于那种菊科野花，如果是紫"瓣"黄"心"，那就是"紫菀"无疑。我看照片上的形状是很对的，只是没有彩色，不能肯定。菊科的花，通常说是一朵，其实是百来朵，甚至几百朵集成的，外圈的"瓣"，一般是唇形或舌形；中间的"心"，一般是筒状或管状。永和缺少植物常识，所以不懂得我的描述。

【子致父】（2月28日傍晚）

爹爹：前几天，我一个人在牛棚里，实在无聊，凑了几句，也算填词吧，还是勉励他务农的。现在抄给爹爹看看。牌子是《沁园春》，每句的字数，词儿的结构，好像没有错；韵，我念起来似乎是"叶"的，至于平仄，那就一定错误不少。爹爹看看，可改就改，无法改就算了，不要多花心思。我的意思，也只在勉励永和务农。

【父致子】（3月2日夜八点写完）

至善：你的《沁园春》基本上可以。句中平仄错得不少，还有"友"字和"灸"字都不是平声，必得换去。放在我处慢慢想想，一定可以改得完全合式。你放心，我决不为此多动脑筋，以至影响身体。……

今天翻看了《辞海》，紫菀有一条，现在抄给你看看。你说的完全对，那照片里一定是紫菀了。

紫菀　菊科。多年生草本。须根多数簇生。基生叶丛出，大形，长椭圆状，秋季开花时脱落。茎生叶互生，较狭小，上部叶线形。头状花序密集生于茎顶，边缘舌状花蓝紫色；中央管状花黄色。……中医学上以根入药，性温味苦，功用温肺下气，化痰止咳，主治咳嗽气喘等症。

末了抄二绝给你看，题曰《偶感》。

解嘲自慰两堂皇，"君子可欺以其方"。

何以以方须上当？便教君子又彷徨。

　　者番上当不寻常，宁独令名君子伤？

　　君子观人犹或失，后尘庸从只彷徨。

我到此刻还是这样认识，不知道他日会不会改变。

【父致子】（3月4日夜八点半写完）

《沁园春》

(1) 圣地东隅，插队农村，倏忽三秋。

(2) 看延水清浅，拱桥联虹；

(3) 宝塔高耸，窑洞叠楼。

(4) 盈尺谷穗，千层麦浪，

(5) 梯田鳞鳞遍山沟。

(6) 舒襟怀，爱地广天阔，何辞淹留。

(7) 且喜羊肚缠头，放豪歌一曲信天游。

(8) 历生产实践，改变穷白；

(9) 阶级斗争，分辨敌友。

(10) 垦荒犁田，挥锄驱犊。

(11) 誓送瘟神习针灸。

(12) 炼红心，为人民服务，己复奚求？

（序号是圣陶先生加的）

①押的韵是"iu"和"ou"不知道合不合诗韵？〔（这两韵可以说与古来的"尤""侯"韵全合。惟如"熟"（shu）字，恐古来只有在曲中可以认为叶韵，词未必行，其故我说不清。（或

因曲是北方产物之故。）]

②"联虹"的"虹"如果念成"jiang"，就是仄声，就合谱了，不知道可不可以？（"虹"有两读，我今天查诗韵和字典始知之。既然古今都可读仄声，自无问题。）

③"信天游"的"天"，按谱应该用仄声，没法改，不知道能不能通融？（当然可以，古今如苏辛都不太受拘束，毛主席之"同学少年"也是不拘于谱。）

④"唱一曲"的"一"，按汉语拼音是平声，诗词中都作仄声用。可能原来是入声，而北京音念作阴平。不知道是不是这个缘故？（"一"原是入声。）

⑤别的字的平仄，凡是谱上作硬性规定的，都照汉语拼音对上了。不知道合不合诗词的传统习惯？

（汉语拼音不可全部依照，主要在于古来的入声字，现在分入阴阳上去四声了。还有少数字，古平而今仄，古仄而今平，对照诗韵和字典，即可辨知。）

（以上①—⑤是叶至善 2 月 28 日信中有关《沁园春》的说明。圣陶先生的的批注共有十二条）：

(1) 无甚问题。

(2) "看延水清浅"第三字必须"平"，而"水"是"仄"。这容易，"水"改"河"即可。

"拱桥联虹"第四字必须"仄"，而"虹"是"平"。这就不容易换了。

(3) "宝塔高耸"第二字必须"平"，而"塔"是"仄"。还有，

"高耸"是"副动结构",上文的"清浅"是"平行结构"的形容词,严格说来,二者不相对。

"窑洞叠楼"第三字必须"平",而"叠"是"仄"。改为"层"字就是"平"了,但是又与"联虹"的"联"字对不上了。

(4)"盈尺谷穗"第四字必须"平",而"穗"是"仄",第三字虽不一定要"平",念起来"平"比"仄"好,而"谷"是"仄"。毛主席词"鹰击长空"和"山舞银蛇"都是"平仄平平"。

(5)"梯田鳞鳞遍山沟"此句是"平平平平仄平平"。而按谱应是"仄仄平平仄仄平"。毛主席词两句都是如此。

(6)"舒襟怀"第三字必须"仄",而"怀"是"平"。这容易,改为"抱"字就是"仄"了。

"爱地广天阔"第三字必须"平",而"广"是"仄"。这容易,改为"爱天宽地广"即可。

"何辞淹留"第二字必须"仄",而"辞"是"平"。换个"惜"字,不甚满意。

(7)"且喜羊肚缠头"第二字必须"平",而"喜"是"仄"。

"放豪歌一曲信天游"这是"仄平平仄仄仄平平",可是按谱应是"仄仄仄平平仄仄平"。这句很好,可惜不合谱。去掉"放"字,以下七字放在《浣溪沙》里,六句中就有四句用得上。

(8)"历生产实践"第三字必须"平",而"产"字是"仄"。毛主席句"恰同学少年""学"是"仄","年"是"平",与谱不合。另一句"惜秦皇汉武"则全合。

"改变穷白"第二字必须是"平",而"变"是"仄"。

(9)"阶级斗争"第二字必须"平",而"级"是"仄",第四字必须"仄",而"争"是"平"。

"分辨敌友"第四字必须"平"而叶韵,而"友"是"仄"。第三字虽不一定要"平",念起来"平"比"仄"好,而"敌"是"仄"。毛主席词一是"方遒",一是"风骚"都是"平平"。

(10)"垦荒犁田"第二字必须"仄"而"荒"是"平"。

"挥锄驱犊"没问题。

(11)"誓送瘟神习针灸"第六字必须"仄",而"针"是"平"。第七字必须"平"而叶韵,而"灸"是"仄"。

(12)"炼红心"第二字必须"仄",而"心"是"平"。

"为人民服务,已复奚求?"没问题。

3 月 4 日写

至善:你的《沁园春》昨天看了,写下了两张纸。意思不坏,就是不合《沁园春》的谱。我不改了。你不妨放在那里,有闲空的时候随便想想,慢慢凑凑,或许可能凑得不失原意而合于谱。

【子致父】(3 月 7 日夜)

爹爹:我那首胡诌的词,自己知道平仄不对的地方很多,爹爹不用费心改了。

【父致子】（3 月 7 日下午写）

至善：上次谈词调的札记中，我曾说"恰同学少年"不合谱，现在再补说几句。——如果调转来，作"恰少年同学"，就合谱了。不调转来而宁可不合谱，一则"同学少年"与下文的"书生意气"相对（严格说，"少年"与"意气"对得并不工），再则"同学少年"在古来诗词中是习用的。二者不可得兼，必须牺牲其一，作者就宁可不合谱。

【子致父】（3 月 10 日夜）

爹爹：我那首胡诌的词，爹爹没有改，而指出了毛病，对我很有好处。我读的词不少，句法还能领会一些，声调就完全不能领会。看了爹爹写的几条，再回忆一些熟的词，真是很受启发。我现在自己在改，只差两三句了，改完了再给爹爹看。

【子致父】（3 月 13 日夜）

爹爹：那首《沁园春》，我改完了，抄给爹爹看看，如果基本通得过了，就改；不行，放在一边算了。还有几个问题和一些体会，写在另外两张纸上。我遇到烦闷的时候，常常自己出些算术难题来难自己，学填词可比这个方法有意思得多。以后我想再填几首看，从短的入手。学是一定学不好的，可是我想，经过一番思考，再读词可能会理解深一些。

……

我们又卖掉了一头黄牛，是兰考的生产队派人通过这里的同志来买的。来了五个人，是两个生产队的，他们原有的牛因为牛棚失火，全烧死了。牛棚失火，冬天是经常发生的，这里附近有个生产队，十头牛就烧死了九头，生产队的家当损失了一半。从兰考来的那五位，想买十几头牛，他们只要黄牛（信阳以北就没有水牛了），而我们黄牛剩下不多，只卖了两条。一条是九连的，喂牛的一位女同志看牛牵走还流了眼泪。我也是很舍不得的，这条牛长得很漂亮，角和蹄都晶莹如贝壳，身子长，腿长，很挺拔。我喂了它两年半了。它临走，我饱饱地喂了它一顿草，特地加喂了半铁桶豆饼。（忽然想到"树犹如此，人何以堪"的成语，套了一句"牛犹如此，人何以堪"。这样套，不知道合不合习惯，原来的"树"和"人"是主格，现在"牛"实质上是"对牛"，"人"实质上是"对人"，"牛"和"人"都成了宾格。）兰考离这里五百里左右，得赶着走，大约得十天，赶的人固然辛苦，这条牛也从没有走过这样的长路。

【父致子】（3 月 16 日晚八点半写完）

至善：第二批材料，昨天满去听传达了。她回来说的确节略甚多，进干校和上山下乡之类都没有了。究竟是上级觉有不妥而叫节略的，还是执行者自以为是而节略的，当然无从探听。猜想是属于后者。其根在于不相信群众，认为群众的脑子都是不甚健全的。出旧书一定要写出版说明消毒，同属此种心理。即使你的出版说明写得非常正确，也不值得提倡，因为这样会在社会上养成一种风气，大家惟出版社说明是听，这是极其要不得的。——

好在人的脑筋究竟是活的，你出版说明说东，我读者偏偏想西，肯定是常有之事。我还想到一些小小的不平，《柳文指要》要写出版说明，而《李白与杜甫》不用写出版说明，难道《李白与杜甫》是百分之百的马列了吗？

你有兴作词，我非常欢迎。关于这事，明天再另写，今天先将最容易回答的寄还。最近我作了一首《浣溪沙》。人教社的同事后来调到山西稷山进修学校的孙功炎，前几个月画了一长卷子赠我，画的是吴中园林景致。我说看了一些时还他，他一定要送给我，我乃作了这首词赠他。词曰：

旧赏园林新画图，殊非貌写只神摹，卧游容我享清娱。佳构盛称留四代（吴中现留宋元明清四代之园林），名园竞欲访吾吴，拈毫发兴在斯乎？

【子致父】（3 月 16 日夜）

爹爹：我又凑了一首《更漏子》，平仄好像全对上了。算是写"即景"，末句太现代化，不大协调。反正是练习，可是我是很认真的。爹爹且看看，可改则改，或者给我指出几处必须注意的地方。我发现许多入声字，北京音都念作阴平，靠汉语拼音来查韵脚，不能解决这个问题。

……

人民日报社编了一本《鲁迅杂文书信选》，里面有几则没有发表过的信，注也写得很好。是内部分发，不公开发售。爹爹能

不能设法弄一本。听说袁鹰还在，是文艺部的负责人。这本书前
面印了一页鲁迅的墨迹，是一首诗，也没有见过。诗是："大野
多钩棘，长天列战云。几家春袅袅，万籁静愔愔。下土惟秦醉，
中流辍越吟。风波一浩荡，花树已萧森。""秦醉""越吟"不知
是什么典故？最后两句应该怎么讲？爹爹跟我说一说。

　　　　更漏子
　　柳垂金，桑绽碧，
　　又是清明时节。
　　云幂幂，雨濛濛。
　　征雁落渚东。

　　和风旸，春雨足，
　　布谷催耕声促。
　　泥滞滞，水融融。
　　紧抓犁耙工。

　　"濛"是"meng"，"东"是"dong"；可是用注音字母注的韵
母都是"ㄨㄥ"。看一些旧词："风""峰"与"红""浓"都可以
押韵。不知道"eng"和"ong"是否可以通押？

【父致子】（3 月 20 日午前写完）
　　"濛""东"都在"一东"韵。"风""红"在"一东"韵，

"峰""浓"在"二冬"韵，近体诗不通押（考试时押错了，诗虽好也不取），古体诗与词通押。这些字我们口头念起来的确是同韵。我想我国绝大部分地区的人念起来也是同韵。

这六个字用注音符号来标，"风""峰"的韵母是ㄥ，"濛""东""红""浓"的韵母是ㄨㄥ，多了一个介母ㄨ。这是依据我国音韵学的传统而来的。《汉语拼音方案》既要顾到旧传统，又要采取西方音韵学的"音素说"，因而搞得很复杂，最长的拼音多至六个字母。当时搞这些工作的都是些不顾群众的专家，到如今虽然印在字典上，群众还是要求注直音。胡愈老批评拼音方案，我是同意的。

【父致子】

沁园春

圣地东陬①，插队农村，倏忽三秋。

看延河清浅，拱桥联虹；

枣园隐绰②，窑洞胜楼③。

谷穗沉沉，菽④花簇簇，

万树低⑤柰果正熟⑥。

舒襟抱，爱天宽地广，不惜⑦淹留。

且将羊肚缠头，唱一曲悠扬信天游⑧。

历扶犁挥镐，胼胝满手⑨；

垦荒整地，稷粟盈沟。

草药亲撷⑩，经穴⑪自探，

夜半送医⑫过北丘。

勤锤炼，为人民服务，己复奚求？

①换了"陬"字，又出了一个问题。这地方是要用平声字而不押韵的，这个"陬"字却压了韵。——《沁园春》咏雪的"一代天骄"的"骄"字，与这个"陬"字情形相同。

②"隐绰"是否"隐隐绰绰"的意思？把习用的"隐隐绰绰"缩为生得很的"隐绰"是不行的。又何况说"枣园隐隐绰绰"就是说枣园模糊不清楚，也不是一个好形象。——到此我才想起，该是"影影绰绰"，不作"隐隐绰绰"。

③"胜楼"是"胜于楼"，很明白。与"联虹"也对得起来。但是窑洞何以"胜于楼"呢？这难以说清楚，难以叫人想清楚。你推敲一下，是不是有这样的问题？胜过的"胜"是去声，而此处虽可平可仄，最好用平声。

④这个字我竟想不出是什么字。

⑤"低"改为"垂"字，我觉得较好。这无大关系，只是对于字义字音彼此感觉上有所不同。或者把"低桠"改为"枝垂"。

⑥这个"熟"字决不行。可以从"稠"字着想，换去这个"熟"字。

⑦"不惜"改"何惜"如何？

⑧"天"字为内容而不受谱的拘束，昨天的回答中已经说了。

⑨"手"改"掌"是否准确些？

⑩第四字必须平声，而"撷"是仄声（入声），现代普通话作阳平，填词者不能承认。

⑪ 第二字必须平声，而"穴"是仄声（入声）。"成吉思汗"的"吉"也是应平而用了仄。（"吉"也是入声。）

⑫ "送医"勉强。想来是把诊疗送上门的意思。一个读者假如不先有把诊疗送上门的观念，就难以理解这"送医"二字。

我提出以上十二条。反正与解析数学难题同，不妨再事琢磨，慢慢改成第三稿。

【父致子】（3 月 18 日晨写起，19 日上午十点半写完）

［批改至善 3 月 13 日信中附的谈词牌的短文（即一、二两段）。数字符号是圣陶先生批改时加的］

1. 像"望长城内外，唯余莽莽；大河上下，顿失滔滔。"如果末一句不用"× 仄平平"，就收不住前面三句"× 平 × 仄"。所以这种规律也是自然形成的，不是硬造出来的。这个看法不知道对不对？①词谱的平仄规定得很严，的确限制人的思想，但是也有它的道理。就像乐曲的高低、快慢、强弱一样，不合一定的规律，念起来别扭，听起来也别扭。②

2. 有些牌子的词，在文字结构上，好像有一定的章法。像《沁园春》，上阕主要写自然景物，下阕主要写人的活动和思想；而上阕的末一句，要用来过渡到下阕。还有《念奴娇》，好像也是这样。③ 有的就不是这样，像《满江红》《贺新凉》，就是两者混合在一起的，就内容的方面说，上下阕没有什么绝然不同。又想到辛弃疾的两首《贺新凉》：《别茂嘉十二弟》和《赋琵琶》，罗列故事，好像是赋的章法，如《别赋》《恨赋》；而这种章法，别的牌子好像没有见过。④ 这些想法，不知道对不对？以前有没有人讲起过？⑤

①你此说很对，你这里说的是四字句，我就四字句来说一些。

我看词里的四字句，绝大多数依照骈文的声调。骈文在六朝时尚未定型化，大约到了唐朝逐渐定型了。四字句的型式实也很简单，一个是"×仄×平"，又一个是"×平×仄"，别无第三个。四个字作为两个节拍看待，所以第一第三字可以随便，第二第四字必须严格。

如果两个四字句作一联，则下句与上句相反，上句是"×仄×平"，下句就"×平×仄"。如果四个四字句为一联，则第二句与第一句相反，第三句与第一句相反，第四句与第二句相反，这就成为第一句同于第四句，第二句同于第三句。其公式为"×平×仄，×仄×平；×仄×平，×平×仄"。一联中上下声调相反，一句中前后音节的声调相反，念起来听起来都觉得铿锵有味。这就是你所说"是自然形成的，不是硬造出来的"。

《沁园春》上半下半里都是四个四字句为一联的，不知道什么缘故没有全照骈文的规律——就是说第一句没有用"×仄×平"而作"×平×仄"，与第二第三两句相同。所以念到第四句，就迫切盼望来个"×仄平平"了。你所说"收住"就是此意。(《长沙》里的"同学少年"不合词谱，却合于骈文的规律了。)《沁园春》上半下半里还各有两个四字句为一联的，那声调就全合骈文的规律。我忽又想起王勃《滕王阁序》的开头四句：

"南昌故郡，洪都新府。星分翼轸，地接衡庐。"

〇〇△ 〇〇〇△ 〇〇△ △△〇〇

这个声调格式正与《沁园春》里的两组对称的四句相同。

现在推广开来谈五字句。我看词里绝大多数五字句的声调依照近体诗的五绝。五绝的型式（一）"×平×仄平 (a)，×仄仄平平 (b)，×仄×平仄 (c)，×平×仄平 (a)。"（二）"×仄仄平平 (b)，×平×仄平 (a)，×平平仄仄 (d)，×仄仄平平 (b)。"（三）如果（一）式第一句不押韵，就是"×平平仄仄"(d)。（四）如果（二）式第一句不押韵，就是"×仄×平仄 (c)"。就只有这样四个型式而已。这四个型式归纳起来，平仄声调只有 (a)(b)(c)(d) 四种。其原则也是第二句与第一句相反，第三句与第一句相反，第四句与第二句相反。五个字为一句，以第一第二两字为一个节拍，第三第四两字为一个节拍，第五个字独为一个节拍。

至于词里的七字句，我看绝大多数依照近体诗七绝的声调。平平仄仄写起来很麻烦，不再给它"排八字"了，总之也只有少数几个格式。七字句以第一第二两字为一个节拍，第三第四两字为一个节拍，第五第六两字为一个节拍，第七字独为一个节拍。

作七言近体诗，有"一三五不论"之说，五言近体诗也说"一三可不论"，高明的诗家常常笑这是俗陋之见。我以为死抱着这种说法，固然太简单化了，诗的声韵节奏还有许多方面要注意。

不过就古来的大量的诗来看，"一三五"和"一三"确往往是自由的。而词里的五字句和七字句，可平可仄的字总在"一三"和"一三五"，也就可以窥见词句承近体诗句而来的渊源。

凡四字句如上一下三，或上三下一，这就不是均衡的两个节拍了。凡五字句如上三下二，七字句如上三下四，这就不是近体诗的句式了。这一类的词句，作者如能挑选好的意思去配合它，往往能出警句。例如稼轩的"千古江山，英雄无觅孙仲谋处"，"倩何人唤取盈盈翠袖，揾英雄泪"，"问何人又卸片帆沙岸，系斜阳缆"。

上面漏掉说六字句。词里的六字句，我看绝大多数依照骈文的六字句和近体诗的六言绝句。其格式或是"×仄×平×仄"，或是"×平×仄×平"，也简单极了。

②你学过些乐理，懂得作曲的道理。叫我看乐谱、唱乐谱，就不能辨别合不合规律了。不过我有一点领会，凡是一个谱而有几首歌的，总有某几个字听和唱都觉其别扭。《国际歌》几首里就有此情形。这也难怪，谱是现成的，歌词是翻译的，勉强凑合，别扭难免。《东方红》《三大纪律……》也有此种情形。

我大略知道从前给曲子打谱，在宫调而外，极注意每个字的四声。就是说，哪一声的字打什么"工尺"，尤其是一个字需打几个"工尺"的，都得把这个字是什么声表达出来。这一层可以从《与众曲谱》得到证明。一出戏里唱同一曲牌的常有，往往有连续几个"前腔"。这些同曲牌的曲子拍数同，声音的抑扬顿挫也同，而同位置的字的"工尺"不尽同，这就因为同位置的字的四声未必相同之故。我想，这是我国作曲方面的一个优点。我国的语言既然有声调，作曲自该顾到声调。——恐怕现在的作曲者未必注意到字的声调吧，我们少接触，这一层无由确知。

我又想到，总得先有歌词后作曲谱才行。有了现成曲谱，让歌词去凑曲谱，那就比填词更麻烦了。因为填词只须顾到平仄，进一步也只须在必要地方辨别上去，而拿歌词去凑曲谱还须顾到具体的"工尺"呢。用的字假如合不上"工尺"，听或唱必然会感到别扭。

③我看先叙景物，后抒思想情感，也是自然的次序，不一定是某个词牌的限定章法。我此刻翻看陈其年的《湖海楼词集》，此集中《沁园春》很多，有七十三首。大体一翻，未能证明你的上半的末一句要过渡到下半之说。

④稼轩的《别茂嘉十二弟》《赋琵琶》系属赋体，自来常有人提起。两首都是《贺新凉》。还有姜白石的自度曲《疏影》，也是赋体。我以前在平伯家听曲，作了一首《鹧鸪天》（大概你曾经见过）。上半首四句，每句说所闻的一折戏，下半首两个三字句说一折戏，下一句又说一折戏（六折都按演唱的次序），惟有末了两句说当时的感兴，这也可以认为赋体。我想，用赋体作词的本来就少，若要作的话，其他的词牌未尝不可以作。不能说《贺新凉》独宜于赋体的章法。你看如何？

我被你引起了，也来说一些有关作词的零星想法。

先说用韵。韵与词的情绪有关系。"萧""骚"的韵宜于逍遥、豪爽的情绪。"尤""侯"的韵宜于幽深、劲峭等意境。"阳""王"

的韵使人感到庄重、堂皇。"张""昌"的韵使人感到兴奋、飞扬。再说仄声韵。我看李清照的《声之慢》用个入声韵非常恰当，就凭这韵脚，极有助于表达烦闷孤寂意境。还有相传李白所作的《忆秦娥》也用入声韵，再加上下都有一处重叠同一字押韵，更令人起促迫沉郁之感。——我的简单意思是，作者如能据内容而选韵，当能增加词的效果。自来作者不一定自觉地选韵，可是无意之中用韵用得得当而成佳词者，往往有之。你看我这个想法近乎主观否？

现在说选词牌。其牌宜于抒发某种情绪，叙写某种意境，似乎也有可捉摸。譬如《满庭芳》，其调子就有从容舒坦之感，假如用来作忧伤悲切的词，就见得不甚配称。可以举周美成的《满庭芳·夏日溧水无想山作》为例。读了这首词，谁都会感到真是"写意"极了，当然有点儿颓废，但是古来词人绝对不颓废的实也很少。若问这《满庭芳》的调子何以叫人起从容舒坦之感，我以为可以这样回答：——这个调子的四字句、五字句、六字句全合于前面所说的骈文和近体诗的声调，就是说，声调没有拗的，不拗就给人舒适之感。（此外只有四个三字的小句，一个领起的"且"字，而"年年如社燕"其实也是正规的五字句，不过这里"年"字是韵脚，念起来须拖得长些。）这是一点。还有第二点。这个牌子以一联四字句下接一个六字句开头，用的是平声韵，一上场就见得四平八稳。这样的词叫人只能缓读，不便急读，因而自然有一种舒缓之感。《凤凰台上忆吹箫》《高阳台》《扬州慢》开头都与《满庭芳》同，都是舒缓的调子。

以下再举周美成另一方面的例子，就是多用拗句的，就别有风格，是另外一种味道。如他的《兰陵王》。这一首里，七字句有"拂水飘绵送行色""应折柔条过千尺""回头迢递便数驿"，一共三句；五字句有"登临望故国""闻寻旧踪迹""望人在天北"，一共三句；四字句有"灯照离席""一箭风快""月榭携手"，一共三句；而末了的"似梦里，泪暗滴"六个字中间竟没有一个平声字，这是周违反传统，自创新格的一个成就。他是深通音乐的，或者照他自作的谱唱起来，比较依照旧调填的词格外新鲜好听，所以特别流行于歌台舞榭。

再来看一首短的牌子《夜游宫》。也拿周美成的作品为例。字数不多，不妨抄在这儿。"叶下斜阳照水，卷轻浪、沉沉千里。桥上酸风射眸子，立多时、看黄昏、灯火市。古屋寒窗底，听几片、井桐飞坠。不恋单衾再三起，有谁知、为萧娘、书一纸。"——这个牌子只有上半第一句与下半第一句不一样，其他全同。上半第一句是合于骈文或近体六言绝的声调的。下半第一句是合于近体五言绝的声调的。上下的两个第二句都是三四句式，下面四个字都合于骈文的声调。上下的两个第三句可就拗了，其声调是"×仄平平仄平仄"。上下的末了都是三个小句，其实是顿两顿的九字长句，其声调是"仄平平、仄平平、平仄仄"，这比前边的七字拗句更见得拗，适于抒写郁抑的心情。还有，此调先顺后拗后更拗，正合愁人越想越愁的过程。像这个《夜游宫》，用来写愉快潇洒的胸怀，可以说是很不适当的。——最好收集多首，从统计中看我此说能否成立。

我又在这里想，用《满江红》写恋情也是很不适当的。谁要写当然一定可以写成，但是我想，因为《满江红》的声调与恋情不相应，所以虽能写成而不能写好。——也须作调研，才不至于成为"先验论"。

作词名家或者有意识地选调，或者不自觉地随内容用调，二者必居其一。总之一句话，调与内容决不能说绝无关系。

⑤你所说的调与章法的关系，我所说的选韵选调，可能从前早有人说过，说得比咱们精深，不过咱们不知道。对于词话以及论词之文，看得实在太少了。

【父致子】（3月19日下午六点写完）

至善：你又作了词，我很高兴。粗粗一看，觉得不错，尚未细想。下次寄信再提意见寄还，改是自己改的好。由于你上回附来对于词的一些想法，引起了我的兴致，昨天一整天，今天上午，写了五张纸，算是与你"对话"。去年与三官谈这方面的问题，搞得肝阳上升，只好断然刹住，硬是不再想它。这回却无此情形，昨晚睡得很好。不过梦见了老虎扑来，一惊而醒。这是极容易解释的。一是你上回信里提起了"僧梦虎"，二是前天与老高游动物园，看了老虎。

我们苏南口音，明明有入声，读诗词做诗词当然要还它个入声。假如是北京人，他照自己的口音做诗词，把入声分派入其他各声，我以为也该容许他——拘于古的人当然不会赞同。靠现在的字典，按汉语拼音，查诗韵词韵，的确是不够的。不过绝大多数的字的声调还是与古来一样。

……

鲁翁的这首诗，似乎曾经见过。你所问的典故和意旨，我此刻回答不出，查查想想，或许能答，但是不一定。

【子致父】（3 月 19 日晚）

爹爹：对学填词，我最近有点入了迷。天老是下雨，实在闷得很。牛棚里人少，我也不习惯找人聊天，就自己"冥思苦想"。想到凑的那两首要改几个字，写在另一张纸上了，爹爹看有没有一些道理。又把主席的三首《清平乐》和记得的几首旧的《清平乐》写了出来，与词谱对照了一下，发现一些问题，也写在另一张纸上。《清平乐》上阕用仄韵，下阕用平韵；在声调上，上阕都有迫促的感觉，尤其是头两句，下阕有舒坦的感觉。如果填词的人能注意到这一点，使内容与形式统一，可能念起来更好听，更能表达思想感情。我看辛弃疾的"绕床饥鼠"，就做到了这一点。

……

前一封信曾问起"树犹如此，人何以堪"？可否套用成为"牛犹如此，人何以堪"？现在想来，恐怕不行，因为看的人一定以为说的是："牛都老了，人怎能不老？"而不会理解成："对牛的感情尚且如此之深，对人的感情更叫人受不了了。"

附录：圣陶先生在这封信的批语用括号标出：

"军阀重开战"，按谱第二字必仄，汉语拼音"阀"是阴平，可能应读作入声。（确是入声。）

"收拾（入声）金瓯一片"的"拾"，"踏遍青山人未老"的"未"（"未"是仄声去声。《蒋桂战争》《六盘山》同位置的字也都用仄声。大概你翻字典看错了），"颠连直接（入声）东溟"的"接"，汉语拼音都是阴平，而按谱该用仄声。可能也是这样的情形。

"直下龙岩上杭"（此句不合谱。《六盘山》同位置的一句合谱）按谱第二字必平，第四字必仄，第五字必平。（他两首同位置都用平。"上杭"地名不能动，故不管它。）

"战士指看南粤"，按谱第四字必平。

是不是有少数几个字因某种原因，可以通融？或者是词韵与现代的读音不同？（现在"看守"的"看"是平，"看"东西是仄。以前诗韵词韵"看"东西可平可仄。）

辛弃疾的"屋上松风吹急雨"，按谱第六字应仄，汉语拼音"急"是阴平，可能应该读作入声。（确是入声。）

（我这样想：如照普通话语音，那就得全照，也无不可。举例说，普通话语音"急"是阴平，那么这个"急"字只好不用了。不过我们苏州音与极大多数地区的语音这个"急"字都是入声，把它当阴平用，很觉别扭。）

（还有，如果照普通话语音作词，拿给不懂的人看，固然无所谓，拿给搞过词的人看，也会感觉别扭。）

【父致子】（3月20日下午五点写完）

> 大野多钩棘，长天列战云。
>
> 几家春袅袅，万籁静愔愔。
>
> 下土惟秦醉，中流辄越吟。
>
> 风波一浩荡，花树已萧森。

"越吟"的典故我有点数而记不真切，一查《辞海》就解决了。——战国时越人庄舄仕于楚。楚王欲验其是否思越，会舄病，或言凡人病时恒怀念其故乡，苟思越则必吟越声。遣人听之，舄果吟越声。不过"中流"何所指，指人还是指时间的阶段，不得而知。

"秦醉"靠我这里的书一定没法查到。到王家去就有办法。但是伯翁不易动弹，不便请他开橱取类书。笼统理解，"下土惟秦醉"可能是大伙儿懵懵懂懂的意思。

末一联大概就是鲁翁另一首诗里那句"×× 秋肃临天下"的意思，那句开头二字记不起了。"浩荡"是"广遍地波及"。灾祸广遍地波及，万紫千红就一变为萧杀景象了。

第一句的"钩棘"大概是荆棘，二字恐非杜造而有所本。

第三句或指统治阶级还是在那里酣歌恒舞。

第四句则就是鲁翁"万家墨面没蒿莱"那首诗的意思。

这首诗虽然大致可晓，而具体指何时何事，须待考据。

这首诗如果是应试之作，那一定要落选了，因为押韵押错了。

"云"在上平"十二文",而"愔""吟""森"则在下平"十二侵"。可是我们念起来的确同韵,注音字母和汉语拼音是"云"yun（ㄩㄣ）,"愔"yin（ㄧㄣ）,"吟"yin（ㄧㄣ）,"森"sen（ㄙㄣ）。从前拘守的诗人作近体,决不肯这样押。其所以不肯押,实际上还是遵守功令。在不须遵守的场合仍旧遵守,也有缘故,只怕临到考试出错误。鲁翁不管这个,也是他能脱俗的一种表现。

历代编韵书的人很多,所分韵部各有不同。明清官定诗韵只是多种之中的一种。这种韵书当然依据某时期某地区的语音,还掺杂一些音韵学的道理。这些道理我一向不懂。如"东"和"冬"为什么分为两个韵,"萧""肴""豪"为什么分为三个韵,上平"真""文"和"元"韵的一部分字为什么不与下平的"侵"韵并家,我都不懂得。若去问王了一、吕叔湘,他们该能说出其所以然。——因用韵而说开来,说得不少了。

鲁翁的诗如用一些形容词来说,沉郁、生辣、劲挺、凝练,自成一家风格。这首诗虽然不知道其时代背景,只能大致了解,可是吟诵数遍,也觉其味甚深厚。

我对于平声的一些常用字,大都（不是全部）能知道属于哪个韵,这是从看诗中间逐渐逐渐记得的。对于入声字,我一念就能辨明这是入声,但是属于哪个韵说不出,须得查。上去两声呢,苏人语音往往念得不合诗韵和普通话语音,故而在需要分辨上去的时候,必须查以决疑。

就明清不许押错诗韵一事着想,即可见统治集团之高明与厉害。他限制的虽然只在诗韵,而其成效则绝不限于作诗一件事。

这个影响叫你不论在思想或行动方面，都得规规矩矩跟着他的牵鼻绳走，不敢稍稍有点儿违犯。

信的第一张谈及声韵的一段补充：

我们现在作诗词，我以为宜以自己的语音为佳，合于语音而又不背韵书则更好。举个例来说。诗韵上平声有个"十三元"，这"元"韵里头，"原""园""垣""喧"等等在内，"门""村""盆""奔"等等也在内。我们念起来分明不一样，而诗韵却收在一个韵里。那当然是在古代某时期某地区念起来是同韵。清朝有个谁，为了押这个"元"韵出了错误，没有考中，有"该死十三元"之句。我想我们现在作诗，在一首里头，用了"原""园""垣""喧"一类字押韵，就不用"门""村""盆""奔"一类字押韵，反过来也如此。不要说"门""村"与"原""园"都在"十三元"，虽然嘴上念起来不叶，也不妨通押。——你看我这个想法如何？

【父致子】（3月22日夜九点写完）

至善：你有兴作词，我有兴谈词，也算是找到了共同点。就在这个共同点上多写些，也是好兴致。关于入声字，我在你的一张纸上加注了。你不要去查汉语拼音，要在口头耳边辨别，做到能一下子就辨出那是入声字。还有平声也要这样练习，少依赖字典，待解决不了才去查字典。再有一张纸谈你自己预备改几个字的，且缓一缓，待下一次信寄还。

你说《清平乐》上半用仄，下半用平，感觉上有促迫和舒坦之分，这一点很好。我在前一封（就是写了五张纸的那一回）也谈到这方面，可以说彼此悟出的颇相同。我相信这一点不是主观瞎猜。故而就内容选调，作词的人是很要注意的。

……

"树犹如此……"的问题，我漏掉回答。这回你说"恐怕不行"，我说确乎不行。人家看了，决不会理解为"对牛""对人"的……

【子致父】（3 月 22 日晚）

爹爹：我学填词，爹爹费这许多工夫给我指点，不要太吃力了。对我硬凑的词，指出问题，要我自己改，这是最好的教学方法。我一定再改一遍。骈文，我不大喜欢念，记得的很少。爹爹写的五张纸，我得慢慢琢磨，方能消化。又凑了一首《长相思》，可能有点俗。反正是练习，让自己有脑筋可动。也抄给爹爹看看。

　　　长相思
　　（赠阿满，兼自嘲）
　　为儿忧，为女愁，
　　万事如何想得周？
　　忧愁哪有头！

　　莫须忧，莫须愁。

月自盈亏江自流。

作甚儿女谋！

【子致父】（3月25日夜）

爹爹：爹爹不知道还记得否，教我读的第一首词就是"帘外雨潺潺"。那时住在仁馀里，我还只十岁左右，已经是四十多年前的事了。爹爹一边喝酒一边讲，我听着，不久就能背了。以后再教了些什么，我却想不起来了。凡事第一次的印象，总是比较深的。

平仄和韵，我看最好是通过熟悉的诗词来辨别，看从前人是怎样用的，把它们归起类来。从前作韵书，想起来也是这个办法。靠查字典，实在太麻烦，还不一定靠得住。爹爹说苏辛往往不拘泥于声调。我把能背的几首与王力那本书上的谱对了一下，确有许多唱别调的地方。王力很少引苏辛的词作例子，大概也是这个缘故。还有，不该押韵的地方押韵，好像辛弃疾是常有的，如"深夜笛，莫吹裂"（连平仄也不入调了）。从音乐来说，不和谐的乐句，要不是失败，往往是最精采的。可能作诗填词，也是同样的情形。

沁园春

圣地东隅，插队农村，倏忽三秋。

看延河清浅，拱桥联虹；

杨岭迤逦，窑洞重楼。

谷穗沉沉，菽花簇簇，

枣树枝垂新果稠。

舒襟袍，爱天宽地广，何惜淹留？

且将羊肚缠头，唱一曲悠扬信天游。

历扶犁挥镐，胼胝生掌；

垦荒整地，稷粟盈沟。

草药亲煎，金针自试，

应诊更深霜浸衾。

勤锤炼，为人民服务，已复奚求？

【父致子】（3 月 25 日夜八点半）

至善：作词，从自由的观点想，何必一一受它拘束？但是只要反问一句，你既然喜爱自由，又何必作词？作自由诗不是很好吗？这就回答不来了。确然是如此，既然选了某某牌子作词，就是自愿地受它拘束。要在受拘束而仍表现其自由之中抒情达意，才见出本领。这是自来词家所努力争取的。在此中，成功的人并不多。但是真有成就的人却是真个留下了几首好东西给后人永远吟诵。

你有兴作词，必须在口耳双方能辨别字的声调。平声和入声首先练习，要做到一念就知，一听就晓。上去比较难辨，但是普通话与旧韵绝大部分同，只少数的字不同。故而照普通话也就差不离。

〔更正〕（3月26日晨）

我这里没有什么词谱。所谓"必平""必仄"，是从归纳而来的。我查的是陈其年的词集，因为这部词集按调编排，而且每调的词不止一两首。

夜间想起白居易和李后主的《长相思》没有查，今早起来就查。白的上半两句是"汴水流，泗水流"，李的上半两句是"云一绹，玉一梭"，则第二字正是仄。李的下半首句是"秋风多"，则第一字正是平。照此看来，你的"女"字"何"字都是有依据的。

白与李都是词的早期作者，那时候还很宽。大概到了周与姜，算是最严了。

【子致父】（3月28日夜）

爹爹：最后又说学填词吧。《长相思》，据王力的谱三字句只要求末一字平声叶韵，前两字平仄不拘。我也是这样想的，既然学填词那就得从严遵守格律，就是要难自己。学过一段时期，过了硬凑的阶段，得到了自由，句子写得自然了，才算是学会了，当然仍旧谈不上好。我说我凑的那首《沁园春》底子就差，是因为开头是从永和的照片想起的，只想到要把陕北的风物写出来。既然插队的地区是延安，就应该表现在革命圣地受到的教育，我全没有想到。并且"太实""太直"，没有意境（意境还不如那首《更漏子》）。（"太实"，不知行话应怎么讲。例如"云破月来花弄影"，虽是名句，我可不喜欢，七个字中三个主词，挤得够呛，与所表现的那种悠闲的心情也不相符。"太直"就是直拔直，

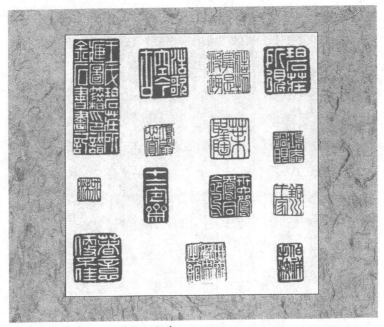

叶圣陶在"五高"刻的部分印章

没有联想、比喻等。)已经凑成的三首,《沁园春》不想改了,"霜浸裘"把"浸"改成"侵",不知是否可以勉强。放在一边随它去,才可以作新的练习。另两首短的,再想想看。关于韵,我做了个有趣的游戏。苏东坡的《念奴娇》有两个韵脚:"月"和"雪",我把背得的用"月"和"雪"作韵脚的词和诗所用的叶韵的字写了下来,再从这些字攀开去,写了三四十个字,有些字念起来简直不像同一韵，如"黑"和"铁"。不知什么缘故。平仄正在按着谱辨别，只要用点心，大多数字还是容易弄清的。

【父致子】（3月28日夜八点一刻写完）

至善：此刻五点已过，你的廿五夜写的信准期而到，谈词的又有两纸。同时接到祖璋的信，也大部分谈诗（前人写观赏植物的诗）。他无事可做，近来开始作诗，已经寄过几首给我看了。

我答得快，也不是什么认真，只是兴趣而已。你说仁馀里喝酒时读"帘外雨潺潺"，我记不起了。四十多年了，回想起来，真也够想的。

原来王了一那本书你带去了。我不知道你哪里来的谱，有了这部书，自然很便当了。但是王的书颇有点儿涉于烦琐。我看他讲律诗，谈到"拗救"，就是上一句平仄不协了，下一句想办法补救它。我看作诗的人未必有这些心思，而是太拘声调的分析者有所发见而已。

你说不和谐的乐句，要不是失败，往往是精彩处。我相信我国的诗词确有类似的情形。诗词句子和谐的，就是我前回所举的四字、五字、六字、七字句之"仄仄平平""平平仄仄"合乎常规的。这种句子其实只有第一字可以说绝对不必论。此外，四字、五字句的第三字，六字、七字句的第三、第五字，最好也要论，论比不论和谐。凡是不合常规的就是拗句。古体诗若像近体诗一样，"仄仄平平"，"平平仄仄"，念起来就不像古体诗。词里头，绝大多数的调子里都是和谐句占多数，拗句占少数。越早的调子越少拗句。我有个笼统的观念，似乎周姜二人的自创的调子拗句较多。这须待统计，他日不妨来统计一下。

现在先说你改过的《沁园春》。这首词改得差不多了。若要再改，不如另作一首别的。"窑洞重楼"的"重"字很不坏。联系上联来看，可以叫人家知道"一层层窑洞好似重叠着楼房"的意思。这个"重"字是平声，正合你所说的"收得住"。还有，"杨岭"即"杨家岭"，自无问题。"草药亲煎，金针自试"，很好。我本想改"亲尝"，后来想"亲尝"与"自试"是一样意思，"亲煎"了送与病人喝，则多一层为人民服务的意思，还是"亲煎"好。"霜浸裘"的"浸"字，我上回提了。现在想改"浸"为"袭"，霜气袭裘而入的意思，你看如何？——这首词可以得个"六十分"。

《更漏子》下次寄回。

【父致子】

更漏子

柳垂金，桑绽碧。
又是清明时节①。
云冪冪②，雨濛濛。
征雁落渚东③。

和风旸④，春雨足，
布谷催耕声促⑤。

　　泥滞滞⑥，水融融⑦，

　　紧抓犁耙工⑧。

　　①此两行殊无问题，而且第一行两个三字句很不错。

　　②幂字是"罩"的意思，是动词。重叠作状词用，我似乎没见过。查《辞海》没有叠用的例，查《诗韵合璧》却有。你大概是从谁的诗或词里看来的。

　　③这句是"×平×仄平"的格式。"雁"是去声，必须改动了。

　　④我看温飞卿的三首，此处都押韵。"旸"字就不行了。"旸"是"晴"的意思，与"和风"也搭不上。

　　⑤此句好。

　　⑥"滞"字叠用，向所未有。《辞海》《诗韵合璧》都没有。

　　⑦描状水之宽和流通，应当用"溶溶"

　　⑧这句是"×平×仄平"的格式。"耙"是平声，必须改动了。

　　【子致父】

　　②"云幂幂"，我记得《吊古战场》中好像有这个用法。

　　③"征雁"改为"征鸿"问题就解决了。这一句我原来想到的是"天教阻归鸿"。是看到湖边上有一群野鸭而想起的，爹爹可能认为这句还不差。可是一对谱，该用"平平仄仄平"，而我想到的这一句是"平平仄平平"，而第四个字，又应该是"分明"

的。还有个问题，好像暗喻"上级不让我们回北京"的意思，应该避免。后来就在"鸿雁"上兜圈子，凑成了现在的样子。

④"旸"字改成"飔"就可以了。本来我想这里一刮西南风天就放晴，所以用了"旸"字。恐怕这层意思，看的人不会领会。我查的词谱是王力的《汉语诗律学》，谱上的四组三字句，都是"平仄仄"与"仄平平"轮换。王力有注，说唐人下阕首句或入韵，宋人则不然。但没有说如果入韵，平仄如何安排。我所以选这个牌子，因为它的三字句声调很好听。

⑤"滞滞"的确是生造，我是指泥很黏。我再想想看，可以换什么别的。

⑦"融融"是不是有时候可以跟"溶溶"通用？改成"溶溶"没有问题。

⑧"耙"，字典上有两个读音：作名词是阳平，"pa"，如"倒打一耙"；作动词是去声，"ba"，如"犁田耙地"。这里的口音，我辨起来也是去声。我还怀疑，"pa"与"ba"不是一种工具，"pa"是猪八戒的钉耙，"ba"是牛拉的很大的平地工具，北方没有，主要在水田里用。作动词用也是这样区分。字典的解释不一定对。

翻到一首词，有一句"杯深不觉琉璃滑"，这个"滑"字，与"月""雪""叶"叶韵，可见是作仄声字用的，可能念作"骨"。如果可以这样，"滞滞"改成"滑滑"，就可以了。但是现在读起来，"滑"好像应是平声。

【父致子】（3月29日午后）

②你说《吊古战场》，是否李华的《吊古战场文》？我这里没有这篇东西，无法查。在私塾的时候，这篇是背得出的，现在连第一句是什么也想不起了。

③"天教阻归鸿"是个拗句，如用在需要"平平仄平平"的地方，就不坏。

④"和风旸"的确不能叫读者知道一刮风就放晴的意思。二者没有给读者什么暗示，使读者自己去联系起来。所以作诗词也和作文同，不能光由自己想，要预为读者着想。你所改的"窑洞重楼"就能教人自己领会窑洞像重叠着的楼房的意思，因为上联对称的一句是个比方，这就给读者暗示，使读者知道这句也是比方。诗词与骈文里，这类情形很微妙，广泛分析归纳，可以作一篇论文。

⑦形容水只能用"溶溶"。查辞典，"融融"是"和乐貌"。

⑧"耙"字我以为你作名词用。既然是作动词用，这就是仄声，与谱合了。

⑤改"泥滑滑"就可以了。从前有作"禽言"诗的，"泥滑滑"三字是摹拟某种鸟的叫声，所以也是"禽言"诗的一个诗题。"滑"字是入声。我现在照苏州音念，也是入声。"滑"字在诗韵的"六月"和"八黠"里，"滑稽"的"滑"在"月"韵，"光滑"的"滑"在"黠"韵。词韵是可以通押的。我抄这两韵里的一些常用字，我念起来都一念而知是入声，你念起来如何？

——髮、伐、罚、歇、忽、勃、掘、阀、核、曰、八、察、杀、刹、刮、帕、葛、粤、卒、骨、越、没、竭、窟、发、突、筏、凸。

我的感觉，入声字是一念出来就截断，没法拖长一丝一毫的。不知道他们音韵学家怎么说。

昨天写信，对你的《沁园春》自改稿还有两点漏说。床上想起，因信已封好，不再拆开补入。现在写在这里。

（一）"杨家岭"的"岭"字上声，而其处需要平声字。

（二）此首用了"菽"字。这是第一次稿上我看不清的一个字。"菽"就是"豆"。我怀疑的是延安地区是否种豆。

【父致子】（3月31日夜九点写完）

至善：诗词好，当然靠思想靠意境。我们生在此时此际，从前人认为好的，我们难以赞同的也不少。再进一步说，真正认为好的，简直很少很少。这因为我们虽然绝未脱胎换骨，可是究竟与从前士大夫、小地主、大官僚、高人雅士等等的思想意识很有些距离了。我们认为好，只是设身处地从他们的立场着想，才觉得这个还好，那个也不错。一回到我们现在的境地来看，大部分诗词可以说都是无聊的话。你说我的话是不是有点儿过分？

你说"太实""太直"两点很不错。从前诗话词话里谈起的想必不少，可惜我看得少，举不出。你批评"云破月来花弄影"有意思。我现在随便想，这一句做作，不自然，"破"字硬用，"来"字勉强，而"弄影"也有做作的毛病。说简单些，这一句不能一下子给人一个活泼鲜明的印象。

【子致父】（3 月 31 日夜）

爹爹：我又凑了一首《贺新凉》，爹爹看如果基本可以，只需改动几个字，就改一下。因为自己改，是习作的一个方法；看别人改，也是习作的一个方法。当然别人改了，还得自己体会为什么改。如果离"六十分"尚远，需花心思较多；爹爹就不要动它，照老办法，指出问题，让我自己解决，免得夜里失眠。我凑这一首是花了不少心思的，但是又感觉到比前三首，已经熟练一些了。以后词稿不要再寄回给我，留在爹爹手边，算作成绩。我留着底稿，爹爹只要说某一行有什么问题就可以了。贾先生也在学作诗，他的念头太"直拔直"，怕较难学好。王力的那本书，太烦琐，有点故弄玄虚吓人，是过去"权威"的派头。他的谱是集多少首同牌子的词，用统计的方法编定的。这恐怕不是办法，太自然主义，没有个标准。我是练习，当然还是照他的。等于听他的课，给他交作业。有个好处，他例子举得多，倒可以让我模仿。

……

加上那一叠讲诗词的稿纸，这封信又不短了。

沁园春

圣地东隅，插队农村，倏忽三秋。

看延河清浅，拱桥联虹；

杨岭逶迤，窑洞重楼。

谷穗沉沉，菽花簇簇，

枣树枝垂新果稠。

舒襟袍，爱天宽地广，何惜淹留？

且将羊肚缠头，唱一曲悠扬信天游。
历扶犁挥镐，胼胝生掌；
垦荒整地，稷粟盈沟。
草药亲煎，金针自试，
应诊更深霜袭裘。
勤锤炼，为人民服务，已复奚求？

   贺新凉

△△○○△
雨洗长空碧。[①]
△○○○○△△ △○○△
沐朝阳千红万紫，满园春色。[②]
△△△○○○△ △△○○△△
狐兔尽诛鸱枭死，又值太平岁月。[③]
△△△○○△△
且漫道波宁浪寂。[④]

△△○○○△△ △○○○△○○△
垂柳思静风不定，祇时徐时激无时歇。[⑤]
○△△ △○△
卧榻畔，蛰蛇蝎。[⑥]

○○△△○○△

魔头乱抹红朱赤。⑦

△○○○○△　△○○△

谋陈桥黄袍加体，一拥登极。⑧

△△○○○△　△△○△○△

妄论天才心机拙，化作苍蝇碰壁。⑨

△△△○○△

奈地球运行不息。⑩

○△○○○△　△○○△△○△

殷鉴两面分正反，剩沉沙折戟堪评说。⑪

○△△　△△△

真伪剖，读马列。⑫

1. 先说韵，我是从背得的几首词凑拢来的。如：

烟里丝丝弄碧。……①

拂水飘绵送行色。……②

渐别浦萦回，津堠岑寂。……④

夕阳冉冉春无极。……⑧

更无一点风色。……②

妙处难与君说。……⑪

自开元霓裳过后，几番风月。……③

恨难说。……⑪

想沉香亭北繁华歇。……⑤

人道是三国周郎赤壁。……⑨

一杯还酹江月。……③

更无消息。……⑩

秦淮碧。……①

泥牛入海无消息。⑩

乾坤赤。……⑦

只有"竭"和"列"两个字，想不出哪首诗词用来作过韵脚。我念起来好像能叶韵，查字典也是这样。不知到底对不对？

2．再说平仄。我是按王力那本书上的谱凑的。可是王力的谱，第③和第⑨的六字句，第一个字作平，我用了仄。想起"扇手一时似玉"，"苦恨芳菲都歇"，"满座衣冠似雪"，"画舸亭亭待发"，"一抹凉州哀彻"，第一字都是仄。想起来这个字可能应该是可平可仄的。第④和第⑩的七字句的第六字，王力的谱上作平，我用了仄。想到"正壮士悲歌未彻"，第六字也是仄，不知是例外呢，还是可平可仄。七字句如果是"前三后四"，第六字不在音节上，似可以通融。不知这个想法对不对？我用"○""△"表示"平""仄"，在稿子上作了标记。因为有许多字没有查字典，凭自己念辨别的，不知有没有错？第⑫的末三字，应"仄平仄"，我用了"仄仄仄"，这是学的"莫吹裂"。前一句，似以"真伪析"念起来顺口，可是押了韵，像"深夜笛"一样了。末两个三字句都押韵，好像结束得比较完善。如填词的人有一定的用意而在少数地方违反词谱，是否可以？

3.关于"折戟沉沙"。传说主席在一次讲话中提到两首旧诗，一首是杜牧的《赤壁怀古》，还有一首，我还没有打听到。看赵朴初的曲子里用了"折戟沉沙"，因而想这个传说可能有点根据。我体会主席如果讲到这首诗，一定是着重于前两句："折戟沉沙铁未销，自将磨洗认前朝。"意思是要大家重视这伙坏蛋的材料，这些材料是反革命阴谋的失败记录，是难得的反面教材。我用的就是这个意思。

有同志把鲁迅那首诗去问周振甫，他作了解释。他说"钩棘"有两重意思，一是"荆棘"，一是"兵器"。"秦醉"的典故，他说是：天帝喜欢秦穆公，请秦穆公去喝酒，天帝喝醉了，把"鹑首"（秦的分野）赐给了秦穆公。我觉得有点奇怪，天帝喝醉了，又不是在秦国喝醉的，怎么能说是"秦醉"呢？我念过的诗词文章，都没有类似这样句法的典故。周振甫解释这一句的意思是"天糊里糊涂地把统治权给了反动派"。"越吟"的典故没有错，他的解释也很别致，说是指蒋介石半途（中流）叛变革命。他说这首诗是作于第一次反"围剿"胜利之后。

上封信上说到"太实"，我是指讲到的事物太多，没有舒展开去，不能引起联想，内容反而贫乏。又想到"云破月来花弄影"，读起来有迫促的感觉，这与声调大有关系，"破""来""弄"这三个动词，都是仄声，好像赶什么似的，来煞匆及。"月明云淡露华浓"，虽然也是三个主词，却没有迫促的感觉，可能因为"明""淡""浓"都是形容词，而其中有两个字是平声。填词也许还应该注意这些问题，不知道想得对不对？

【父致子】（4月3日夜九点写完）

至善：《贺新凉》看了，底子不错，我试着来改，两三天内寄出。先说押韵字。我此刻查诗韵，"蝎"在"六月"，"列"在"九屑"，与其他韵脚是可以通押的。再说词谱。我以前买过一部影印的什么词谱，大概在苏州丢了。（小时候叔父有一本《白香词谱》，我拿了，是我最早念词。）我只能说猜度的话，前人编的词谱曲谱很不少，所用的方法恐与王了一同，都是统计归纳。因是统计归纳，彼此就不免有出入。历来词家讲声韵，一致推崇周美成，有些作者填词以美成为准，平上去入四声全依美成，宁可句子不通，用词勉强。这实在是钻牛角尖。苏辛二家就是不太受拘束的，为表情达意的需要，宁可不合格律。现代毛主席也是这样态度。在戏曲方面，汤若士是不大受格律拘束的。因而他的"四梦"爱欣赏文辞的非常欢迎，而要在口头唱的就不大欢迎。词与曲联起来想，在明清之际，曲还受到歌唱的检验，便于唱不便于唱，能唱的人有数。至于词，自宋以来，恐怕除少数的人如周姜等之外，能作而不能唱的，只看而不唱的，居绝大多数。所以粗浅的人就只讲平仄，精深一点的也不过在某些关键句子分别上去，其实大家都只是"吟诵"而并不"歌唱"。若问哪儿是必平必仄，哪里是可平可仄，大概也难有绝对权威性的答复。——我这样猜度，你看是不是对？

振甫说"秦醉"，何以没有说那故事见于何书？他解"中流辍越吟"恐未必对，不过我也讲不出。待他来的时候，我来问他。

你说"云破月来花弄影""破""来""弄"三个动词都是仄

声。把"来"字认为仄声，错了。要口头辨别，"来"是平声，"赖""籁"是去声。我看"云破月来花弄影"之毛病还在不自然，不真切。说云"破"，似新鲜而生硬。说月"来"，也比月"现"月"露"勉强（当然，"现"与"露"都是仄声，不合用）。说"花弄影"，有趣，但是太纤巧。"月明云淡露华浓"也只是普通句子，四平八稳，也没特别好处。

【子致父】（4月3日晚）

爹爹：凑的两首词又改了一遍，誊清在另一张纸上，留在爹爹手边，作为成绩。如果还需要改，也不必寄回我。只要指明哪一行就可以了。

长相思

为儿忧，为女愁，

万事如何想得周？

忧愁哪有头！

莫须忧，莫须愁。

月自盈亏江自流。

作甚儿女谋？

更漏子

柳垂金，桑绽碧，

又是清明时节。

云幂幂，雨濛濛，
征鸿落渚东。

和风飔，春雨足，
布谷催耕声促。
泥滑滑，水溶溶，
紧抓犁耙工。

1. "甚"作"什么"讲时，好像念平声；听昆曲"说甚么"的"甚"，好像是平声。如果我的辨别不错，这一首就算了结了。末一句，王力的谱可以作"仄平平仄平"。

2. "滑滑"，我本来就想用这两个字，一查字典，是平声，不敢用了。靠字典的确不能完全解决问题。这一首也算了结了。

3. "岭"字，我念起来像平声，现在再辨一下，的确是上声。这样一来，这一首不能算完。"菽"，陕北是有的，黑皮大豆，当地叫"黑豆"。

4. 在讲"云破月来花弄影"的时候，我把"来"当作仄声，是错的。"来"是平声。"破"是硬凑，没有一点美的形象。

【父致子】（4月5日夜八点半）

先说平仄。陈其年集子里，《贺新凉》有一百多首，可谓大观。我翻了一下，上半下半两个六字句的第一字或平或仄。再有你所记得的几句，第一字都用仄。再则是我上次说过的，无论几个字的句子，第一字绝对可不论。综合以上三点，第一字该是可平可仄了。

上半下半两个上三下四的七字句，我归纳下来，第六字也是可平可仄。不过这句的第三字是一顿之处，必须用仄。你在下半作"奈地球"，"球"字是平，用错了。上三下四，第六字相当于四字句的第三字，你说"不在音节上"，对的。

上半下半末了的三字句，我归纳下来是"×仄平"。你用了"仄仄仄"，以"莫吹裂"为先例，这是你把"吹"字念错了，"吹"是平声。这句的第二字一律是平，竟无例外。

以下就你所标的○△两个符号，看念错的字有几个。"狐"是平，你标了△。"太"是仄，你标了○。"垂"是平，你标了△。"静"是仄，你标了○。"卧"是仄，你标了○。"谋"是平，你标了△。"加"是平，你标了△。"拥"是仄，你标了○。"球"是平，你标了△。"运"是仄，你标了○。"两"是仄，你标了○。共十一字。

现在试来修改。以少变更原意为主。从前有些私塾老师把学生的文稿全篇划掉，他老先生在字行间另写一篇，这怎么能叫做改呢？

第一行，很有气势，无须改。

第二行，有两点不甚满意。一点是"朝阳"，用了"朝"字，时间就限于朝晨而不是整个白天。一点是"满园"，空间限于"园"，嫌其小。我想改为"沐晴辉千红万紫，无边春色"，你看如何？下边第五行有个"无"字，动不得，这就一首里重了"无"

字了。不过词里重用某一字的例子，比较近体诗律绝里多。

第三行，本行与下边第九行的七字句，同是和谐的七字句，其式是"× 仄 × 平平仄仄"。你在第六字都用了（枭，机），是不是王了一的书上标明"必平"了？"鸱枭"改为"枭獍"就是"平仄"了，而且用"枭獍"指大坏蛋最切。"狐兔"指他的一批同伙。只是"尽诛"尚不太切。现在不能说已经全部揭露。

第四行，"波宁浪寂"嫌生些，也可以说。作"波平浪息"最自然，只是在一首里头"平"字"息"字都重了。我又想到改为"波沉浪寂"。就是把"沉寂"拆开与"波浪"结合，合于诗词造句的惯例。不过"沉"字又重了。"波平浪息"是同样的结合方式。"波宁浪寂""波平浪息""波沉浪寂"，三个方案，你看哪个好？我倾向于第三个。

第五行，本行与下边第十一行的七字句，同是和谐的七字句，其式是"× 仄 × 平平仄仄"，与第三行第九行的七字句同。你把"静"字用在第四字，必得改。你这句取的是"树欲静而风不止"的意思，不必说"柳"。改为"欲静树枝风不止"，几乎与原语相仿，你看如何？再想想，不妨竟作"树欲静而风不止"你看如何？我倾向于后者。"徐"与"疾"为一对反义词。"疾风"又是惯用的。故而改"激"为"疾"。一句里三个"时"字念起来不好，第三个"时"改为"休"。——"祇时徐时疾无休歇。"——这一行似乎相当像样了。

第六行，"蛰"是自动词，放在名词之后为宜。"蛰"在入声"十四缉"，与其他韵脚叶。故末了三字改为"虬蛇蛰"。

　　第七行，"魔头"极生。搞诗词的人与不搞诗词的人都要感到异样，不了解何所指。"红朱赤"虽有小区别，一般说来都是红。因此，这句要改。我改为"浓红抹面心深黑"，你看如何？这里"心深黑"是我加入的意思。"黑"字是叶韵的。"心"字与第九行的"心"又重了。"红"字也重了。调转来，作"深红""浓黑"，你看哪个好？都用"浓"或者都用"深"，又如何？

　　第八行，"谋"是平声，要改成仄声字。"陈桥"和"黄袍"一起用，我感觉就如你所说的"太实"了。我准备只用"黄袍"。习惯说"黄袍加身"，"身"和"体"细说起来有些分别，"身"虚些，而"体"则实指这个包括头部、躯干还有四肢的身体，故"加体"要改。还有"登极"要改。因为在有帝王的时代，"登极"这个说法是含有极浓的褒义的，现在也不宜用在大坏蛋身上。根据以上几点，我改为"冀黄袍一朝身被，谋成篡窃"。也作些说明。还是用"身"字，叫人容易想起"黄袍加身"。"黄袍加身"就"黄袍"说，我则就"身"说。"被"是穿上。这个"谋"字是名词，四个字改成散文，就是"成篡窃之谋"。"窃"字在"入"声"九屑"，与其他韵脚叶。你看如何？

　　第九行，七字句第六字本当用仄，"计"字可以恢复。"拙"字也在入声"九屑"，此处非押韵处，要避。"化作"二字用在这里，意不明晰。我知道你是当作"变成了"用的，我感觉与"苍蝇碰壁"这个比喻联不起来。（我还没有说得透。）考虑好久，决定不用"心计"，改成如下两句："妄捧天才宁得计，徒自苍蝇碰壁。"说明一下。我这是说就在天才问题上碰了壁，终于自取毁灭。"捧天才"说他们盲目崇拜所谓天才而不相信群众。你如觉"捧"字不大妥当，就用原来的"论"字。这两句我觉得颇顺。

第十行，这一句改为"看地转天旋犹昔"。本是前三后四句，今作"一、四、二"句，这样变通行事，苏辛派为多。好在"地转"处可以顿一下。至于内容，我扩大了，说整个宇宙依然在运转了。"昔"在入声"十一陌"，与其他韵脚叶。此句不错。

第十一、十二行，这两行改为"折戟沉沙殷鉴在，赖指南真伪能分别，勤研读、马和列"。说明如下。七字句依照你的意思，要重视反面教材。八字句又是变通行事。本来是一字领起七字，我看了陈其年的好些首，这地方有变通作上三下五的句子的，我就学了他。"指南"带出"不是教条而是行动的指南"之意。表明所以要读马列在于此。"别"字在入声"九屑"，与其他韵脚叶。末了三字句作"马和列"，"和"是平声。前面的三字句，我统计下来，竟是无所不可的。

《沁园春》得六十分，则这首大可以批七十分了。

我的修改办法，你看了不妨提出不同意见。大家再来推敲，很有兴味。

昨天是 4 日，上午改了半天。下午绝对不想它，出去洗澡理发。今天是 5 日，上午去王家。下午改到四点半，完毕了。既然改毕了，自然要赶快寄给你看了。

至善：我这回改你的《贺新凉》改得颇有味，其中有几句，想想颇不坏。我觉得还是嫌浪漫主义少，不免"实"。苏联提"社会主义现实主义"，这么提也不错，但不及我国的"革命的现实主义和革命的浪漫主义相结合"。无论什么文艺，必须是"现实主义和浪漫主义相结合"。现实主义就是事实根据和社会背景，浪漫主义就是作者的感兴和想象，二者缺一，就不成其为文艺。换句话说，任何文艺都须二者兼备。而既在革命的社会，要创作革命的文艺，还必得在现实主义和浪漫主义前面都加上"革命的"三个大字。加上三个字非常容易，而要实际做到却非常难。——我从改你的词忽然说起这么一段话，也是我曾经想过几回的，就藉此代替晤面闲谈。

【父致子】（4月6日晨记，4月6日夜八点半写完）

现在就改动过的全首，为减少重复用的字再作考虑。

重复用的字如下：红、无、沉、时、天——共五字。

"红"字"无"字都不能动。"时"字在这里，非重复不可，与分别用在前后两句里的情形不同。

"波沉浪寂"的"沉"字可以避免重复。原稿下半首"息"字韵脚既然改掉了，"波沉浪寂"就可以改为"波宁浪息"了。

"地转天旋"的"天"字可以避免重复。改为"地转星移"。这个"星"字包括行星恒星，那就仍然指整个宇宙空间。

这样再改一下，重复用的字只剩两个了（"时"字不能算）。

这是昨夜在枕上想的，信已封好，不再拆开，留待后寄。（4月6日晨记）

至善：《贺新凉》改稿今早寄出。还有昨晚想起的"再改"之处，今天早上写了一张，附在这封信里。"甚"字作什么讲确作阳平，与"神"字同音。现在就只有"杨岭"还得改了。"云破月来花弄影"，我以前没细想，经你一说，"破"字"来"字的确成问题。（4月6日夜八点半写完）

【子致父】（4月6日晚）

爹爹：又说到词谱，爹爹的书架上，就在靠门的地方，有一本油印的稿本，忘了是谁的，上面有谱，还有例子。王力的词谱，是否靠得住，的确有点难说。如《念奴娇》前后两阕的后半段五句的字数是：四、四、五；四、六。其中三个四字句，他作"×仄平平，×仄×平"和"×仄平平"，我对了几首记得的，应该是"仄仄平平，平平仄仄"和"×平平仄"，不知是校对错误呢，还是我记得的都是特例？王力的书上，有些标点也很奇怪，如"执手相看泪眼，竟无语凝咽"，他断在"看"字下面。还有"凉州""伊州"下面加上地名号，而不用书名号，似不知道这是曲名；在"弹阮"的"阮"字下，加上人名号，似不知道"阮"是乐器。这些固然是小事情。更奇怪的，他说有些词牌分成三叠四叠，大约是因为字数多的缘故。这就很说不通，《莺啼序》（240字）最长，却只分两阕；《兰陵王》短得多（130字）却分三阕；这就打破了他的说法。他完全忽略了词原来是可以唱的，是合曲谱的。这种分段，是配乐的需要。有些不分段的小令，曲调重复一遍，就是双调。另外如《清平乐》，前后两段的曲子想来很有区别，所以要分两段。多数分两阕的词牌，往往前后阕只有开头或结尾不同，想来曲子也是这样，前后基本上重复或对称，只首尾有些不同。《兰陵王》则第二、三两阕是基本重复或对称，第一阕与后两阕的关系，似《清平乐》的前后阕。如能找到一些词的曲谱来对一下，就可以得到证明了。想来这种看法，从前人一定有说过的。

【子致父】（4月9日夜，10日晨）

爹爹：6日晨发的信昨晚收到。爹爹性急，一改完就寄给我。我也早在等待，只想早点看到爹爹是怎么改的。

平仄弄错的字有十一个之多，几乎占十分之一，可见我的功夫还差得远，还得努力。其中有些是我辨别错了，有些是上了字典的当。

先说说我填这首词的本意。上阕前三行是说"文化大革命"的风暴已经过去，×××及其一伙已经揪了出来，似乎天下又太平了。时间是指去年夏天，那时候有许多人都在想，四届人大一开，一切又恢复"正常"，阶级斗争似乎又趋于熄灭。后三行是说阶级斗争不以人们的意志为转移，还是长期的、曲折的，有时甚至是很激烈的，可能还有赫鲁晓夫式的人物睡在我们身旁。下阕前四行是叙述××反党事件。后两行是说要重视反面教材，要学习马列经典著作，来识别真假马克思主义。

下面说看了爹爹改的，我的一些想法：

第二行，爹爹指出的两点，使我很受启发。"朝阳"改为"晴辉","满园"改为"无边",使时间和空间都扩大了。重字，我是尽量避免，碰到实在无法避免时，也就不避免。我想古人填词吟诗，大约也是这个原则。有意用重字，又当别论。但是有个问题，"朝阳"现在成了个新典，就是"毛泽东思想"，这已经成了很通行的典了。如《智》剧中杨子荣唱的"我胸有朝阳"。"沐朝阳"，就是"在毛泽东思想的光辉照耀下"，看的人立刻就能理会。还有，"朝阳"念起来比"晴晖"响亮。爹爹再考虑一下，看到底取哪个好？

第三行，七字句的平仄，王力的谱，四个七字句（第三、五、九、十一行）都作"×仄×平平平仄"，但后面又注明，这四句都可以作"仄仄平平平仄仄"，似乎第六字用了仄，那么第一字非仄不可，第三字非平不可，不知有什么根据。我所以用"狐兔"和"鸥枭"，有一个想法，"狐兔"是走兽，穴居；"鸥枭"是飞禽，树栖；用来比喻×××及其一伙叛、特、反，不管隐藏在上边或下边，都给揪了出来，在政治上被判了死刑。因为不是指×，用"枭獍"不知是否妥当？会不会引起人误会？后面的"太平"，"太"字我以为是平声，而竟是仄声。这个字用仄声的，我只记得"扇手一时似玉"一个例子，不知有没有不合谱的问题？

第四行，"波宁浪寂"，"宁"字的确生硬，我看改成"波沉浪寂"好。爹爹这一改，使我又学会了一种句法。

第五行，前面的七字句，我是从"树欲静而风不止"化出来的。现在看看，有点弄巧成拙，不如直引原句。后面的八字句，"激"改为"疾"，好。这个"激"字，我本来觉得与"徐"字不相称，想改，想到《逍遥游》第一段中有许多讲风的词汇，也许可以找到一个适当的，可又背不出来，就没有想到这个现成字。"无时歇"，我先用的是"无停歇"。后来想到古人有时故意用重字，我也来弄个花巧，再重它一个"时"字。爹爹说念起来不好，的确有这个问题。在"休歇"和"停歇"两个中挑选，似乎还是"停歇"好些，因为"休"字念不响。顺便说起我想到的一个问题，诗词注意平仄和韵，都是韵母的问题，我想对声母也要适当注意。如果几个同声母的字联成一串，跟几个同韵母的字联成一串一样，也会像绕口令那么别扭。不知这个想法对不对？这里并不存在这样的问题。

第六行，"蛰"是自动词，放在专词后面，句子就顺，我是为了合乎平仄，没有办法才放到前面去的。诗词中这种句法是有的，要不是作者别有用意，就是没有办法，两者必居其一，却大有高低之分。把"蛇蝎"改成"虺蛇"，问题就解决了。

第七行到第九行，这三行是在其余九行都基本上凑齐以后，最后凑成的，总之要把××反党事件扼要叙述一遍。他们是打着"红旗"反红旗，组织小集团搞阴谋活动，反党纲领是设国家主席和"天才史观"，结果泄露事败，最后只好逃跑，身败名裂。事情有这样多，要用三十一个字说清楚，实在困难。许多意思想表达而没有表达出来。我只好说说我的设想，再看有什么办法？

第七行，我想说他们打着"红旗"，伪装成极"左"。很自然地先想到"画皮"，爹爹的诗中也用的。马上又想到"谁""画皮"呢，这必须讲清楚。爹爹改的一句没有主词，我想不大好。因为从这一句起，不光在形式上，在意思上也是一个段落的开头。又跟爹爹的诗不同，因为那首诗是通篇讲这个坏蛋的；而在这里，从这一句开始才讲这个坏蛋，必须交代清楚。这个"谁"，也就是"主词"，我花了不少心思来找。什么魑魅魍魉等鬼字部的字都找遍了，没有找到两个平声字组成的词，鸟兽虫之类又决定不用，因为上面已经用过，这就不大好办。忽然想到了孙悟空钻进铁扇公主肚皮里的战术，马上想到《西游记》上有"魔头"这个词，用妖魔的头子来指这个大坏蛋，好像很恰当，"红朱赤"我是故意用的，由"画皮""极'左'"，想到"把脸抹得愈红愈好"。这个大坏蛋又好叠床架屋地乱用形容词副词，不妨还敬他一个"红朱赤"，三个"红"字叠在一起，也正好表现"极'左'"。我不放心是"乱抹"两个字，怕不能说明他把"红、朱、赤"朝自己脸上抹。

第八行，"谋"我认为是仄声，竟是平声，那就非改不可。"谋陈桥"与"黄袍加身"意义上重复，字数既然不宽裕，重复更加浪费，我是想不出别的办法，而用"陈桥"来填充空格的。"身"改用了"体"，因为这里一定要用仄声。我所以想到赵匡胤的故事，是因为这个大坏蛋纠集了一小撮武夫，阴谋政变，搞突然袭击。我的这些想法，都没有表达出来。爹爹改的时候当然不可能顺着我的想法改了。

第九行，"拙"我以为不入韵，不想又错了。本来想用"泄"，就是为入了韵，改了"拙"，不想仍旧错了。要叶韵，是个难题；没想到要避免叶韵，也是个难题。这一句是说他们在会上突然提出"天才"问题，自以为得计，结果露出了马脚。在这里，我以为用"论"字比"捧"字较好。这许多缠弯里曲，很难在一句话里表达清楚。"化作"，也是从《西游记》中来的，"魔头"被打败了，摇身一变，变成个蟭蟟逃走了。我想用这一句表达两个意思：一个是大坏蛋眼看大势已去，走为上策，结果自取灭亡；另一个是他们的整个阴谋都成了"碰壁"，被粉碎了。这些意思没有表达清楚，反而使句子很勉强。

第十行，我是由"他们大有炸平庐山，停止地球转动之势"，化出来的。"球"字的平仄，我又弄错了，而这个字是非仄不可的。"奈"字不稳当，到底谁无可奈何呢？爹爹改的一句，固然有气势，但也有不妥，"地转天旋"常用来形容头晕，容易使人理解为：时局老是剧烈动荡，教人无法捉摸。还有个问题，是离原来的话远了，使人不能联想起原话来。最好再想法子改改。

第十一行，我凑的七字句，自己觉得不像诗词中的句子，而像唱本中的句子。我的意思是：正面教材还不能不提。因为我想"殷鉴未远"，原来是指失败的教训讲的，与"前车之鉴"相仿。如果不提一提正面，好像是要从"折戟"中吸取失败教训，那就成了站在反革命分子的立场上了。而且对我们来说，正面教材还是主要的，所以重视反面教材，正因为它是正面教材的补充，好用来做比较。这句要改，我想得甩掉"殷鉴"这个套套，另起炉灶。下面的八字句，"剩"字不好，没有力量。我的意思说对反面教材要作批判，但用的却是"评说"，分量很不够，"批判"不是客观地"评说评说"而已。爹爹改的一句，意思好得多，但句子也有点生硬。

第十二行，"马列"中间插一个"和"字，不大好，好像成了两件事，不如竟用"马恩列"。好在现在指定读的经典著作中，没有斯的。我凑的两个三字句的确不好，不好在于两句之间的关系不清楚。

上面是今天上午写的，傍晚又接到爹爹7日晨发的信，看到了6日晨写的条子。爹爹在枕上还在想这首词，太伤精神了。我又出了许多难题，真有点不应该。好在这不是什么紧急任务，放在一边，当作消遣，想到就改，心烦了就放下。我也再仔细想想，务求把它改到"八十分"的水平。"地转天旋"改为"地转星移"避免了"头晕"的毛病，也不会使人理解为"时局剧烈动荡"了，问题还在于离"原话"远了。"波沉浪寂"，还是"波宁浪息"，这个问题到"地球"这一句改定之后再解决吧。

我凑了四首了，前三首：《沁园春》，生拼硬凑没有意境；《更漏子》，除了末一句，很像旧词，但是没有多大意思，平庸；最自然的还是《长相思》。我弄了些花巧，把"忧愁""儿女"，有时连起来，有时拆开。但是还不大露痕迹。爹爹的评语不知是不是这样。这一首《贺新凉》，想法颇多，没有表达出来。我一定在爹爹的指点下，把它改好。

说到"云破月来花弄影"，这个张三影的三个"影"字句，其实没有一句是好的。"隔墙送过秋千影"，墙、秋千、阳光射来的方向，秋千的影子，四者的位置不知道是怎么布局的，总之无法画出来。可以说根本不会有这回事，是矫揉造作。还有一句好像是"××扬花坠无影"，一个"坠"字，就把扬花的轻盈都破坏了（跟"破"字起的作用类似），就是"无影"也挽救不回来。这也算词话中的一条吧。

　　夜里又想到爹爹改的第十行，"看"字好多了，谁都可以"看"，没有"奈"字那种毛病了。"犹昔"也好，因为表达了"地球照样转动"的意思，这正是我的原句中没有表达出来的。中间的"地转星移"，能再想想办法就最好。从意义上来说："星移"又指时间的不断推移，内容丰富得多。但又有一个问题，"星移"是可以直接"看"到的，"地转"却不能直接"看"到，要通过"星移"才能推理出来。如果两样东西都不能直接看到，那么前面的"看"是"虚"的（这个"虚"字我是杜撰的，不知道能不能表达我的意思，就是说并非真正用眼睛"看"，而是体验之类的意思），其中有一个能看到，这个"看"就变成"实"的（指真用眼睛看），可是另一个又看不到。我的这个想法，可能是钻了"牛角尖"，可是也挺有意思。我想再把这四个字改一改，主要着眼于使人看到这四个字，立刻能联想起主席的原话来。（10日晨）

　　【父致子】（4月9日夜八点半写完）
　　至善：你说的那本东西，是龙榆生在上海戏剧学院编的《唐宋词定格》。那里头有定格也有变格。所谓定格，也无非归纳起来得票较多的。变格是得票少却是名家写的。以我主观判断，凡是平常的四字句（不是特殊的拗句），最好是"仄仄平平""平平仄仄"，念起来最顺，听起来最悦耳。作"×仄×平""×平×仄"也无不可，但是念和听都差一点儿。我看了几首《念奴娇》的上下段的后几句，似乎我这个说法是可以成立的。推到其他词的四字句亦然。

王了一的书我不曾细看。他说字数多就分三段四段，这个说法太外行了。词最多的是分为两段。上下两段完全相同的（如《浪淘沙》）属于少数。多数是其他全同，只在下半开头处与上半不同（如《满江红》）。这大概就是所谓"换头"。从此推想当时歌唱的形式，这种分为两段而"换头"的词，大概是上下两半的谱大体相同，只在"换头"处不同。我在中学生时代，在《东方杂志》看见几首宋词的谱，据称是传下来的。非常简单。绝大多数是一个字一个"工尺"，而且多的是四分音符。我还曾拿洞箫吹过呢。传奇里的北曲，未必是元曲的本来面目。但是现在据我们所记忆，传奇里的北曲每个字的"工尺"总比较少。而南曲则尽量地摇曳缭绕，一个字要填好些"工尺"，要唱许多拍。——我说到题外去了。

关于这些，好像没看见前人说过。当然，我看的书太少。了一作诗词，恐未下功夫。他要得出规律，实则不深入则得不出规律。

今天就写到此。

【父致子】（4 月 12 日午后六点）

至善：谈词的长信此刻准期收到。这样讨论，颇有意思。今天我且不谈这个，因为昨天看了至诚寄来的另一组剧本，从上午到夜间，加起来共费五小时，此时不想动脑筋了。明天也不能写答复你的札记，因为胡愈老邀我同去游颐和园，总得下午回来，想来要走些园里的路，比平常出街走得多些。算下来要后天写了。

【子致父】（4 月 12 日晚）

爹爹：我想要一本平装的《新华字典》，还有张允和编的那本韵书。《唐宋名家词选》在三午那里，我也想要来做参考。解闷，还是再学填词。

【父致子（改稿讨论）】（4 月 14 日午后三点写完）

现在依据第一次改的字句，按照来信所说的各方面，写下我此时此刻的考索。

"沐晴辉千红万紫"你说"朝阳"已经成了新典，这个"朝"并非专指朝晨。这一点我承认。那就不用"晴辉"，恢复"朝阳"。

"狐兔尽诛枭獍死"先说平仄。《贺新郎（凉）》共有四个七字句（上三下四的不算），上半下半各两句。我认为这四句都是和谐的七字句，其平仄都是"仄仄平平平仄仄"。通融一些，就成"×仄×平平仄仄"。昨夜今早，我把陈其年的 135 首统计了一下。每首四句，135 首共 540 句。这 540 句里头，第六字用平声字的共 45 句，占百分之八强。这该可以证明第六字用平声字是"变格"了。

当时我改"枭獍"，说用来指×恰合。后来我想明你并非指×，系指××事件以前。但是写信的时候又漏掉了，没有想起写这一点。看了你的说明，"狐兔"是穴居的兽，"鸥枭"是树栖的鸟，都已被判处政治上的死刑，这个想法当然不错。不过，就这一句讨论，恢复"鸥枭"，第六字用平声字，虽属无妨而不是主要之点。主要在于用"诛"和"死"达不出"政治上的死"的意思。还有，刚读了开头三句，气象光昌，到第四句却来了"诛"和"死"，也叫人感到突兀。因此，这一句还得重新斟酌，或者换别的意思说。

"又值太平岁月"这是和谐的六字句，其格式为"仄仄平平仄仄"，通融为"×仄×平×仄"。第三字用仄声的"太"，自无问题。我倒要把第五字改为平声的"年"，念起来好听。

"且漫道波宁浪息"我因为避免重复用"沉"字，故而又把"波沉浪寂"改为"波宁浪息"。"宁息"也是一个习用的词，拆开来与"波浪"结合。现在看你所说，"殷鉴"准备丢掉了。大概"折戟沉沙"也不必勉强用上去了，那么很可以恢复"波沉浪寂"了。"波沉浪寂"比较"波宁浪息"有新鲜感。

"祇时徐时疾无休歇""停歇"似乎从来诗词中少见，当然只凭我的直觉。我猜想，这个词或许产生得较晚。"休歇"却多出现于词里曲里。这两个是双声字，声母相同。你说用字要注意韵母和声母，很对。我念起来，觉得"休歇"比"停歇"好。这不过是直觉的好与不好，而何以有此直觉，分析起来，大概也有好些因素呢。

"浓红抹面心浓黑" 我当时是考虑到主词的问题的。"抹面" 的是谁？"心黑" 的是谁？就是那蛰伏着的"虺蛇"。我在说明里漏说此点，现在说了，你看能不能同意。"魔头"出于《西游》，我不知道。虽有来历，总嫌其生，人家不了然。"红朱赤"叠用，总觉勉强。等于说"红红红"，而"红红红"表达不出抹了一层又一层的意思。

"冀黄袍一时身被" 照你这回的说明，可以考虑不用"黄袍"，下接受拥戴的意思。也许下面"谋成篡窃"四字还可以用。——大概作诗词只能虚些，灵活些，要把事实（即使是主要事实）都说在里头，五七言的古体诗也难办到，何况近体诗和词？

"妄论天才宁得计，徒自苍蝇碰壁" 我以为这两句就表达了你要说的意思。"宁得计"问一句。他自以为得计，可以一举而如愿，到底得计吗？绝非得计，而是大大的失败。就在这一次上，阴谋大暴露，直至坠机死亡，这就是徒然自找"苍蝇碰壁"的命运了。

"看地转星移犹昔" 我先用"地转天旋"，其时也曾想到"头昏脑涨，天旋地转"。我想给这个习用语一个新意义，也未始不可。何况次序也调动了，先说地后说天了。后来想想究竟不好，就改为"地转星移"。这是从习用的"斗转星移"脱胎而来的。用"斗转星移"也很好，只是把这个意思的主要根据"地球"漏掉了，故而把"斗"字换成"地"字。"犹昔"二字我很得意，这是"活译""还是在那里运转"。你说我这是主观武断否？再说看得到看不到。我以为在从前人说来，"地转"是看不到的。而在略有常识的现代人，见昼夜就知地球自转，见斗柄转一圈就知地球公转，这可以说是间接地看到。你看这样解释站得住否？

"折戟沉沙殷鉴在，赖指南真伪能分别"，前面的七字句决意丢掉。那么前后两句有十五个字了，就用这十五个字来表达"学习理论以识别真伪"的意思，我看总该有办法。要避免你所说的"直"和"实"，可能会得到好句子。假如"赖指南"还可以用在原位置上，我要把"赖"字改为"仗"字。

"马和列"你改为"马恩列"，很好。不过拘泥的人看到这儿还要问，"为什么不提毛著？"这当然是缺点。但是要弥补这个缺点，只好不作词而作论文了。

回答到此完毕。你慢慢考虑慢慢改，有时好意思好句子会自己找上门来。

【父致子】（4月14日夜八点写完）

至善：写讨论词稿的笔记完毕，就来写信。桌子上积着未复的信有五封了，且写了给你的信再说。

……

你说起张三影的三句都不好，我想了想，表同感。这类句子，做到最好也不过描摹景物入细，够不上说"情景交融"。而诗词曲的高标准，都要求写景要含融着作者的思想感情的。张先的这三句，光就写景说，也只觉其勉强、做作、不自然，随便用不恰当的字。一向称赞的人都是以耳为目，人云亦云。我在陈其年的

《贺新凉》的七字句里看到一句"不值一钱张三影",正是第六字用平声的四十五句中的一句。这首词是陈赠与纳兰容若的。这句接下去是"尽旁人拍手揶揄汝。何至作、温韦语!"

【子致父】

> 长相思
>
> 为儿忧,为女愁,^①
> 万事如何想得周?
> 忧愁哪有头?
>
> 何须忧?何须愁?^②
> 地自转悠江自流。^③
> 莫作儿女谋。^④

这算是给阿满的。"地自转悠江自流",本来想到的是"地球自转水自流",平仄不入调。"水"改成"江",这没有困难,一想就得。第四个字须平,"转"字无论如何不能放在这个位置上,好容易想出一个"地自转动"。后来又想到"转悠",这恐怕是北京方言,但念起来比较"转动"顺口。

"莫作"的"作"最好用"为""代""替"等,但这个位置须平,而这几个字都是仄声,于是用了"作"。"作"汉语拼音作平声,如果又是个入声字,那就又错了。我四声念不准,只好靠

查字典。（数字符号由圣陶先生标注）

【父致子】

这首词意思好。六行之中，四行（一至四）都颇为自然，声韵和造句有问题处，记于右边。末两行不易改。

①可惜"女"是上声。此处必平。可改"儿"，"儿"包括儿女。

②第一字必仄，而"何"是平。不用问句，改"不"或"莫"如何？

③"地"不能即等于地球。一般说"地"，总使人有"平"的印象。北方话"转悠"似乎与"溜达"相近，浩然小说中用得很多。与"运转"搭不上。

④我查字典，普通话里惟"木作""水作"是阴平，"做"的意思是去声。旧时是入声。吴语也是入声。

【子致父】（4月16日晨）

爹爹：为了解闷，还是想填词。忽然想到那首《长相思》的最后一句"作甚儿女谋"，是不是改成"奈何儿女谋"较好。我想表达的意思是："难道就摆脱不了为儿女作打算吗？"如果能表达，那么"奈何"比"作甚"含蓄得多。

又作了一首五言诗，不知道行不行，能不能得六十分。先是想到了几句五个字的句子，想凑成《采桑子》或《生查子》，结果凑不成，《采桑子》和《生查子》的五言句好像多数是"律句"，我想的句子多数都是"拗句"。于是想，索性凑成古风吧。可是王力的书上说，古风要尽量避免"律句"，这又不容易做到，只好不管他。爹爹看能不能通过，算不算"五古"。

> 春耕不失时，犁耙无休歇。
>
> 登垄望牛归，牛归日之夕。
>
> 曳犁踯躅行，汝其饥且渴。
>
> 饮汝柳树塘，食汝黄堰侧。
>
> 黄堰草初长，萋萋不盈尺。
>
> 俄顷新月落，四野向昏黑。
>
> 但闻啮草声，札札我心悦。

柳树塘是个一亩多宽的方塘，塘深水清，塘边有几棵老柳树。黄堰是贮水湖的堤坝。

王力的书上对平仄的"拗""救""黏""对"的规律，讲得很繁琐，我看了也不明白。我想这些规律，可能也是封建时代的考试制度形成的，目的也在限制读书人的思想。真是写诗的人，未必一定遵守。王力举出许多例子来引证这些规律，恐怕也可以找出更多的违反这些规律的例子来。我想是不是可以这样区分：近体诗的句子多数是律句，平仄声调比较和谐，词藻修饰比较讲究；古风则不大管这一套，因而拗句比较多，词句比较朴实。

【父致子】（4月16日下午八点半写完）

至善：《唐宋名家词选》已经在我处。张允和编的那本韵书早已不知去向了。现在我常在手头用的是中华1965年出的《诗韵新编》。待买到《新华字典》就一起寄给你。

【父致子】（4月18日午前写，下午六点半写完）

至善：前日振甫来，我把鲁翁的两句诗问他。他说"秦醉"出于张衡的《西京赋》，并把原文大略说了说。今天去访伯翁，拿《文选》来查看。现在把原文抄在这儿。"昔者大帝悦秦穆公而觐之，飨以钧天广乐。帝有醉焉（注谓：上帝竟有酣醉于秦之心），乃为金策，锡用此土，而翦（注谓：翦，尽也）诸鹑首。"鹑首是星名，兼及井宿和柳宿，是秦地的分野。振甫又告诉我梁启超有两句词句，"以鹑首而赐秦，天胡为而此醉"，我说这不像词句像赋里的句子，他说确是词，但是其他句子和调名，他也说不出了。由此看来，"秦醉"是上帝偏爱秦国，为秦而醉的意思。我问振甫，具体到鲁翁的句子，是什么意思呢？他说这大概指帝国主义侵略。关于下一句，他这么解释：庄舄病中作越吟，是不忘本。"辍越吟"等于说忘本。全句是说蒋介石1927年的背叛革命。我看振甫的解释，下一句比上一句可信，上一句还不甚清楚。鲁翁这首诗，原稿后面是否有年月？我记得当时他想往广州看看革命形势，还在北伐之前，到了广州也曾作了些杂文，表示有些事情看不惯，后来就到上海。猜想起来，这首诗该是作于"四一二"之后。通体看来，很合于那时候的气氛。（4月18日午

前写）

……

《李白与杜甫》出版之后，据云引起一些反响。苏修借此攻击大国沙文主义，以李白生于碎叶为例。北大的工农兵学员在中文系的说，杜甫既是地主阶级，还要读他的诗做什么。——要读旧诗，而想挑选非地主阶级的作者的作品，大概是很不容易的。（午后写）

……

"奈何儿女谋"似只能解作"对'儿女谋'怎么办"，而不能解作"难道就摆脱不了为儿女作打算吗？"要表达这个意思，五个字不够，前两字后三字中间总须加点儿什么才行。你看如何？

你这首五古给我第一个印象很不错，可以得七十分以上。今天不细谈，明后天推敲过后再说。了一说古体要尽量避免律句，我看也不妨随便。如果说古体不必管什么律不律，或许倒比较确切些。从前考试，不考七绝七律五绝五律，专门五言排律。"对"是非讲究不可的。"失'黏'"是押错韵，搞错平仄，诗虽好也不能取的。"拗"和"救"在排律里是谈不到的。换句话说，排律不许"拗"，也就无所谓"救"了。了一看过我的诗稿，他在眉批上边指出了好些"拗""救"，他是意在说我"救"得好，其实我梦也没有做到。

你说"近体诗的句子多数是律句"，这不对，应是全部为律句（不合律就成拗句）。而近体的律（五律七律）还有一个条件，就是中间的四句必须是两联。绝句就随便，有第一第二两句成一联的，有第三第四两句成一联的，有全首四句成两联的，也可以一联也没有。——可能在了一的书里，说这一点儿意思就要好几页吧？（4月18日下午六点半写完）

【子致父】（4月18日夜）

爹爹：那首词，我再想法子改，不着急，慢慢来，也许偶然会想到好句子。上次寄给爹爹看的那首五言诗，我想爹爹最不满意的一定是末了两句，因为照说应该是"但闻啮草声札札，我心悦"，而我硬把"札札"断到后一句去了。

王力的书，又给我挑到了一个岔子。他分析"牵牛不负轭"的句子结构，说前两字是动词及其目的语，后三字是副词、动词及其目的语。不知道"牵牛"应是专门名词，就是"牵牛星"。这句诗的意思是"名不副实"，同"维南有箕，不可以簸扬；维北有斗，不可以挹酒浆"一个意思。（这里的"箕"和"斗"是星宿的专名，不是普通的名词。）他把"牵牛"当成真的牵了一头牛，那也就不可能理解这句诗的意义了。这是古诗十九首的一句。他分析古诗十九首的另一句，"迢迢牵牛星"说"牵牛星"是名词语，怎么他就联想不起来，有点使人奇怪。我喜欢挑岔子，成了脾气，尤其挑名教授、学者的岔子。也可见知识是无边的，不应该粗枝大叶，自以为是。王力的那本书，这样的岔子还可以挑出一些。有的可能是校对错误，不能肯定算在他的账上。有的一定是他错了，如"龟兹"，他用了地名号，其实应该用书名号，因为是乐曲的名字。这样的错误，可以见到他对原诗并没有真正理解，印在书上，就会妨碍读者对原诗的理解。

【父致子】（4月20日下午六点一刻写完）

> 春耕不失时，犁耙无休歇。
> 登垄望牛归，牛归日之夕。①
> 曳犁踯躅行，汝其饥且渴。
> 饮汝柳树塘，食汝黄堰侧。
> 黄堰草初长，萋萋不盈尺。②
> 俄顷新月落，四野向昏黑。
> 但闻啮草声，札札我心悦。③

①这两句很好。重复用"牛归"，自然而顺适。也表达盼望之切。"日之夕"也毫不勉强。

②这儿似乎可以加两句，说新草鲜嫩或其他。总之，说草好也是用来表达对牛的爱。

③把吃草的声音放在下一句不好。"札札"二字放在这个位置上，成了"我心悦"的状词了。考虑改一改很容易。

就这么三条，没有别的可说了。这首诗不错，在于写出了真情实感，全无做作。

古体可与散文相比，有怎么样的话就怎么样说，说完了就停止。古体只有两个条件，一是用韵，二是各句字数一律（当然还有字数不一律的"杂言"，但是应用的占少数）。比较近体诗和词，古体诗自由多了。

现在把七个韵脚所属的韵部写在这里：歇（月）、夕（陌）、渴（曷）、侧（职）、尺（陌）、黑（职）、悦（屑）。七个字属于五个韵部。这几个韵部，作词是可以通押的，作古体诗也可以通押，当然，拘谨的诗人还是专用一个韵部。作近体诗就没有这个问题，因为近体诗都用平声韵，用平声韵也不能通押。（鲁翁那首五律就是破例通押的例子。）

上回第二次考索你那首《贺新凉》的札记里，曾经说过《贺新凉》除了上三下四的七字句外，共有四个和谐的七字句。这句话错的。下半第一句也是和谐的七字句，不过平仄是"平平仄仄平平仄"，通融作"×平×仄平平仄"，与那四句不一样。（4月19日上午写）

今日上午，茅盾处送来《鲁迅旧体诗注释》的油印本一册，是叫宋谋瑒的所撰，是寄与他，请他与我提意见的。我就翻看那首《无题》的注释。

此诗作于上海，时为1931年。曾经写赠内山完造的弟妇片山松藻。收入《集外集》。

"钩棘"——左恩《吴都赋》"吴钩越棘"，注引《尔雅》"棘，戟也"，那么肯定是两种兵器了。

首联指第一次大围剿。

"秦醉"引李商隐诗一联："自是当时天帝醉，不关秦地有山河。"注者说："天帝在醉醺醺中赐给他（秦穆公）大块土地，使他成了西方的霸主。这里的'秦'字已无特殊意义,语义与《送O.E.》的'故乡如醉有荆榛'大体相同,说一切都是黑白不分,是非颠倒。"我看这么解释比说帝国主义侵略好些,但是也未能感到十分满足。

"辍越吟"也说指蒋背叛革命。

第二联第四联与我前在信里说的相似。

真也凑巧,前天我写了振甫告诉我的,今天又有这本油印稿送上门来。现在对于鲁翁这首诗大体了解了,你不妨转告有兴搞旧体诗的同志。(4月20日午睡起来写)

还有半张纸,随便说说近体诗与古体之不同。我想到"鸡声茅店月,人迹板桥霜"两句,六个名词,没有一个动词。这必须要是一联,让读者拿两句来对比,才能悟出这是说的荒村晓行之印象,而且时间是初冬阴历的下旬。两句中的任何一句,放在散文里是不行的,放在类乎散文的古体诗里也不行。再如"香稻啄残鹦鹉粒,碧梧栖老凤凰枝"两句。也必须要是一联,读者拿来一对比,才能悟出原来主语和宾语颠倒装了,放在后面的"鹦鹉"和"凤凰"却是主语。两句中的任何一句,放在散文里或古体诗里都不行。总起来说,就是用了对偶语可以打破语法的规律,虽然打破了规律,可是仍然能使人理解。

上一回信里记得说起古体尽量避免律句的问题。我今天想想,这不在乎每一句是否律句,只要全首里律句与非律句错杂,那就是古体。试看你这一首,一共十四句,1、3、5、6、13,律句有五句，占三分之一强，但是念起来总觉得这是古体。

至善：此刻邮递员来过了，没有你的信。我为了急于发出对你的诗的读后感，不等待明天收到信之后再寄了。

现在把没有看见你说收到的信记在这里，照信封上所写的日期排列。十三晨一封——收到你八张纸的推敲《贺新凉》的札记，我说要缓几天回答。十五晨一封——我对《贺新凉》的再次考虑的札记四纸，还有报告满子往阜外医院看病的情形。十七晨一封，记不起说什么了。十九晨一封——收到你的古体诗，说缓日评论。明天是廿一，又要寄这一封信了。这成了隔一天寄一封，真可谓勤了。

……

另外谈诗的两纸。还有三午放大的照片。（4 月 20 日下午六点一刻写完）

【子致父】（4 月 21 日晚）

爹爹：爹爹信上几次提到的陈其年，不知是不是写"季子平安否"的那个人。看古人的诗词，当然只能从古人的思想感情的角度上来看，否则就没有几首可以称得上好的了。张先的三句"影"字句，就是从古人的思想感情角度来看，也是很蹩脚的，不知怎么在当时就为人称道。记得"云破月来花弄影"那首的第一句，好像是"水调数声持酒听"，其实就比"云破"句好得多，不过"数声"两个字也有点勉强。歌只能是"一曲"，"几曲""数声"就不成其为歌了。用"数声",大概又为了迁就平仄。我常常想,古人为了追求形式,不免有些败笔。像"桃花细逐杨花落,黄鸟时兼白鸟飞",前一句自然是很好的,后一句,分明是为了对前一句硬凑出来的。两种不同的鸟在一起飞,可以说从来没有见过;就是在动物园里,硬把两种不同的鸟关在一个笼子里,它们也不会合群。这类例子很多,像"兽云吞落日,弓月弹流星",也是前一句好,后一句勉强。

【父致子】(4月21日夜八点半写完)

至善:今天下午接到十八夜的信,准期。知道我十三晨十五晨的两封信已递到,为慰。我只怕谈词的四张纸的那一封失落了。

……

古体的末了两句,你猜对了,我已经提出意见,认为不能这么结构了。

你所举了一解古诗的错误,他似乎不应当如此粗疏。我看他作稿心急,赶紧要出版,不免逞笔乱挥。不过解"牵牛不负轭"那么说,总之表示他的的确不理解,无法辩解。

【子致父】(4月23日晚)

爹爹:那首五言诗,末尾两句通不过,我是料到的,前一封信上就说了。在"萋萋不盈尺"后面,应该加两句,这我也想过。本来想写的意思是草还短,担心牛吃不饱。而结尾的意思,想写成听到牛吃得很得劲,心里才高兴起来。并且末一句已经想好:

"使我心转悦。""不盈尺"改成"不没鼻",倒比较切,但是怕看的人不知道指的是牛鼻子。爹爹看可不可以用。韵好像是叶的。这些意思如果能加进去,似乎可以使这首诗丰富一些。爹爹一定也同意的。可是就组织不成句子。我再想想看,爹爹也帮我想想。不是任务,当作消遣。前面的"牛归"重复用,我是学的古诗。王力的书上说,古体诗要避免律句;如果一联的上一句用了律句,下一句更得注意避免。也就是说一韵两句,不能都是律句,最多只能有一句。他大概是归纳出来的,不知道是不是死规定。要是必须照办,那么我的五六两句都是律句,就犯规了。这首诗如能改好,倒也别开生面,写了干校生活的一个侧面,并且真是从生活中来的。

那本《诗韵》翻了一下,还不知道怎么用,要跟几首诗词对证一下,才能弄懂用法。哪些韵能通押,哪些不能通押?是一个问题。仄声韵的"部"与哪个平声韵的"部"相应?又是一个问题。这首五言诗的韵没有押错,我是从好几首诗词轧出来的,不是靠查字典。

赵朴初的几首诗和曲子(关于陈毅的两首诗,还有一首词、一首诗;两首《反听曲》),现在转辗传抄,流行很广,而抄错的字很多。抄的人不理解,当然容易错。还把白居易的一首《放言》(就是说周公、王莽要是死得早一些,就难以辨别真伪了),也当作是他的了。有一首《何满子》单调六句,开头是"悄悄非关多病,三年不见东山",后面错字太多,弄不清楚了。写在1967年8月,大概是怀念总理的。同时写的还有一首四言诗,好像也是歌颂总理的。也因为错字多，弄不清楚。传说赵朴初在整理陈毅的诗稿，爹爹碰到他的时候可以问问，看有什么出色的。

写到这里，又想到那首诗。黑夜放牛，要知道牛吃饱没有，看不见，只好摸牛肚子，就是左侧后胯骨与肋骨之间的三角形软档。这个部分鼓起来了，牛就饱了。爹爹看摸牛肚子这个细节，用不用得上？

又说了不少关于诗的事。

【父致子】（4月24日夜八点写完）

至善：你问陈其年，名维崧，清初词的方面的多产作家。他的父亲陈贞慧，《桃花扇》里的配角，算是有气节的。作"季子平安否"的叫顾贞观，字华峰，无锡人。

来信谈诗词一段，挑眼挑得都对。对句确是难，总有一句先来，先来的往往较好，后来的不免于凑，凑就难工。

我近日也作了一首词，抄在这里，是历数我与海棠的交往。调子是《西江月》。

"青石繁英一树，少城俊赏三春。八条寄寓岁兼旬，饱看红娇粉晕。　冉冉星移斗转，年年枝发花新。花开相对自欣欣，谢也无甚愁闷。"

青石弄种的一株，品种很好，花瓣多，花蕊长。少城公园（注：在成都）有海棠二三十株，年年去看。可能是四年，只好说"三春"了。八条的两棵，实际上看了廿三年了，只得减去三年而说"岁兼旬"。

上一封信里举了联语因对比而能成立的两个例子，昨日看鲁翁诗，又得一例。"坛坫冷落将军岳，梅鹤凄凉处士林"，若不对，两句都站不住。这两句诗在《阻郁达夫移家杭州》里。

【子致父】（4 月 26 日晚）

爹爹：那首五言诗改了一遍，爹爹看如果可以通过，我就不再费工夫了。还缺个题目，爹爹给起一个吧。那首《贺新凉》还没有完成，想接着把它了结。《诗韵新编》查对了一下，用拼音字母把韵母列了出来，以后就容易查了。编这本书的人不知为什么不把韵母注在各部后面，使外行人方便一些。

……

春耕不失时，犁耙不休歇。

登垄望牛归，牛归日之夕。

曳犁蹒跚行，汝其饥且渴。

饮汝柳树塘，食汝黄堰侧。

黄堰草初长，萋萋不盈尺。

草细如春韭，未堪供大嚼。

俄顷新月落，四野向昏黑。

但闻龁草声，札札何自得。

加的两句，意思是：草不但短，而且细，怕牛吃不饱。末句把"我"改掉了，只说牛吃草的声音显得很自由自在。似乎这样写含蓄一点。"啃"是啃，"龁"是咬断，说牛吃草，似乎"龁"比"啃"贴切。"不没鼻"终于没有用，怕看的人不懂。想起不知谁的诗句"浅草才能没马蹄"，"蹄"字前面有个"马"字，何况人没有蹄，教人一看就懂。

查了查韵，"得"属"职部"没有问题；"嚼"属"药部"，不知能不能通押。我把初稿的七个韵脚，对了一下《诗韵新编》。"悦""歇"属"四皆"，"渴""侧""黑"属"三歌"，"夕"属"七齐"，"尺"属"五支"，都是入声。"嚼"也属"四皆"，入声，好像没有问题。

想不出用什么题目好。

【父致子】（4月26日夜八点一刻写完）

至善："不没鼻"三字很好，只是恐怕不叶韵。我把诗韵寄你了，要查佩文韵须查老的《辞海》了。你可以查所附的佩文韵，就可知道是否叶韵。从前人咏水牛在水里，常用"浮鼻"二字，非常好。因此我觉"没鼻"能叫人懂，而且好。你所说加入的意思使内容丰富，可以斟酌语句。如果搞得好，在你已作成的诗词中，这一首要考第一了。

了一关于古诗的说法，当是归纳出来的。死规定当然是没有的，因为古体是不考的，唯应考的格式才有死规定。不过精于诗的人也是从归纳出发，多用律句，念起来就觉太和谐了，古拙拗强之味不多了，因而就说要尽量避免律句。

那本诗韵分部，我看大体与各地方戏曲弹唱的分部相类似。每一部里，分阴阳上去，上去的仄声就是与阴阳的平声相应的。其中有八部收入入声字，照我念念，可能未必全与各该部的阴阳上去相应，我不懂音韵之学，弄不明白。再说佩文韵，上声去声各韵的排列次序，是与上平声下平声的次序相应的。至于入声如何与平上去三声相应，我也不明。

你所说赵诗的传抄、陈诗的传抄，还有陈抄了白居易《放言》，京中流传亦很广。据说病中常念《放言》后四句是确的。赵住在医院里检查身体，好久不晤了。张纪元说待他出来，相约游中山。陈诗从前课本亦选过，近来传抄的多粗疏。此公有才气，但作诗近乎客串，比最高差得远。而论作旧体诗，我总觉鲁翁为高。就是你抄来的那首五律，念念真有味。

……

【子致父】（4 月 29 日）

爹爹：爹爹的那首《西江月》有一句，我初看竟理解错了。我把"岁兼旬"当作是二十二年，以为"岁"是指"岁星"，也就是木星（也许是土星，我记不清了）。"岁星"在黄道运行一周（也就是绕太阳一周）是十二年，所以名之曰"岁"。记得看到诗词中有用"岁星"来表示十二年的。我把"岁兼旬"当成了"12+10"的算式。苏州园中的那枝海棠，与北京所见的不同，花更红，与树枝贴得较紧。成都的就花看，和北京的一样；但是树形又不同。成都的枝条叉得较开，树冠成伞形；北京的枝条都基本上向上长，因而显得更稠密。

关于习作的修改，写在另外的纸上。

关于那首五言诗："萋萋不盈尺"还是"萋萋不没鼻"呢，说形象具体，是"不没鼻"好，要是看的人能懂，就可以通过。但又产生了韵的问题。按《诗韵新编》，"鼻"属"齐"部入声，跟"夕"一样，没有问题；按《佩文韵府》，"鼻"属于去声"寘"部，不但部不同，声也不同。本来想到两句："舌卷但数茎，齿龁只寸截。"想连在后面。连在后面有好处，前面的"鼻"就肯定是"牛鼻子"，不会使人看不懂。"截"《佩文韵府》属入声"屑"部，自无问题。但加上去，是否成了蛇足？"草细如春韭"，不大好，记不起古诗中有相同的句子结构。我想改成"春草如春韭"，这就把草的鲜、嫩、细、时新，都包括在内了，不限于一个"细"。我想用"未堪供大嚼"，表示对牛微有歉意。而结尾的"札札何自得"，牛自由自在地吃草，听着自然快意，所以不再说我觉得怎么样了。我想感情不要直接说出来的好。爹爹看最后如何定稿，还给我起个题目。

那首《贺新凉》，我想到了两句。一句是把"狐兔尽诛鸥枭死"改成"魔舞蹁跹今安在？"爹爹的意思是"诛""死"与前后几句不协调；这样改，是否较好些。后阕第一句，改成"画皮沥尽胭脂汁"。这一改，没有主词了。想到苏东坡的《生查子》，"惊起却回头"，也是把前阕末句的"孤鸿"当作主词的。这两句能不能算爹爹所说的"好句子找上门来"？

说到苏东坡的那首《生查子》，以前有人挑眼说"拣尽寒枝不肯栖"说得不切，因为鸿雁不住在树上，根本不会拣枝而栖。我先前觉得这个眼挑得不错。现在想想，恐怕是挑错了。别的鸟多住在树上，孤雁却不愿意住在树上，宁可住在寂寞的沙洲上，恐怕这才是苏东坡的本意，并正抓住了鸿雁的生活习性。

据王力的"统计"，在古诗中，"药""辑"部"几乎可以说绝对"不与别的韵相通；相通范围最广的是"质""物""月""曷""黠""屑"六部。那么那首五言诗就有两个韵脚不对了，一是"鼻"，一是"嚼"；可是照《诗韵新编》却是可以的。从古，还是从今？成了个原则问题了。

【父致子】（4月29日下午六点写完）

至善：五古看了几遍，可以了。与其多改，不如另作新的，求新的胜于前作。题目一时想不出，这样的诗又绝对不适宜用《无题》。缓些时再想。"不没鼻"可以叫人懂，虽不点明牛鼻，但上边说的草是牛吃的草，当然没不了的鼻是牛的鼻。可惜"鼻"不是入声而是去声，只好不用了（我写此意在信封上，想来你不会没有看到）。"浅草才能没马蹄"是白乐天的句子。

入声字派入普通话八个韵部的阴阳上去四声，其间如何关系，我一点儿也说不出。只是觉得照普通话语音念这些入声字，那是归属得对的。而照入声念，就觉得搅不清楚。譬如"夕""歇"二字，照入声念，是同韵，可是普通话里"夕"属"七齐"，"歇"属"四皆"。

【子致父】（5月1日傍晚）

爹爹：在考虑给永和写些什么时，忽然想到两句句子："得失塞翁马，胸襟孺子牛。"我的意思是，如果计较个人得失，就有许多偶然性，到底是得是失，结局很难预料，就像塞翁失马一样。应该有甘为孺子牛的宏旨，学塞翁那样把个人得失看得淡一些，最好抛在一边。"孺子牛"对"塞翁马"，大概是很"工"的了。"胸襟"对"得失"，就不大"工"。如果改成"行藏"，那就全"工"了。可是"行藏"太陈旧迂腐，意思很不好，没法用。这两句不是律句，只能放在古体诗里。

……

照旧改那首《贺新凉》。改稿写在另外两张纸上。爹爹看看，也许有的句子反而不如原来的了。

　　　　贺新凉
　　　——叙事——
雨洗长空碧。
沐朝阳千红万紫，满园春色。
魔舞蹁跹今安在？又值太平年月。
且漫道波沉浪寂。
树欲静而风不止，只时徐时疾无休歇。
卧榻畔，虺蛇蛰。
画皮沥尽胭脂汁。
羡煞他陈桥一拥，谋成篡窃。

　　　　妄论天才宁得计？徒自苍蝇碰壁。

　　　　看地转星移犹昔。

　　　　假作真时真亦假，辨混珠鱼目需眼力。

　　　　勤研读，马恩列。

　1. 又恢复了"满园"，因为用"无边"，与"无休歇"的"无"字相重。我想：这本是从"春色满园关不住"截下来的。读到这一句，自然会想起原句来。那么"朝阳"不光是照耀"园内"，光遍照"园外"。

　2. "陈桥"与"黄袍加身"重复，决定用"陈桥"。为什么不肯舍弃这个故事，因为赵匡胤也是搞突然袭击，军事政变，这个角色在京戏昆戏中都用"生"扮，抹红脸，俨然正人君子，用来似乎很切。"羡煞他"使句子松弛一些。我从改"狐兔尽诛鸥枭死"得到一个体会：诗词不是文章，内容要求丰富，字面上最好不要那么"紧夹相"，也就是避免"实"和"直"。

　3. "假作真时真亦假"，是《红楼梦》"太虚幻境"牌楼上的对联，俗一点。"时"与前面"时徐时疾"重了。不过我想，"时徐时疾"的"时"作"有时候"讲，"假作真时"的"时"作"的时候"讲，稍稍有点不同。改完了一看，上下两阕，引用成句在同一位置上，问句也在同一位置上，好像是故意安排的。

　4. "辨混珠鱼目需眼力"，看古人的作品，这一句第二字多数用平声，也有用仄声的。第七字则都用平声。"眼"却是仄声，不知能否通融。这个八字句，多数用"一、七"的形式，也有用"三、五"的形式，我却变成了一句整的。照五字句、七字句，"二、四、六"应该是"分明"的，但"眼"字实在没法用别的字换。我取的是"我们的眼力不够，需要借助于望远镜和显微镜"的意思，是从"仗指南"联想到的。这样联到结尾两句，很自然。还有个好处，不提"著作"，也不妨事了。

【父致子】（5月2日下午七点半写完）

至善：以下就谈些关于诗词的话。

我的"岁兼旬"，"岁"以代"年"字，"兼旬"等于二十。你分别苏州、成都、北京三地海棠之不同，这些分别，我全模糊了，只笼统地记得花是苏州那一株最可爱。

关于入声字的问题，我一点不懂。只觉得"鼻"字佩文韵入"寘"，普通话入"齐"，都对，为什么都对，说不出所以然。还有那"嚼"字，照我口头念，也辨得出不能与其他几个韵脚叶。

你说从古还是从今是个原则问题。我说如果从今，就得作者自己按普通话语音念，同时也要求读者按普通话语音念。如果从古，则不管作者读者是什么地方人，大家以佩文韵为准，虽然各人口头念起来耳朵听起来同韵字并不尽同韵。还有一个"从"呢，就是从本人的地方音。至诚他们的唱句就大多照常锡音押韵。我的考虑，诗词是旧东西，用的是文言，与文言"配套"的，还是以按照佩文韵为宜。你看如何？

若决定从古，"不没鼻"就只好牺牲了。"春草如春韭"确乎比"草细如春韭"好得多，便是"未堪供大嚼"也得因韵不叶而牺牲。"舌卷但数茎，齿龅只寸截"两句不好。通篇是浑成的，这两句却琐细，下一句还有点儿勉强。"札札何自得"，就牛说而不就我说，而我之喜悦自见。——还得慢慢推敲，题亦稍迟写定。

两句词句，我的答复如下。前一句，"蹁跹"不适用。此二字通常状舞态之美，不宜用于"魔舞"。且"魔舞"承接前面"无边春色"也嫌突兀。后一句不错，"画皮"即承接上半末了的"虺蛇"，那"虺蛇"是具有"画皮"的伎俩的，可以成立。"沥尽"我改为"尽抹"，你看如何？

东坡"拣尽寒枝不肯栖"，从前人有同你一样的说法，最近还看见过，可是想不起是哪儿看见的了。或者就在《唐宋名家词选》里。

【子致父】（5月4日晚）

爹爹：这次寄一首《满江红》。我本不想给爹爹看的，后来想想，当作笑料，也不妨让爹爹看看。笑料不在于这首词的本身。纪念"五七"，《五七战报》（油印校内刊物）要出诗刊。（这是年年这样的，"七一""十一"都要出诗刊，而好用旧体诗词。这些诗词，从形式讲，实在还不如我凑的《沁园春》第一稿。）编辑听说我在写诗词，就向我要稿子。我就把《放牛》的那首给了他。他们几个编辑一研究，派个人（这个人还是算懂点旧东西的）来对我提意见说，最好改一改，一是没有时代气息，好像放在晋朝、唐朝都可以；二是把牛说得又饥又渴，疲累不堪，不大好（他们不知道我们放牛的就是耽心牛饥渴、劳累、寒热）；三是有些词，什么草"萋萋"呀，夜"昏黑"呀，好像凄惨得很，能不能改一改，要同"五七道路"联系起来，要有积极的意味。我听了只好说：没法改，不用算了。（没法改当然不是说我写的东西改不得，照他们的意见实在没法改。）他却一定要我另写一首。我就凑了这首《满江红》。我给他的时候说：这首可合适了吧？"十里黄湖"，有了；"五七道路"，有了；"改造自然"，有了；"改造思想"，有了；"学大寨""认真看书学习""对敌斗争"，都有了。大家都说"身离北京远了，心离毛主席近了"，也有了；还有"反骄破满""三周年"，也点清楚了；末了还鼓励大家"更上一层楼"，这不就是我们常说的"一次总结一层楼"吗？这位同志于是满意而去。我想想这几位同志过去当编辑，大概工作就是这么做的；将来很可能还是当编辑，工作还得这样做；又想想自己将来如果"复业"，也得这样做工作，心里不免有点怅然。这首词是作为这段记事的注解，爹爹不用费脑筋提意见，我也不想改好它。不过有三个地方，我自己认为还满意：一、"物我两丰收"，这一句还可以；二、现成句"更上一层楼"用得还得当；三、开头一句，与"盛名之下"相呼应（开头一句的意思，那几位同志不全理解的），也是与结尾相呼应。讲平仄，只有一个字不合调子，就是"副"字。爹爹看我说的对不对？

入声字派入普通话八个韵部，道理很简单，就是韵母相同。"七齐"的韵母是"i"，"夕"是"xi"；"四皆"的韵母"ie"，"歇"是"xie"；韵母是"i"的，除了"七齐"，还有"五支"，包括"ci、chi、si、shi、zi、zhi"，其余韵母是"i"的，都归入

"七齐"。至于如何派入"阴阳上去",大概是照普通话的读法,没有别的规则。像"一麻",韵母"a";"一波"韵母"o、uo",都读不出入声来,所以没有"入声"。"平水韵"大概也是这个原则,不过是按照某一时代,某一地方的读音罢了。我算了算,"平水韵"上平十五部,下平十五部,加起来三十部;上声二十九部;去声三十部;数目大体相同。入声只有十七部,所以少,因为有些韵母读不出入声,如"一东",就没有相应的入声韵。又想到入声大概因为念起来短促,韵母的作用不显著,所以各部可以互相通押的较多。

……

满江红
——为我校三周年作

十里围堤,锁不住、一湖春色。
五七路,晴光照眼,天广地阔。
初展宏图田垅改,几经磨炼思想易。
数三年,物我两丰收,非虚掷。

学大寨,勤稼穑。
读马列,诛顽敌。
望长安虽远,日亲寸尺。
戒躁戒骄须切记,盛名之下难副实。

共跻攀、更上一层楼，争朝夕。

【父致子】（5月4日夜八点三刻写完）

至善：……第二，高兴你得到的那一联。这是律句，慢慢地想，把它作成一首五律。"行藏"放不上。"胸襟"拟改"襟怀"，同样是平声，我念念觉得"襟怀"较好。你看如何？这一句如果给古人看，古人不懂。给现在人看，凡知道鲁翁那句的一定懂，而且会欣赏。这就是用典的好处。一用"孺子牛"三字，等于把"俯首甘为孺子牛"一句全用上了。假如另外造一句，表达"此心只愿为人民服务"的意思，就只是平平常常的句子。用典就只怕读者"不接头"。第三，高兴你那首《贺新凉》将近圆满功德了。"满园"恢复，我也同意。"魔舞蹁跹"还须斟酌，上一封信说了。"画皮沥尽……"，上一信的信封上我写"沥尽"还是恢复"乱抹"好。"胭脂汁"不太满意，因为三个字倒不及一个"红"字醒目。"一拥"不如用"一哄"，"一哄而起"和"起哄"，都是起来捣乱的说法。"羡煞他"还得改。他指赵匡胤，我的意思，有了"陈桥"就叫人知道"用事"了，这三个字只须表"希冀自己能搞成陈桥事变"的意思就行。"假作真时真亦假"很好。"辨混珠……"八字句，句式无问题，就是"眼力"不好。如果是极好的两个字，不管平仄，出出格也无妨，可是"眼力"只是平常的名词，而且有点儿不够资格用在词里似的。与这首词里其他语汇也不大相称。造句往往可以像"相十副"那样调动，就凭这个意思，调来调去造句，总有调"通"的时候。"眼力"大概要换别的字面来表达。

——就只以上几处须再斟酌，所以我说将近圆满功德了。

【子致父】（5月7日晚）

爹爹：下面再讲讲词和诗的问题。"嚼"在《诗韵新编》中有两个读音，一是 jue，一是 jiao，后一个注明是"语音"。读作 jue，与"月"yue 的韵母相同，当然属于"月部"，读作 jiao，与"药"yao 的韵母相同，就得归入"药"部了。《佩文韵府》把它归入"药"部，可见古时这个字的念法倒与现在的语音一致的。"ue"和"iao"念起来差别很大，当然不能通叶了。

那首《贺新凉》，我凑的"魔舞翩跹今安在？"是从"百年魔怪舞翩跹"变化出来的，看的人一定会联想起原句来，而原句用的"翩跹"。"魔舞"的"魔"夹在前后几句中不大称，不过我想在旧小说中看到的"天魔舞"，好像是指一种姿态变化很多的舞蹈（"天魔舞"不知是否从《佛经》来的），是否还可以勉强？"画皮沥尽胭脂汁"，"沥尽"确实不好，因为这两个字与"胭脂汁"的关系比"画皮"的关系近，而要求应该相反。我想"抹"字固然可以，但是太直；"乱"字又太粗；是否把"抹"字改为"泼"字，但是前面用个什么字呢？还没有想出来。在《聊斋》上，那个恶鬼是把皮脱了下来，铺在桌上用笔描画的，所以我想用"泼"比"抹"好。在画国画的手法方面，不知可有能用的术语。爹爹帮我找找看。"须眼力"怎么改？我再想，爹爹也帮我想想。

《五七战报》的《诗刊》发下来了，可巧有人写了一首"五律"，题目正是《放牛》，也抄给爹爹看看。"放牛蓝天下，豪情满心间。入伏战烈日，数九抗严寒。泥巴滚一身，风雨经几遍。练就铁筋骨，革命永向前。"这当然符合编辑要求了。我只指出一点吧，在这里，数九寒天是不放牛的。

【父致子】（5月5日晚九点，5月7日下午五点三刻）

至善：昨晚睡后，不免又想起你那《贺新凉》尚须推敲之句。只有三句了，我想得不甚满意，写在这里，供你参考。（1）"魔舞蹁跹今安在"，我想了两个方案，把"蹁跹"换去。一是改为"鬼歌"，二是改为"妖歌"。无非是把"魔鬼""妖魔"拆开，把"歌舞"拆开的办法，并无什么来历的。（2）"羡煞他陈桥一拥"，改为"冀追踪陈桥一哄"。"追踪"就是"学步"也就是"仿效"的意思。（3）"辨混珠鱼目需眼力"，我昨信上说"眼力"须用别的字面来说。今天想到了个"识"字，韵是叶的。与"识"字结合，有"高识""深识""明识""渊识"等，都表示高明的眼力，而且上边一个字都是平声。四个之中，我倾向于"深识""明识"两个，你看哪个好。"需"字用法，古今有些不同。文言说"要"多用"须"，"需"字一般作名词用。所以此处"需"改为"须"。我再有一个考虑，不用"须"字而用"凭"字。你不妨比较一下哪个好。（5月5日晚九点）

关于《满江红》的事确乎好笑。但是如你所说，这就是编辑工作的典型表现，那就不可笑而可"深长思之"了。僵化、形式，唯恐不合框框，成为风气，不学而能。老实说，我近来连《红旗》的文章，也不大想看了。今晨广播的，今天《人民日报》第一版登的也是此篇。是第五期第一篇"短评"《抓紧思想和政治路线方面的教育》，既已看过，今晨又听了一遍。若问这有什么不好，一点也没有，道理全对。若问听了有没有感动，会不会立即"起而行"，我自认没有感动，听了只是听了而已。我不感动，我不会见之于行动，当然对社会毫无关系。可是我要想，不知道各方各面各级的领导同志会不会跟我一样？如果跟我一样，那就大糟特糟了，社论、评论、短评之类全变成纸面空谈了。这又是我的"杞忧"之一桩。

对于《满江红》的说明，我看了都同意。"天广地阔"，"广"是仄声，此处应平，何以稿上写了"宽"又改为"广"？"数三年……"一行不错。末了一行也不错。"难副实"的"副"字勉强可以改为"符"，但是不及"副"字好。反正《诗刊》的读者不在乎这些细节。

你说照普通话语音，入声字分入八部，每部的字韵母相同。这一层我是懂的。我所不懂的是，旧时同韵的入声字，在普通话里有仍然同韵的，也有变成不同韵的，那变成不同韵想来该有规律，而我不知此规律。

——以前几次信中没说明白，你看这一回我说明白了没有？

这封信是三天内陆续写的，"随笔式"，也算新花样。（5月7日下午五点三刻）

【父致子】（5月10日晚八点一刻写完）

至善："百年……"一句，我总觉"魔怪"与"蹁跹"不甚相适合。此刻翻了《辞海》。下注："舞貌；旋转的舞态。"下引张衡《南都赋》："翘遥迁延，蹩躠蹁跹。"下又引陆游《除夜》诗："椒酒辟瘟倾激滟，蓝袍俘鬼舞跰跹。""跰"与"蹁"是同义而两个写法。此处是捉鬼的穿蓝袍的人舞蹈，不是鬼舞蹈。你提起"天魔舞"，索性翻《辞海》，是"元代宫廷队舞。据《元史·顺帝本记》载：表演者为宫女十六人，头垂发辫，戴象牙佛冠，身披缨络，着大红销金长短裙，金杂袄，云肩，合袖天衣，绶带鞋袜，扮成菩萨象而舞"。再查《辞源》，也取同样资料。这样看来，"天魔舞"是拟佛之舞，却并非源于佛经了。

以"百年……"一句为今典，作"魔舞蹁跹"，当然可以。上一信我提了"鬼歌""妖歌"，比较起来，都不怎么好，只是平平而已。"抹"改为"泼"，是进一步，我赞同。上边就用"乱"，你看如何？"眼力"改用"×识"，已见于上一信。看还有什么别的办法？

所抄别人作的《放牛》一首，看了，这是不习于旧诗的人所作的旧诗，不能称为"五律"。

【子致父】（5月10日夜）

爹爹：关于《贺新凉》："追踪"有点"侦察"的意思，不知能不能在"学步"上转转念头。"需眼力"，好像改为"须明识"好。"凭"比"须"好，可是在这里，"须"字似乎比"凭"得当，因为可以贯到结尾两句。"魔舞翩跹"，上封信说了，爹爹看了不知是否同意。还有"沥尽"，改成"漫泼"好不好，可是"漫"字又与"且漫道"重了。

爹爹要我把"得失塞翁马，襟怀孺子牛"凑成一首五律，我费了许多脑筋。这两句只能放在五句、六句。头上两句，我想的是："莫嗟千载忧，堪笑一己谋。""千载忧"是从"人生不满百，长怀千载忧"来的，"一己谋"是生造，对得上，看得懂。可另外四句，再想也想不出来，只好暂时搁下。为什么难想？我想是因为这两句又"太实"，说得好听点就是"太精炼"。其余的句子只好作为这两句的注脚，弄得不好，不是没有表达清楚，就是重复累赘。并且是说理的，容易犯浓而不化的毛病。像杜甫"水流心不竞，云在意俱迟"那样的好句子，实在不容易。

忽然想到陈世贞画的梅花上题的诗："雪后横枝冷更妍，不堪衰鬓又花前。人间秀色留多少，画意端又似辋川。"第一句挺好，跟着两句就颓唐了。我也来个"反其意而用之"。第一句不动，改成了："雪后横枝冷更妍，报春不为占春先。山花烂漫东风劲，爱诵新词咏梅篇。"韵是对的，平仄大概只差一个"梅"字。爹爹看是否使得。

改了这一首，为了练习，又就这意思凑了一首《采桑子》，爹爹也看看："悬冰飞雪花枝俏，不占春光。只报春光，和月笼烟飘暗香。　山花烂漫东风劲，照眼春光。笑对春光，哪得闲情矜旧香。"平仄好像没有错，只用"光""香"两个字作韵，古人没有过，也是弄花巧。"和月笼烟"没有劲，想改成透过寒冷的意思。

关于那首《满江红》，"广"字错了平仄，我后来就发觉了。爹爹说两阕结尾一行还可以，正因为我是想得比较久的。我本来想通篇的意思是"反骄破满"。曾凑了两句："秧持波缘，麦矜天碧。"指骄傲情绪，后来看看，过于纤巧做作，爹爹一定也是这样看法。

再说说上封信抄给爹爹看的那首"放牛五律"中的一句"豪情满胸怀"。"豪情满怀"这句话，现在通常用。我常怀疑说的人到底有没有豪情，这是一点；并且放牛，也是"豪情满怀"；养猪，也是"豪情满怀"；实在有点乏。记得两年前在报纸上看到一位教师写的下乡劳动的体会：他先不敢背粪筐。后来想：贫下中农并不把背粪筐当作坍台事，也就勉强背起来；背习惯了，认为自己居然能背粪筐了，有点骄傲，也就是自豪吧。可是后来看看贫下中农背起粪筐的时候，并没有一点骄傲的表情，这才发觉自己和贫下中农还差了一大截。这篇文章的境界就高过一筹了。

……

《唐宋词定格》，我仔细看了一遍。龙榆生的办法与王力不同。王是统计，龙是两个准则，一是溯源，一是依佳作。因此王的谱可平可仄的字比龙的多得多，龙的有些谱简直没有一个可平可仄的字。我摸了这些时候，大体有了个数，哪些字可平可仄，大体可以摸准了。龙的谱有例子，而且是佳作，这是一大好处。现在我们要做三年总结，只好暂时把诗词放一放了。

……

早上放牛又想了想，把"和月笼烟飘暗香"，改成了"侵晓破寒送暗香"。怕爹爹看不清楚，再抄一遍：

> 采桑子
> 悬冰飞雪花枝俏，
> 不占春光。
> 只报春光，
> 侵晓破寒送暗香。
>
> 山花烂漫东风劲，
> 照眼春光。
> 笑对春光，
> 那得闲情矜旧香。

【父致子】（5月13日晚八点写毕）

至善："追踪"不好，从"学步"想两个平声字，且慢慢想。"辨混珠鱼目须明识"，就肯定了吧。"魔舞蹁跹"，上一信中已答。"漫泼"还是"乱泼"好。"漫泼"只是随便泼，不如"乱泼"传出些流氓恶霸作风。

"莫嗟……堪笑……"一联，"己"字的位置上须平声。第一联不一定要对，所以第二句可以自由些。假如这一联放在开头，而"得失……"一联放在第五六句的位置，那么这首五律的平仄就不是常规的，但也是通得过的。因为第一句的平仄与第五句的平仄相同，这是常规，而"莫嗟"与"得失"就不同。第一联与第三联不同，就只有两个办法，或是第二联与第一联同，或是第二联与第三联同。这样调平仄，历来的五律是有其例的，然而究竟是少数。我这儿说的是纯形式的话。且待有了意思再说。

你说"陈世贞"大概是陈师曾，这首诗大概就是夏先生所有的画上的（画在我的橱里，好久不拿出来了），你的记性好，我是一点也记不得了。你反其意作一绝，意思不错，只是第四句"梅"字平仄不对。像这样为内容而不管平仄作拗句，好像古人不曾有过，当然我只说"好像"。《采桑子》也不错，不须改动，可以成立。只用"光""香"二字为韵，这样弄花巧，当然容许。

你谈"豪情"的一段话，颇见精切。实际也只是"勉强而行之"，就自以为了不起，在"行所无事"者看来，只见其不自量而已。

······

你称赞龙榆生的选本，我因打印本看起来不舒服，并未多看。以词的工夫而论，榆生比王了一高明得多，这是肯定的。但是说到词的格律，也真是有严有宽，各趋极端。最近我从伯翁处借了唐圭璋编的《全宋词》五大本，所收词将近两万首。看有些人不管格律，平仄随便，出乎意料。宋朝人中间就如此，也不必怪如今大字报上的那些作词的了。

【子致父】（5 月 13 日夜）

爹爹：《鲁迅杂文书信选》，我们每人发了一本，过些天寄给爹爹看。中间有几篇实在不好懂，但是可以看出来，写的时候是花了很大的气力的。注虽然比以前的好些，还不能解决问题。主要是注得不够，要翻遍当时的杂志、报纸，好好下一番去伪存真、去粗存精的功夫，才能写出使人了解的注来。还有一个毛病，现在的注有点简单化：说这话的是个坏人，这话一定是坏的，但是读者要知道的，却是这话为什么是坏的。

【子致父】（5 月 16 日晚）

爹爹：上封信说，为了作总结，暂时把诗词搁在一边。可是脑子还不由自主地要想。那首《贺新凉》，如"魔舞蹁跹"一句能通过，就只剩下两句了。一句就是"画皮……"，爹爹说"泼"字用得好，我就想了好几个："尽泼""洒泼""乱泼""渲泼""漫泼"，爹爹看哪一个好？我倾向于"漫泼"，就是与"且漫道"重了。不过这两个"漫"字的意思不同："且漫道"，实际上就是"且莫道"，只是"漫"字没有"莫"字那么下得死。"漫泼"就是"乱泼"的意思。重字而意思不同，可否稍作通融？并且词在重字方向似乎不如律诗严格。还有"陈桥"一句，爹爹屡用一个"冀"字，我觉得这个字太重，并且好像是个好字眼。我想来想去，想到了一个"梦"字。先想到的是"梦随心"，就是打如意算盘的意思。"随心"见《送瘟神》，旧诗词中没有见过。后来想到"梦因循"，"因循"有"学步""抄老路"的意思，"抄"的是搞突击式的军人政变。"因循"这样用法，尤其用在诗词里，有点别致，好像还说得通。爹爹看可以勉强否？"拥"改成"哄"，

"眼力"改成"明识",前一封信里都同意了。

写到这里,爹爹14日晨发的信送到了。爹爹说"乱泼"比"漫泼"好,那就这么确定了吧。那首五言律诗,暂时只好放弃,实在凑不起来,隔个时候也许会想出些比较成熟的句子来。《全宋词》王先生如果不用,可否留在我们家,我回来的时候想翻一翻,知道个大概。等总结过后,我再想想,作些新的练习。贺铸有两首《小梅花》,别人的没见过。句子有三字句、七字句、九字句,平仄韵换协,声调很流利。我很想找个题材凑一首。王力和龙榆生都没有这个牌子的谱。我想从贺铸的两首,自己理出一个谱来,这是又一种练习方法。

【父致子】(5月16日夜八点)

至善:鲁翁之文,要当时与他非常接近的人才明白。许广平死了,许季茀也早死了。冯雪峰有一时期与他常往来,但是冯是拘泥而又粗疏的人,未必真理解鲁翁。唐弢似乎比较好,现在是病号,不知能否做工作。到将来,鲁翁之文是肯定流传的,但是谁都不甚了了,只能随便猜。

【父致子】(5月19日夜九点写完)

至善:我注意好些词,确乎词中一字重见或三四见是很普遍的。

"冀"字太着实,是有之。不过这个字本身是中性的,不带褒或贬。如说"冀克取胜""妄冀荣利",都可以。你改用"梦",

作"梦想"解，比"冀"字好。但是"因循"用不上。"因循"之意，是"照旧样而不改变"，而且重在"不改变"，故而用不上。我曾经想从"步后尘"想办法，想了几回也没有想出来。再说"随心"，"梦随心陈桥一哄"，倒还可以。这样用字，有点近乎吴梦窗一派了（带些生涩）。就这样肯定下来吧。

《全宋词》尽可以不赶紧还。你说贺方回有《小梅花》两首，我此刻翻《全宋词》只有一首，开头是"思前别，记时节，美人颜色如花发。……"不知你从哪里看见两首，是不是从《唐宋名家词选》？

【子致父】（5 月 20 日晨）

爹爹：总结过了，又想到练习诗词。上次信上说的贺铸的《小梅花》，他的句子是：三、三、七。三、三、九。七、七。三、三、九。三句仄韵，三句平韵，两句仄韵，三句平韵。双叠。字的平仄好像很自由，"二、四、六分明"，两首的七字句的"二、四"（九字句的"四、六"）平仄竟不一致，为什么不一致？有没有规律？还得摸一摸。我想凑一首讲"三峡"的。上片讲 1945年底出川时候的情形；下片前面六句讲现在的三峡，后面五句讲将来的三峡。已经想到了五六句。要学会一件事，总得亲自实践。

【父致子】（5 月 22 日下午六点写完）

至善：你填《小梅花》谈三峡。三峡我是一进三出，共经过四次，颇望早些看你如何写现在与将来的三峡。

【子致父】（5 月 22 日夜）

爹爹：放牛回来，看到 20 日晨发的信。《贺新凉》就算完成了暂定稿，搁在一边，想到什么好字眼再改吧。贺铸的两首《小梅花》是在《名家词选》中看到的。其中一首，正题是《行路难》，下面注《小梅花》。开头是："缚虎手，悬河口，车如鸡棲马如狗。"这种作法在这本词选中，只有他一个人。如他那首悼亡的词，正题是《半死桐》，下面注《思越人》，因为词中有一句"梧桐半死清霜后"。《行路难》则词里没有这三个字，就全篇内容讲的。给词牌子另起名字，好像大多是后人就前人的名作起的，如《念奴娇》，又名《酹江月》，只有贺铸特别，他倒好像是着重内容的。爹爹把他那首《行路难》找出来与另一首对照一下，就会发现平仄似乎很自由。（不知别人可有填过这个调子的？）里面有四个九字句，我起先以为是七字句前面加两个字。后来再看它们的平仄，好像是四字句和五字句组成的，四字句是"× 平 × 仄"或"× 仄 × 平"，五字句则只要求是律句，因此平仄的出入很大。爹爹对一下看，我的看法对不对？我想要作的那首练习，凑成了四分之三，看看大多不满意，想重新来过。也许得过一个星期才能给爹爹看初稿。

【父致子】（5 月 25 日夜八点）

至善：你说了贺方回的《行路难》即《小梅花》，我一翻《全宋词》就翻着了。原来《行路难》前面还有一首《将进酒》，而"《小梅花》二首"五个字注在《将进酒》之下，目录上可没有这

五个字，所以我查目录，只看见另外那一首《小梅花》了。大概
《小梅花》是调名，另外那一首作者并没有就内容另起题目。四
个九字句必然是四五式而不是七字前加两个衬字式。平仄如何自
由，明天我把三首一同来对一下看。

【子致父】（5 月 25 日晚）

爹爹：《小梅花》还没有完成，八个韵凑成了五个。困难是
贺铸的两首平仄出入很大，有点无所适从，尤其是九字句。上封
信说九字句似乎是四字与五字拼成的，仔细研究一下，这说法不
对，还是七字句加两个字作帽子。加的两个字大致要求与七字句
头两个字的平仄相对，如七字句第二字是平，加的两个字后一个
字应仄。但也有出格的。他用字的平仄很随便，我只好自作主
张，一是根据多数，一是把九字句的二、四、六硬定下来，成为
"×仄×平×仄"。后三个字，根据多数，大概前一句应为"×
平平"，我硬定为"仄平平"；后一句应为"×仄平"，我硬定为
"平仄平"。不知对不对？由此想到王力用统计的方法来定谱，实
在是很困难的，总不免自作主张。还有个困难是内容方面，只有
一百多字，要说的东西塞不进去。爹爹说要看对三峡的现在和将
来怎样写，我想都只能写一个场面。像蒋捷有一首《虞美人》，
题目是《听雨》，写了少年、壮年、老年三个时期，都只有一个
场面，也就是一句话。爹爹从《全宋词》上翻出来看看。其中一
句"江阔云低断雁叫西风"，我一直背作"断岸叫西风"。这一
首看了《词选》，才知道记错了。但是我还认为"断岸"比"断

雁"好。记忆有时候很有趣,我背周美成的《兰陵王》,总把"长亭路"三个字忘了,从意思来讲,这三个字是可有可无的,甚至没有了好,上下更联贯。爹爹说是不是?贺铸的两首《小梅花》,内容我不甚了了,只觉得声调好听。大约因为两句、三句换一个韵,句句押韵,字数又是三、七、九,很像"顺口溜"。

【子致父】(5月28日夜)

爹爹:讲三峡的《小梅花》凑成了,抄在另一张纸上。韵大概没有错,平仄就是把贺铸的两首比较以后,加以规律化编定的。七字句的一、三,九字句的一、三、五,定作可平可仄,三字句前两字可平可仄。既然编定了,就严格遵守,再任意出格就没有意思了。末了一句,讲到神女峰。神女是巫山十二峰之一,不在江边上,在舟上可以望见,峰颇高,好像背江而立。想到将来"高峡出平湖"之后,可能这个山峰就在水边上了,所以凑了这样一句。明天再把《将进酒》来对一下平仄,看与我编定的谱有多少出入。我把填词当作消遣,可是很认真,不认真就没有趣味了。爹爹看这一首如还有基础,就改一下;实在不大好,就不要花心思了。

小梅花

——三峡——

△△△ ○○△

八载别,乡思切,

△△○○△○△

买棹东归岁将迫。

△○○　△△○

战云沉，出夔门，

△△○○○△△○○

扑面峥嵘苍翠赏无心。

△○○△○△

水枯滩险舟行涩，

○△○○○△△

千里江陵浮累月。

△○○　△○○

泊穷乡，卧寒舱，

○△△○○△△△○

争奈峡风江雨夜未央。

○○△　○△△

风雷激，天地易，

△△○○△○△

万壑群山浴朝日。

△○○　△△○

溯江行，险阻平，

○△○△○△△○○

灯引飞舟一夜过西陵。

○○△△○○△

荆门石壁终须立，

○△○○○△△

高峡千寻涵湛碧。

△○○　△○○

荡兰桨，指沧桑，

○△○○△△△○

神女多情照水理晓妆。

【子致父】（5月31日晚九时）

爹爹：四点半就看到爹爹二十九晨发的信了，因而也想到爹爹现在大概也在看我二十九晨发的信。爹爹为了我要凑那《小梅花》，帮我花了不少工夫。我看到了贺铸的第三首，把三首一比较，更加糊涂了，反正初稿已经寄出，就不去管它。其中的九字句，到底是"二、七"还是"四、五"，实在很难断定。就句法上讲，好像多数是七字句加上两个字作头，如"漫漫昔时流水今人家""不知我辈可是蓬蒿人"，去掉头两个字，句子还是完整的；也有把两个字加在"三、四"或"五、六"的位置上，如"千古如何不见一人闲""当垆秦女十五语如弦"，"如何""十五"不要也都可以。所以我凑的那首，也用这个办法。我有一个想法：两个三字句，很可能是七字句去掉一个字（大概是第一字或第三字），分成两句的，而和后面的七字句或九字句的平仄，应有一定的关系，但是也摸不出一个规律来（会不会把两个三字句加上一个字联成七字句，把九字句改去两个字成为七字句，会成为四首绝句）。上下两片的末两个字到底是"平平"好还是"仄平"好？（好的标准是给人以结束的感觉。）我现在用的是"仄平"，如"平平"好，上片"未央"改为"方长"，下片"晓妆"改为"晨妆"。我觉得这个调子流利，很可能从前人嫌它俗，所以不填。看《小梅花》这牌子，像是当时有这么个曲子；《梅花》本来是曲子的名字，如《梅花三弄》。龙榆生的那本《定格》，有些牌子说明了来源，确有不少是先有曲子后填词的，如《破阵子》，说是《秦王破阵乐》中的一段。在宋代，想来大多数词是可以唱的。

【父致子】（6月3日晚八点十分写完）

（《小梅花》初稿）全体布局稳当。上半说东归，下半说今日与将来，东归亲历，自须具体，故占一半。看了几遍，觉须改动处不多。随记想到者于下。

"买棹"之"棹"写作"掉"当是笔误。

"水枯滩险舟行涩"，这个"涩"字我很欣赏。

"千里江陵浮累月"，"浮累月"嫌夸张。查日记，12月25日在重庆上船，1月14日在宜昌登岸，不满一个月，而"累月"则不止一个月。"浮"拟改"泛"，此处是可平可仄的。假如决定用"泛"则下一个字用平声为好。

"争奈"拟改"无奈"。"争奈"是"怎么对付"，"无奈"是"没法对付"即"拿它没办法"，我觉得"卧寒舱"的人在风雨长夜里，用"无奈"较合心情。

"万壑群山"这样的组合，是不自然的，改为习用的"万壑千岩"如何？

"溯江行"，你用"溯"字，是否特意要说"上水船"？

"灯引飞舟一夜过西陵"，"西陵"是西陵峡，过西陵峡一定不要"一夜"。我记得下水船过西陵峡至多两小时。"一夜"改"一霎"如何？

"桨"字非平声，此处须押韵，因而必得换了。

"指"改为"话"如何？

"神女多情"之"多情"有随便凑上之感，看有较好的两个字可以换上否？（6月3日上午写记）

〔补一条〕"荆门石壁"不如竟用毛主席原语"西江石壁"。"江"字已经用了三次，多用一次，也无妨。

……

《小梅花》的九字句，编《全宋词》的唐圭璋、编《词式》的林大椿，都在第四字处作一顿，可见他们是认为四五式的。至于就几首的字句意义看，那么也可以说多数为二七式。你问上片下片末了的两字"平平"好还是"仄平"好，哪个给人以结束之感，我念念倒觉是"仄平"好，其故也难说明。

……

前天满写信，我附去两纸关于《梅花引》的抄件。

【子致父】（6月3日晚）

爹爹：又是放牛回来看到一日晨发的信。《小梅花》正名《梅花引》，更可以肯定是一支曲子的名字了。看了谱，九字句确是四字句加五字句组成，不知我凑的可以勉强否？三字句的平仄和我规定的也不一样。我还只约略看了一遍，明天再仔细对对看。

【父致子】（6月6日下午六点写完）

至善：你的《小梅花》的读后意见，上一封信已写了，今天此刻也该到你手里了。

【子致父】（6月6日夜）

爹爹：爹爹又抄来的十首《梅花引》，我看了，有两首变体，有几句我还读不断。其中"花如颊，梅如叶"一首，我曾经见过。有几首只填了一段，我想很可能原来就是一段。林大椿因《词律》《钦定词谱》所引的例子是"残编"，就断定"实无五十七字体"，恐怕是不正确的。一百十四字实际上是五十七字的双调。有三首填了一段，又把这一段分成两段。我想很可能是曲子的关系，很可能两个仄韵的调子很相近，两个平韵的调子也很相近。至于变体，前段很明显，第一个仄韵，减去了两个三字句。第二个仄韵减去了一个七字句。第二个平韵减去了两个三字句。后段除了这样办，还加上了衬字。我想很可能唱的时候，去掉的句子的地方，成了"过门"，衬字则很快带过。我常常想象各个词牌原来的音乐应该是什么形式，可惜没有可靠的实物根据。有一首《最高楼》，七个平韵，只后段开头两句仄韵，这两句仄声字又特别多。我想像这两句在唱的时候，也许笛子停吹，只有六板和板鼓的声音，唱也是干念而已。因而联想到一个问题：昆曲与别的戏曲都不同，没有"过门"，有笛声就有歌声，这是很特别的，不知什么缘故。

再说林大椿的《词式》，他这种标平仄的方法是不可取的。按他所标的《小梅花》中有两个七字句只要求末一字是仄声，那么平仄可以有六十四种格式，实际上格式不可能那么多，大多数格式还是不允许的。还有一个九字句只要求末两字是"平平"，格式更多一倍，有一百二十八种了。在这个问题上，王力大有改进，他从三字句以上，都定出平韵和仄韵句子最常用的形式各四个，给各个形式一个符号，如果符合这四个形式，用符号表示，不同于这四个形式的，另标平仄。林大椿不知是什么时候人？他定谱主要根据什么？

关于我凑的那首《小梅花》，与林大椿的谱相比较，有四个字不合他的谱，可是都能找到平仄和我相同的例子。现在且不管它吧。爹爹提的意思，我记着，慢慢改。"万壑群山"是杜甫五首怀古诗中抄来的，原句"群山万壑赴荆门"，他不用"千"，而用"群"，大概因为避免与后面的"千古琵琶作胡语"相重。我凑的时候，本想多用些古人写三峡的句子，这样就可以少用地名，而使人知道是在讲三峡。可惜记得的不多，又没有书可以翻。贺铸的三首《小梅花》都用前人句子，陈其年学他，也这样做。没有看到爹爹后来抄的十首，我还以为填《小梅花》必须如此，因而也想学学看。我想到了一个主题，说过去人读书无非为个人名利，现在应该为人民服务。放牛的时候乱想，凑成了前段，抄给爹爹看看：

"千钟粟，黄金屋，古人制字鬼夜哭。千岁忧，万古愁，真个生不愿封万户侯？敝裘羸马床头尽，却怨天意高难问。儒冠误？为黎庶？（这三个字没有来历，这两句字面上没有问句的意思，要改。）信著一无是处古人书。"

"古人制字鬼夜哭"好像是龚定庵的，爹爹可还记得，抗战前苏州家里挂的一副王什么的轴子，第一句就是这个。爹爹看我凑的有没有点像样？如果还可以，我就花工夫凑成它。后段要用旧句子表现新的思想，是很困难的，不像样就不去钻这个牛角尖了。

反正等于喝酒说闲话，再讲那首"花如颊"的末了一句"鸳鸯翡翠终是一双飞"。翡翠可从来没有看见过两个在一起飞的。通常一对一对飞的，有野鸡、鹧鸪。古人大约因为这样，用鹧鸪来作衣服上的图案，所以有"双双金鹧鸪"。好像是皇甫松，有一首《竹枝词》说"槟榔花发鹧鸪啼，雄飞烟障雌亦飞"，是对的。还有万俟咏的那首《梅花引》中，叠句"客衣单"，和"酒肠宽"，不知是不是谐雁的叫声，也有一种"禽言"。

【子致父】（6月9日夜）

爹爹：关于《小梅花》的修改，我写在另外几张纸上。

关于《小梅花》：

"浮累月"，我也觉得不好，因为没有什么意境。偶尔翻王力那本书，看到有一首李顾讲"蜀道"的诗，有一句"蜀江流不测"。把"浮累月"改成"流不测"，好不好？

"争奈"改为"无奈",我对"争奈"的意思不大清楚。

"万壑群山"原来是抄杜甫的句子,现在知道他用"群山"是为了避免"千"字与"千载"相重,那就不必抄他的了。也从王力那本书上看到孟浩然一首讲"蜀道"的,有一联以"万壑"对"千峰"。那么把"群山"改成"千岩"好呢,还是"千峰"好?

"溯江行",我是有意用的,就为了如乘下水船过西陵峡,用不着一个晚上。但是也觉得不好,好像乘下水船,"阻险"就不"平"了。我想把这两个三字句改成"阻险平,快哉行","快哉"可以说舟行之快,也可以说心情之快。后面的九字句,把"一夜"改成"一霎"。但是又有了一个问题,不指明是"夜"航,"灯引"没有着落了。有没有办法再改一下?

"桨"字的平仄,我弄错了。我先是把这一句凑作"酌桂浆",喝"桂花酒",也算新典。后来想这不能表明人在"平湖",就改成了"荡兰桨"。在三峡里划游船,这是现在还办不到的,须待"三峡"成了"平湖"之后。信手一改,忘记了查对平仄。"舡"是平声,这一句是否改成"泛兰舡"好?

"话沧桑",我先凑的就是这一句。后来想,那时在"高峡平湖"上划游船,可以指着岸上的景物说:这里先前是怎样的,那里过去是怎样的,觉得用"指"字比"话"字好。"话"可以身不在"平湖",而"指"则一定要在"平湖"泛舟才办得到。不知这个想法可有道理?

"神女多情"这个"多情",确是随便凑的,可是这个"随便"却花了不少工夫,因为实在找不到更合适的。我想说"神女"因为迎接游客，所以"照水理晓妆"。"多情"不足以表达这个意思，不知有没有别的办法？我原来凑的前段的末一句是"遥见神女背面立斜阳"，想两句一对比，就使人知道神女峰原不在江边上，"出平湖"之后，水将漫到山脚下，而"神女"也因为高兴，回过头来迎接游客。后来因为上段有些更重要的意思要表达，而把它改掉了。

"西江石壁"所以不用，是因为主席的词里说明了人在"武昌"，荆门在武昌之"西"。现在我没有说明人在哪里，不知用起来可合适。我本来想就"荆门"的"门"字着眼，用个"闭"字，可是没有凑成句子。

再说我想凑的另一首《小梅花》，前段在放牛的时候又想了许久，改成：

> 千钟粟，黄金屋，古人制字鬼夜哭。百尺楼，五湖舟，难忘逐名蜗角利蝇头。 敝裘羸马床头尽，十年寒窗无人问。叹道孤，哭穷途，翻怨全无是处古人书。

"蜗角蝇头"和"敝裘羸马"两句都是用几句凑成的，怕不合贺铸的办法。贺铸也用几句凑成一句，但是大概是直接抄了联起来，不改动原句，间或也加上一两个字，不是采取用典的办法。（也在王力的书上看到，"车如鸡栖"原来是晁补之的句子。不知有没有人给他的几首词作过注，把他用的句子都找出"娘家"来。）如"蜗角蝇头"，原来是"蜗角虚名，蝇头微利"，我不但减掉了字，还调动了位置。"古人书"一句，大概还算合贺铸的规矩，可是也勉强，原句是"近来始觉古人书，信著全无是处。"

【父致子】（6月10日夜八点写完）

至善：半首《小梅花》颇不错，慢慢地完成它。我总这么想，作诗词犹如"相十副"，尽管调来调去，总可以调得通，调出名堂来。第一步要多收集素材。素材好比三十二张牌。

《全宋词》没有还。《词式》已经还了，你回来时要看可以再去拿。你所举的我所抄的《梅花引》，我没有记下作者名与页数，我要翻看不容易了。

【父致子】（6月12日夜间八点半写完）

至善：关于两首《小梅花》的斟酌，留待明后天慢慢想。现在先问一声，了一书上是如何提及晁补之那句"车如鸡栖马如狗"的？查《全宋词》的作者小传，贺的生卒是1052—1125年，晁是1053—1110年。同时人，晁寿短些，究竟谁抄谁，要断定须有考核。至于贺的词集，我不知道有没有人作过注。大概是没有吧。

【子致父】（6月12日晚）

爹爹：再说《梅花引》，王力那本书上有两个例子，一个是向子湮的"花如颊"，一个是王特起的"山之麓"。他是在讲"平仄换韵"的一节中作为举例的，在"词谱"的一节却没有提到，大概因为这个牌子是冷门吧。王特起的一首是：

"山之麓，水之曲，一湾秀色盘虚谷。水溶溶，雨濛濛，有人行李，萧萧落叶中。　人家篱落炊烟湿，天外云峰迷淡碧。野云昏，失前村，溪桥路滑，平沙没旧痕。"

王力书上注明，他是从《词律》上引来的，"山之麓"注明是"（乙种）""花如颊"注明是"（丙种）"，又注明这"种"，"依《词律》次弟"。这样说来，《词律》上至少还有一个"（甲种）"，至少有三种。再看王特起的一首，也把一段分为两截，看意思好像是完整的，到底是否"残篇"，只有查了《中州乐府》才能肯定。至于九字句，两首都明确分成四字句与五字句。

爹爹说"多情"两个字勉强，改成"殷勤"好不好？好像孟浩然有一句诗把"神女"和"殷勤"联系起来了，我查到了再告诉爹爹。

"敝裘羸马床头尽"用的是张籍的句子，原句是"弊裘羸马苦难行"和"君不见床头黄金尽"，上次信中没有说明，因为一时查不到了。

【父致子】（6月15日下午六点十分写完）

关于三峡的那首《小梅花》

"流不测"——李颀的那句"蜀江流不测"，未知上下文如何。你把"流不测"放在"千里江陵"之下，我觉不好，叫人摸不准其意义。恐怕还得另外考虑三个字换上。

你说对"争奈"的意思不大清楚。"争"就是"怎"，我想你一定知道。我不知道所说"不大清楚"指什么。

上次我没想到杜的"群山万壑赴荆门",只觉得"万壑群山"念起来很不顺当。现在念念"群山万壑赴荆门"很有气势,"万壑群山浴朝日"还是不顺当。不知道这是什么心理。我说的"千岩万壑"见于《世说新语》,有人称赞会稽山川之美,说是"千岩竞秀,万壑争流"。你找到了孟浩然以"万壑"对"千峰"。现在我拿"峰"字与"岩"字相比较,主张用"千峰"。你看如何?

"险阻平,快哉行"——这六个字改得比前稿进了一步。

"灯引"和"一霎"可以并存。白天用不着灯,灯虽在而不起作用。引舟之灯必然是亮着的灯,灯既亮着,当然是夜航了。我把"夜"改为"霎"的时候就把"灯"字看作亮着的灯的。你觉得如何?

"兰舡"——我嫌其生造。

"指沧桑"——经你说明,我赞成用"指"字。

"多情"——且放在那里,总会想出较好的意思。来信说换"殷勤",我赞成。（15日傍晚）

"荆门石壁"与"西江石壁"我以为两可。"西江石壁"作为用典论,就不必问作者作哪儿了。何况下面还有个"立"字在。

关于第二首《小梅花》

"难忘逐名蜗角利蝇头"——这是"难忘逐蜗角之名（逐）蝇头之利"的颠倒装配。这倒不是合不合贺方回的办法的问题,只是在这个场合,"名"和"利"合用一个"逐"字,而"利蝇头"三个字是站不住的。（人家不承认合用前边的"逐"字。）也可作"逐名〔于〕蜗角（逐）利〔于〕蝇头"。

"敝裘羸马床头尽"——这样组合可以成立。"床头"下省去"金"字，人家理解的。不过"敝裘""羸马"都是"形+名"，而"床头尽"是"名+动"，三者不一致，有些缺憾。但是改为"裘敝马羸"也不行。

"十年寒窗无人问"——二四六都是平声。你查查归纳出来的谱子看，如果第二字可用仄，就改为"载"字。

"叹道孤"——我以为"叹"字可改为"吾"字。"吾道孤"就是"哭穷途"的人的话。我又主张把"哭"字改为"叹"字。

"全无是处古人书"很好，人是"翻怨"的"翻"字在意义上语气上都有点不合。我此刻还说不确切。你先辨辨，看是否有问题，再想想这儿用个什么字更合适。[注]

附带告诉你，你用了龚定庵的一句诗，记得是一幅小立轴上写的，那写的人是魏建功。我看了这一句想起了第二句，以下可想不起了。今天上午到王家，拿定庵集翻看一下，是这样的一首绝句："古人制字鬼夜泣，后人识字百忧集。我不畏鬼复不忧，灵文夜补秋灯碧。"（6月14日下午写记）

（注）想了些时，想出了一点道理。你这个上半首，最好是先作叙述，不表示主观的褒贬，而靠下半首的反衬，见出作者的不褒贬的褒贬。假如肯定这个想法，就可以解释为什么我觉得"翻怨"二字"有点不合"了。说他"怨"，已经含贬义了，又加

上个"翻"字，作者不以为然的意思更显然了。原来我当初笼统地感觉不合，就是这么一回事。

现在把这儿的两个三字句和一个九字句用平常说话的形式来说说看："我道孤呵！没有人理解我呵！"感叹路已经走到了尽头，又说相信古人书是完全不对的。把上面的话换成词句的形式，就是："吾道孤，叹穷途，又道全无是处古人书。"这就把"翻怨"改为"又道"了。你看如何？（15 日上午九点写记）

至善：《梅花引》这个调子，填两叠或一叠的都有，认为一叠是"残篇"之说，恐怕是不确的了。《词律》似乎伯翁处没有，下次去再问他。关于你的一首半《小梅花》的考索，昨天下午今天上午已经写好了，两张纸，另外折叠。

……

你那下半首《小梅花》如何构思，已经有些落实了吗？（6月 15 日下午六点十分写完）

【子致父】（6 月 15 日夜）

爹爹：6 月 13 日晨发的信，放牛回来就看到了。王力引晁补之那首诗，是作为句子有长有短的例子。诗题是《和关彦远秋风吹我衣》，最短的句子只有两个字，最长的句子有十一个字。"车如鸡栖"的原句是"胡为车如鸡栖邺城里"，没有"马如狗"；"马如狗"当是别人的句子。既然晁补之和贺方回是同时代人，那就很可能不是谁引用谁的问题，而是"车如鸡栖"的句子比两个人都早。又想到"邺城"在宋朝已经不是什么政治中心，很可能"车如鸡栖"这个典故是战国时候的，并且在唐人的诗中曾运用过。贺的三首《小梅花》所以不好懂，原因之一就是找不到他引用的句子的"娘家"，想起来他引用前人的句子，不外乎两个办法：一个是与前人的意思相同；一个是"反其意而用之"。知道了这些句子的"娘家"，就好理解了。陈其年的两首也不好懂，原因也一样。

孟浩然以"万壑"对"千峰"的两句在《入峡寄弟》中：原句是"壁立千峰峻，潈流万壑奔"。把"神女"和"殷勤"联在一起的句子，还没有找到。

【父致子】（6月18日下午八点一刻写完）

至善：我上一次信中赞成改"多情"为"殷勤"。你说没找到"神女"和"殷勤"联在一起的句子，我看不用找了。

我们看书少，读诗少，遇见古人的诗文，指得出用典用语的"娘家"的真是非常之少。因此之故，不免囫囵吞枣，似懂非懂。

【子致父】（6月19日晨三点半）

爹爹：李颀的那首诗，题目是《临川送张湮入蜀》，内容总之说蜀道之难，不如归故乡，是一首五古，其中有两句是："蜀江流不测，蜀路险难寻。"孟浩然那句把"神女"与"殷勤"联系在一起的句子，还没有找到，我常常光凭"记性"，不肯动笔记录一下，也是不肯下功夫的一种表现。至于龚定庵的那首诗，我至今还全部记得，一字不错。关于第二首《小梅花》，我的设想是：读书为了千钟粟、黄金屋，无怪乎古人制字连鬼都要哭了。嘴上说要卧百尺楼，泛五湖舟，其实摆脱不了追求名利。到了求名不成、求利不就的时候，就叹道孤，哭穷途，反怨书白读了。这些意思最好能不直说出来，而一对比就能叫人明白，如贺铸的"缚虎手，悬河口，车如鸡栖马如狗"一样。而用的句子，最好也像贺铸那样直用原句，尽可能不加删节和调动。"敝裘羸马"与"床头尽"不一致的问题，我也想到了，就因为想不动原句，所以没有调动，调动了也确乎不行。这几天花的功夫全在想如何能引用更适当的原句上，下半首还没有想。"蜗角蝇头"一句是否要改掉，也在考虑。如果用它，我有一个想法，改为"逐虚蜗角微蝇头"，这样一改，这个"微"字可以换适当的动词。避去"名利"两字，不知可不可以。但是这一句总之有毛病，还有把原句改动得太多的问题，前面"难忘"两字也不好。至于平仄，暂且不管它，等基本上凑成一个样子了，再来调动。那首《三峡》，需改动的地方，我还慢慢想。"争奈"就是"怎奈"，我知道，与"无奈"的区别，我不大清楚。其实"怎"是"怎么"，"无"是"没法"。"怎奈"好像应该对前面的句子有转折的意思，如"天涯岂是无归意，怎奈归期不可期"，因为不大清楚，所以第一稿用错了。

【父致子】（6月21日下午八点写完）

至善：你的第二首《小梅花》下半要说现在的正确观点，而也要用现成语句，我想似乎不容易。反正不要紧，得闲多想想，有了较好的材料就丢掉较次的材料，总可以完成较好的组合的。

"敝裘赢马床头尽"不要动了，上次我已经说了。

"逐虚蜗角微蝇头"更不好了。"逐"字仍旧是合用，而在这样的场合，合用"逐"字是很勉强的。"虚"表"虚名"，"微"表"微利"，更晦了。前面"难忘"二字确乎也不好。

我说"争奈"改"无奈"，并不是对不对的问题，只是说体会此情此景用"无奈"似乎较好。就是说，真对这"峡风江雨夜未央"没办法！若用"争奈"，就是：对这"峡风江雨夜未央"怎么办呢！这等地方辨优劣，容易流于主观。你试比较哪个好。

【子致父】（6月21日夜）

爹爹：两首《小梅花》，想来想去没有什么进展。"千里江陵"一句想索性改掉，改成说滩上水流的声音和船工号子的声音，还凑不成句子。这一句凑成了，这一首基本上算了结。另一首功夫还很大。反正是认真的游戏，慢慢来。

【子致父】（6月25日上午）

爹爹：那首《三峡》，改了几个字，抄在另一张上。"艘"字是《诗韵》上查到的，后面举例是"吴艘""木兰艘"。查了《辞源》，上面引了袁宏道的一句诗："欲渡前溪问小艘。"想起来是一种小船。船工的号子写作"榸号"，不知能不能勉强。

小梅花

——三峡——

八载别，乡思切，

买棹东归岁将迫。

战云沉，出夔门，

扑面峥嵘苍翠赏无心。

水枯滩险舟行涩，

楫号湍鸣何郁悒。

泊穷乡，卧寒舱，

无奈峡风江雨夜未央。

风雷激，天地易，

万壑千峰浴朝日。

险阻平，快哉行，

灯引飞舟一霎过西陵。

荆门石壁终须立，

高峡千寻涵湛碧。

荡兰艘，指沧桑，

神女殷勤照水理晓妆。

【子致父】（6月27日夜）

爹爹：上次信上说到《三峡》那一首，要改的几句，这两天又想到要改两句，就是上段的两句九字句。第一句改成："苍翠峥嵘过眼尽烟云。"改的原因是觉得"赏无心"别扭。有人写过一部《过眼烟云录》，好像是记所看到过的名画的。我想用来表现一是三峡风景像画一样，一是当时没有心情欣赏，"过眼"也就忘了，"烟销云散"了。第二句改成："江雨峡风寒桁数夜长。""寒"字与"寒舱"相重，这样的形容词相重是不好的，所以前面一句改为"卧篷舱"。我想：这两句九字句改了之后，前后四句九字句都可以在前四个字后面顿一下，成为"4+5"的形式了。爹爹看这两封信上改的几句可通得过，如能通过，这次练习就算"完卷"，不再去想它了。

小梅花
——三峡——

八载别，乡思切，

买棹东归岁将迫。

战云沉，出夔门，

苍翠峥嵘过眼尽烟云。

水枯滩险舟行涩，

楫号湍鸣何郁悒。

泊穷乡，卧篷舱，

江雨峡风寒桁数夜长。

风雷激，天地易，

万壑千峰浴朝日。

险阻平，快哉行，

灯引飞舟一霎过西陵。

荆门石壁终须立，

高峡千寻涵湛碧。

荡兰艘，指沧桑，

神女殷勤照水理晓妆。

【父致子】（6月28日下午五点半）

至善：你的《小梅花·三峡》算是完成了。"桡号"只能说勉强用，不知"川江号子"的人，就不明这个"号"字指什么。但是古今诗词里头，作者用了生字僻典而使读者永远猜不出的，也多得很呢。

【父致子】（7月1日下午三点三刻）

至善：又把两个九字句改一下，我觉得都改得好些。原来的"赏无心"也可以，只是很软弱，现在的"过眼尽烟云"就站得住，而且有韵味了。（《过眼烟云录》是周密的关于书画古玩笔记，去年我从伯翁处借来看过。）"江雨峡风寒桡数夜长"也胜于前句。

在至善至美生日宴会上的讲话

今天是至善、至美二人阳历生日，全家人设晚宴庆贺。王汉华、亦春、雨亭亦来参加。我也同桌吃饭，这是两年来，第一次与大家共进晚餐。

晚宴前我大略讲了几点：一是我代表全家、亲友、朋友祝贺他二人。二是我生在清末，过去都按阴历计算，后来，民国开始用阳历。这样，至善、至美的阳历生日碰巧在同一日。三是他们的工作都比我有进步，至善还参与很多社会工作。生日宴会大约持续了两小时，分享了生日蛋糕后方结束。

1987 年 4 月 24 日日记

1978 年 2 月叶圣陶和叶至善一同出席
全国政协五届一次会议

葉三

葉至善

葉至美

葉至誠

叶圣陶指导至善、至美、至诚写的
散文集《三叶》

与女儿至美

就用"补助金买皮鞋"提出训诫

二官来信，言向基督教会请得补助金 200 元，自益 120 元，买皮鞋一双。此事殊不合，灯下作书诫之。今日学生请贷金、领补助，而消费于无谓之途者，颇不乏人，我不愿二官亦如是也。

1942 年 12 月 29 日日记

令用理智考虑爱情

上午作书致二官。与谈伯麟。渠与伯麟颇相爱好，将来似有结为婚姻之势。伯麟之为人，无甚坏处，但亦无甚长处。性略孤僻，欠通达，不善处群，与朋友殊落落，是皆非今日青年所宜。缺乏诗趣与幽默感，与共生活，恐不免枯燥。因令二官用理智加以考虑，然后决定。若渠真心甘情愿，余决不阻挠也。

1943 年 1 月 19 日日记

二官复信，言余言有理，当仔细考虑半年，至暑假决定，究与伯麟订婚与否，其言颇不错。

1943 年 2 月 2 日日记

助至美布置文艺会友招待会

二官（就读于成都金陵女子文理学院）于晚间招待文艺会友，余助之布置室内，移桌子成丁字形，设十余座，又为烹水泡茶。到晚，客十人至，人各进一碗面，冷菜一碟，颇见新鲜别致。食后各以十余分钟之谈说饷人，或讲故事，或诵诗篇，或述人物，虽见呆板，尚有味。九时过始散。做菜下面，皆墨一人主之。

1945 年 1 月 13 日日记

在至美与其社友之文艺茶会上致辞

出城至华西坝（金陵女子文理学院），参加二官与其社友之文艺茶会。到四十余人。会于三时开始，余到时方在讨论"我们需要怎样的文艺"，余略致辞。谈者甚多，皆主张为大众，反封建，反法西斯云云。讨论一时许，然后由到会者朗诵诗歌数首。末为《十三年》之诵读。三官于广众之前，诵读不如在家之自然。

1945 年 1 月 28 日日记

怒呵伯麟的"失恋之词"

傍晚，祀先，算是"年夜饭"（今日为阴历十二月廿二日）。备菜两桌，由厨司老闵动手。一桌送店中（开明书店成都编译所办事处），请全店同人用之。一桌合家聚餐，外加伯麟、牧野二人。伯麟饮酒不多，而醉，喃喃发语，间以英文，皆失恋之词，与小说中语大相似。余知其由于迩来二官与之颇疏远，乃至于此。其疏远之故，余不详悉。伯麟尝语满子，则谓近日殊颓唐，神思昏昏，睡眠不足，往视电影，一连数场，售其父之狐皮大衣，得二万余元，不久即用罄。如此行径，半由于感情不能自制，半亦由阅读小说而来。青年遇此等烦恼，实为不幸，而不能作达，尤见困闷。喃喃既久，继以大吐。而语仍不止，有"杀了我""死亦无妨"等语。余不禁怒呵之。直至十时，醉仍未醒，乃令睡于书桌之上。

1945 年 2 月 4 日日记

婉劝伯麟切勿"颓唐"

清晨，小墨送伯麟归其学校。越二时，复来，云与值事官相好，昨夕未归，并无任何处罚。余乃婉言劝之，颓唐徒自损伤，男女交情，因时而易，原为常事云云，伯麟言此点而外，其学校不如所预期，未能学到什么，亦为苦闷之一因。余与小墨勉慰之。

1945 年 2 月 5 日日记

对至美的"出走"无所动心

今日所接信中，雪舟来信告余，二官与牧野（军人、剧作家）以 6 日在明湖春宴客，宣告结婚。二官自己来信，则仅有轻描淡写之一语"在明湖春请几桌客"而已。余于二官甚失望（叶圣陶和胡墨林均反对至美与牧野恋爱），前曾大动怒，今已知其不可挽，闻此无所动心。

1945 年 10 月 8 日日记

体谅至美离婚后的心境

夜间，与墨及至美闲谈，自伤心情之寥寂（1948 年与牧野离婚）。书不思观，话无可谈，人无可访，游戏无可乐，任事亦至勉强，奈何奈何。

1950 年 10 月 18 日日记

为至美贺三十岁生日

今日至美三十岁生日，中午邀至熟之若干人来小饮吃面。夜间尚有均正、士敩、芷芬三人来同饮。余今日甚疲，而其疲劳另为一种，与往日疲于事务不同。九点半就睡，直至天明而醒。

1951 年 4 月 22 日日记

不反对至美与叶蠖生结婚

十点半返家。旋至大牌坊胡同愈之寓所，蠖生近迁居其楼下，与至美结婚，今午邀少数友好，会餐一顿，借作公开表示。此事言之将一年，余初不以为然。最近二人又来言及。余谓结婚之事，只要二人同意，余亦何用反对。至美因于前数日搬往。今午设两席，皆至熟之人，而且夫妇共临，谈笑颇洽。

1951 年 7 月 8 日日记

成都新西门外乡间"合家欢"

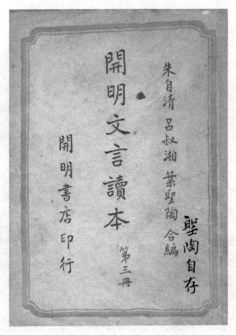

開明文言讀本 第三冊

朱自清 呂叔湘 葉聖陶 合編

聖陶自存

開明書店印行

叶圣陶和朱自清、吕叔湘合编的
《开明文言读本》

与次子至诚

自荐任开明书店成都分店店员

三官（时读高中二年级）向雪舟（开明书店成都分店经理章雪舟）自荐，愿在蓉店任店员，雪舟允之，定于明日进店。学校教育之无甚意义，余家诸人皆已一致承认。学生必进学校，无非为资格计，欲得一文凭耳。三官自言，将涉猎社会诸务，自创天地，不要文凭。余与墨亦以为然，遂从其志。此在三官系一转变，不可不记也。

1944 年 8 月 2 日日记

三官第一天入店作事，到晚回来。雪舟欲令其留宿店中，明后日即将携铺盖而往。

1944 年 8 月 2 日日记

今日三官自店中搬回来住，雪舟令其管理货房。渠作事很认真，亦可慰。

1944 年 8 月 11 日日记

不能"竟许"至诚加入远征军

三官有一同学来，云加入远征军，渠与谈久之，亦萌投军之念。余与墨皆嘉其意，而不能竟许。自知矛盾，尚未能克服。

华西坝方面，自毕博士演说后，大学生颇有从军者。毕之言从利害从大义方面说，彼谓大家应认战争为"我们的战争"，故比较有效。而党政界之号召者，徒以一套空话，利诱势胁，自不能打动青年之心。近数日来，似忽然嗅到战争之气息。此宜在二十六七年间之事也，而延至三十三年冬季，此果谁之咎乎。

1944 年 11 月 16 日日记

安排至诚去延安，惜未能成行

三官昨日实已往市政府报名，今日外出，知已不及加入此次飞印之队伍，遂未往检验体格。据其自陈，下届出发之际，必欲报名加入。余言此事甚有道理，无可反对，唯若一旦出发，即等于从此家庭中少此一人，此在余感情上殊难忍受耳。墨与小墨，亦持此说。结论则谓果欲脱离家庭，致力于国族，不必定欲从军，亦可别趋他途。所谓他途（指去延安）者，且徐徐图之。

1944 年 11 月 17 日日记

致书胡绳、洗公（第百十三号）、士敫，以陆步青昨来之英文书稿附去。又作一书致雁冰，所托事与致胡绳书同，皆为三官。

1944 年 11 月 18 日日记

雁冰回信来，论我辈对于子女之用心与态度，其言甚有深味。兹摘录之："小伙子有这样志气和胆识，我们做长辈者当然很高兴，可是又总觉得他们的美丽的青春时代就被这样严酷的现实活生生催老了，实在不忍。我们这一代的生活是沉重的，而他们的更沉重；我想我在至诚的年纪时，实在还浑噩得可爱而又可笑。做父母的人，看到儿辈有此决心，衷心是快乐的，却又有点不忍。这种心理，我近来常有。不过理知还是使我们挺直起来。我想兄及嫂夫人也有此同样心情罢。从大处远处看，我们也只有鼓励他们。"

1944 年 11 月 28 日日记

接信甚多。洗公有长信，谈店事。附告雁兄转语，谓三官远游，可成事实，其期速则一月，迟则两月，嘱我家准备行李，以俟通知。此事墨甚欣慰，以为令三官远游，亦如平常之出外求学数年。余亦毫无不赞同处，唯觉别离难受。三官有些见解颇与余谈得来，若彼离开，余少一可谈之人，未免寂寥。

1944 年 12 月 12 日日记

写毕致彬然书。又作书复洗公（第百十八号），并附一书答胡绳。午后，修改彬然寄来其子又新之文，未毕。

二官（叶至美）归来，闻三官将有远行，虽致赞同，不无怅惘。其实行期亦尚未定，正不必先起别愁。

1944 年 12 月 14 日日记

傍晚沙汀来访，与共茗于少城公园。余就问三官远行，是否适宜？渠极表赞同。并表示两点：一、不宜为找作文资料而去；二、去时不宜取作家之态度，必须参加实际工作。此两点甚重要，余谢之。（后因种种原因未能成行）

1945 年 1 月 1 日日记

至诚调往重庆联营书店编校部

山公（章雪山）来信，调三官往重庆，暂在编校部作事。因即允之，谓得有同行之伴即动身。联营书店之经理范君不久将往重庆，或当随之往。

1945 年 2 月 20 日日记

辞职在家读英文看小说

三官以元日起，不复到店服务，正式辞职。渠在家读英文，看小说，进学校恐无适当机会。如是久之，未必有好处，盖势将趋于松懈一途也。

1947 年 1 月 10 日日记

为逃兵役报考上海市立实验剧校

下午归家后，知保长来关照，现方办理免缓征召申请，三官为及龄壮丁（二十一至二十五岁），如欲申请，须从早办理。最近政府决定，上海市不抽壮丁，改用征募志愿兵办法。如征募不足，则抽及龄壮丁补足之。今办理免缓征召申请，盖为征募不足

叶圣陶的第一本短篇小说集《隔膜》，1922年3月由上海商务印书馆出版，这是我国现代文学史上继郁达夫《沉沦》后的第二本短篇小说集。

之准备。此时当壮丁，确然太不成话，然三官殊无免缓征召之条件。此事如何应付，余实无法决定。果须抽签时，抽而不中，则亦无事。如抽而中，余以为不妨入营，非欲参加内战，入营身历一切，亦大足以长其识见。然墨以为此绝对不可。谈之许久，并无结论。

1947 年 7 月 24 日日记

关于申请缓役事，今渐明其所以。申请缓役者尚需缴优待费

（其数多少尚未知），以优待志愿兵。实言之，即志愿兵之费用，皆由及龄壮丁担负之，则所以郑重其事，催人赶办缓役申请也。无合于条款之理由则无由申请，亦无非促人速找一理由耳。三官将往市立实验剧校报名，高中以上在校学生可以缓役，此即理由也。至于入剧校，三官原有此想，余则以为无甚意义。

1947 年 7 月 26 日日记

外出参加捐募寒衣运动

三官出外参加捐募寒衣运动，此运动系各大学学生所发起，将以救济贫民，今日为最末一日。学生运动被压至极低潮，借此一题，亦过屠门而大嚼之意也。

"态度不逊"引发的大怒

归后，与三官谈话，渠态度不逊，余大怒，至于屡以拳击其身。余所谈两点。一、渠不顾自己之衣着琐事，又邀友来家聚食，食已一轰而散，渠亦不稍服务，一若家中蓄婢仆甚多足供使令者。二、渠以朋友有急需，强求于母，贷与千余万元。余问渠若家中有急需，令其设法千余万元之应用，能有如是之热忱否。渠答谓不知我意何指，不能了解，而态度傲岸，俨然革命分子对付官吏军警之状，此余所以大怒也。余不恒动怒，怒则不可遏，亦自知其过分。且以杯子掷之，碎其一，若不幸，竟可伤生。久久不欢。中夜思之，此儿亦无大恶，然距我远矣。

1948 年 6 月 10 日日记

说明发怒之由，令其思索

傍晚，家中亦添些菜，饮达君所馈之威司克。饮时，为三官说明昨晚余发怒之由，并令其思索，余之所以向彼不满，彼是否有以致之者。

1948 年 6 月 11 日日记

"拟往开廊处生活"之意"亦不谬"

（1948 年 7 月 15 日）放工后，应熊佛西之约，至剧校访之。晤后，承告余以三官四科未考，无分，照章应令退学，以其学力颇好，人亦不错，惜之，故邀余一商。余于此事初未之知，只得代为认过，并希望能令补考。归后询三官，始知当初以将出游，故未往考。问其欲继续入学否，渠答谓居此范围殊窄，模式已具，拟往开廊处生活。余知其意亦不谬，但不妨姑往补考再说。明晨当致书吴天、邱玺（教务、训导主任）二位，代陈此意。

1948 年 7 月 15 日日记

赞成至诚"出游"解放区

三官又动出游之兴，墨已许之，余亦云然。云不日即当束装也。（出游系指入解放区。）

1948 年 12 月 27 日日记

三官定明日出游，此别总得有一年半载耳。

1948 年 12 月 29 日日记

至诚"陷于此境，不免怅然"

满子又谓三官近亦苦闷。渠与团中女演员田野（田汉之女）爱好，有婚姻之议。而田博而不专，多数男友平等相看。且谓三官莫以编剧导演居功，其文工团之有成，皆由彼演技之高妙。此等皆余所不欲顾，而三官亦陷于此境，不免怅然。余颇欲令三官来京小住，而彼不来，且不常来信，亦复令人不快。

1951 年 5 月 28 日日记

为至诚"难于创作"把脉

墨写一信给三官，余附几句，劝其来京小住。三官已往农村"体验生活"，今方计划创作剧本，而未能顺利进行。此是今日文艺工作者之共同苦恼。若辈初以不了解生活，遂往朝鲜、工厂、农村"体验生活"。但体验归来，或则仍然无从下笔，或则写成而仍不像样。余以为"体验生活"而以旁观态度出之，事必无济。体验之时必当忘却写作，及作品之胚胎成熟胸中，乃考虑创作。而写作之时又必忘却理论，理论牵萦胸中，即不克挥洒自如，徒成障碍。三官难于创作，或亦正坐此病，拟俟其来与谈。

1952 年 12 月 21 日日记

至诚回家过年全家欣然

（下午）四点半，全署同人及人民出版社同人会餐，春节联欢。余举杯致辞，谓近日来喜事重重，选举法通过，预算通过，皆标志国家之更好发展。末言我署受毛主席之表扬，谓有些进步，皆同人努力之果，唯尚须加紧努力，乃可更进一步云云。所饮为二锅头，同人多来对饮，余饮稍多，竟醉。……到家本拟与全家共吃年夜饭，但已不能饮，旋即沉酣入睡。忽被唤醒，知是三官归来，时已十点过。全家皆欣然。渠有十二天之假，亦太匆匆。至善开收音机，听马连良、梅兰芳等人唱词录音。到十一点后复入睡。

1953 年 2 月 13 日日记

（上午）唤照相馆中人来，为全家拍照。母亲穿衣起床，与全体合摄一帧，包括我妹及三甥女，以及至美、蟪生等，母亲又独摄一帧。三官难得回来，今日留影，甚有意义。

1953 年 2 月 16 日日记

三官以明日返南京矣。此次回来，余观其生活与思想，印象不坏。据云今年未必能再来，当期诸明年。

1953 年 3 月 2 日日记

出门时与三官为别，不无惜别之意。

1953 年 3 月 3 日日记

喜迎胡墨林赴宁出席至诚的婚礼归来

（晚饭后）偕至善、凤祥至车站迎墨。车准时到（八点五十四分），墨于车窗外望，我等一望而见，即偕归。墨谈三官结婚情况，又谈姚澄品质颇佳，毫无习气，演艺甚不坏，本不识字，现已能看书写短文云。墨短期间生活于剧团之中，见他们集体生活，排演戏剧，深感兴趣。于婚宴中墨致辞，谓大儿子结婚之时亦有许多青年在一起，而欢快远不逮今时。今时有此欢快，不能不感激党与毛主席。此诚实感，深受来宾赞许。

1953 年 9 月 25 日日记

今日三官寄来墨在南京与新夫妇同照之相片，信中有数语颇有感情，录之。"上火车的时候你眼睛湿了，我们体会到你不能平静的心情。连最小的一个孩子都亲手帮他成家立业了，自然是高兴的，但是也会难过，好像孩子们一个一个有了自己的家，会跟自己隔开了。不是的，姆妈，我们还是一直跟你在一起的。你那么喜欢姚澄，姚澄也那么喜欢你，这样说，你不是多了一个孩子？"

1953 年 10 月 5 日日记

至诚谈文艺创作"有哲学意味"

（上午）三官与余谈文艺创作，其主要意义在体会生活，从生活中看出道理，发现人物，编排故事情节，不以说教搬理论为写作方法。渠自述正在酝酿中之剧本，余颇觉其能直入人生，有哲学意味。此子想法甚不错，余喜于此方面涉想，而共谈者甚少，若能与渠常在一起，彼此可有启发，惜其办不到也。

1956 年 4 月 8 日日记

至诚婚后美满幸福

（1957 年 5 月 8 日叶圣陶到南京出席江苏省人代会第六次会议）八点后，至诚、姚澄偕来。既而，高晓声亦至，高为与至诚合作写剧本者，年稍轻于至诚。于是乘三轮抵鸡鸣寺，出解放门，观玄武湖全景。荷叶才如钱，水面开阔。泛舟约半小时，登岸，茗憩于两株极大之槭树下。然后徐步入玄武门，乘三轮至户部街至诚之寓所。其邻舍助女佣治馔，俱以端正，即小饮进餐。餐毕，登至诚之寓楼，布置楚楚，文艺书两大橱。较余北京之小室舒适多矣。同寓锡剧团之人数君来，余与谈苏州评弹及锡剧音乐。

1957 年 5 月 9 日日记

上午雨甚大，未外出。三官来，告我数个电影片之情节，听之有味，并见渠鉴别眼光颇不坏。

1957 年 5 月 11 日日记

赴豫察途中修改至诚创作的剧本《拔兰花》

三官交姚澄带来改编剧本，曰"拔兰花"，系锡剧中旧戏，三官据而改之，要余看一次，并为修改。余带在皮包中，今日晨餐毕即展观之，凡三十纸，颇不错，因发兴为之修改。午餐后续改之，几未观窗外景色（去郑州视察途中），仅见窗上有雨点而已。两点半，车停，余以为途中停歇，未知已到洛阳，经服务员来告，乃下车。

1959 年 10 月 31 日日记

晨四点半即起，五点四十分离宾馆。驰车至车站（去三门峡市），仍独居一室。车以六点十五分开。在车上进早餐。改"拔兰花"改编稿，毕，末后附书数语告三官以对此稿之意见，明日到京后即可寄还之。

1959 年 11 月 3 日日记

想去南方未成，作《望江南》五首

本想去南方而未成事实，因设想令至诚、姚澄、兆言三人偕来，小叙若干日，亦为一欣。两日来作成《望江南》五首

1976 年 10 月 21 日日记

《望江南》五首

三人共，甚日八条来？
未欲多留妨正务，兼旬半月总能呆。
只要善安排。

三人共，有日八条来。
此乐吾家前未有，近游闲话九圈牌。
聚聚惬余怀。

姚澄到，吾愿倘非奢。
旧曲新歌任所好，为歌数段饷全家。

犹忆《拔兰花》①。

至诚到，本业且丢开。

忘却提纲休想戏，弟兄特曲对斟来。

伴我白兰杯。

兆言到，旧例继先时。

示尔新增留影册，陪余浴室共淋漓。

临睡小床支。②

鼓励至诚要"有些革新文艺刊物作风之办法"

下午写信数封，其一复至诚。至诚来信言有人意欲由渠编《雨花》。询余意见。余答以如有可以合作之人，并有些革新文艺刊物作风之办法，则无妨试任之。

1984 年 1 月 8 日日记

至善至诚的"友情"值得"深慰"

至诚来信，告割去一个肾脏之后，已于本月 14 日出院，恢复颇快，已能出街游散。闻之欣慰。至善曾特地往南京探视，友于之情如此，余所深慰也。

1984 年 5 月 22 日日记

---

① 《拔兰花》系旧时锡剧之一本。
② 兆言来时恒宿余室中，小铁床夕支晨撤。

唯余家父子三人同会为独特

午前，至诚偕中国摄影社之记者，来为我们父子三人拍照。此次（全国第四次）作协大会，有父子同来者，有夫妻同来者，唯余家父子三人同会为独特，故来拍照以资宣传云。

1984 年 12 月 31 日日记

图书在版编目（CIP）数据

生命里的多重角色 / 叶圣陶著；商金林编 . —上海：
上海三联书店，2021.10
（大家讲述）
ISBN 978-7-5426-7463-0

Ⅰ.①生… Ⅱ.①叶… ②商… Ⅲ.①人生哲学 – 通俗
读物 Ⅳ.① B821-49

中国版本图书馆 CIP 数据核字（2021）第 123766 号

生命里的多重角色

著　　者 / 叶圣陶	
编　　者 / 商金林	
责任编辑 / 程　力	
特约编辑 / 唐　棣	
装帧设计 / 鹏飞艺术　周　丹	
监　　制 / 姚　军	
出版发行 / 上海三联书店	

（200030）中国上海市漕溪北路 331 号 A 座 6 楼
邮购电话 / 021-22895540
印　　刷 / 三河市中晟雅豪印务有限公司
版　　次 / 2021 年 10 月第 1 版
印　　次 / 2021 年 10 月第 1 次印刷
开　　本 / 640×960　1/16
字　　数 / 218 千字
印　　张 / 31.5

ISBN 978-7-5426-7463-0/B · 739

定　价：66.00元